킹덤 시크릿

킹덤 시크릿

손기철

우리가 놓치고 있던 하나님나라의 비밀이 열린다

규장

일러두기

1. 특별한 표기가 없으면 한글성경은 개역개정판을, 영어성경은 NLT를 사용했다.
2. 인용한 성경의 볼드 첨가는 저자가 하였다.

본서는 킹덤 파이오니어(kingdom pioneer)이자
킹덤 패스파인더(kingdom pathfinder)로서
하나님나라를 현실 세계에서 실현하고자 하는
킹덤빌더들을 위해서 집필된 책이다.
이 책의 목적은 세 가지이다.
첫째, 하나님나라의 비밀을 주체의 변화와
차원의 관점에서 깨닫도록 하고,
둘째, 킹덤빌더들이 마귀의 계략을 무력화시키고
현실에서 하나님나라의 삶을 실제적으로 살아내도록 하고,
셋째, 현재 기독교 내에 스며들어 엄청난 영향력을 미치는
비복음적 뉴에이지 사상과 영성의 실체를 밝혀내어
분별하도록 하는 데 있다.

들어가는 말

오늘날 수많은 그리스도인이 채워지지 않는 결핍, 메꿀 수 없는 허전함과 상실감 그리고 미래에 대한 두려움으로 노마드(nomad : 유목민)의 인생을 살고 있다고 해도 과언이 아니다. 젖과 꿀이 흐르는 가나안 땅으로 나아가지 못하고 광야에서 40년을 헤맸던 이스라엘 백성들처럼 하나님나라를 향해 나아가는 천국백성이 아니라 이 땅에서 인터넷으로 이곳저곳 좋은 설교나 간증을 찾아 방황하는 삶을 살아간다.

대부분의 그리스도인이 진정으로 원하는 것이 무엇인가? 솔직하게 자신의 내면을 들여다보면, 진리의 말씀으로 자신의 존재를 변화시키기보다는 자신의 부족과 필요를 채워줄 말씀을 찾고 있지 않은가? 그리고 하나님의 생명보다는 '어떻게 하면'에 기초를 둔 지식과 방법을 구하고 있지 않은가? 그러나 아무리 말씀을 들어도 자신의 영적 갈급함과 허전함을 채울 수가 없기 때문에 간증 관련 책이나 영상들로 눈길을 돌리곤 한다.

왜 그런가? 어려움을 극복한 분들의 삶의 이야기를 들을 때 도전받고, 그것을 바탕으로 자신의 삶 또한 변화시키고 싶기 때문이다. 하지만 그런 시도조차 오래가지 못한다. 왜냐하면 그가 만난 하나님, 그가 체험한 진리가 나를 변화시킬 수는 없기 때문이다. 진정한 변화는 내가 만난 하나님, 내가 체험한 진리가 내 삶의 현장에 적용될 때만 일어난다.

한편 이와 같은 영적 추구의 경향은 비단 기독교인에게만 나타나고 있는 현상이 아니다. 세상이 불확정성(uncertainty)의 시대로 접어들면 들수록 보이는 세계에서 답을 얻을 수 없기 때문에, 종교적이지는 않지만 영적인 것을 추구하는 경향(SBNR : Spiritual But Not Religious)이 비기독교인 사이에서도 점점 짙어지고 있다. 서점에 가보면 수많은 자기계발서와 더불어 영성 관련 책들이 진열되어 있을 뿐만 아니라, 하루가 다르게 신간들이 쏟아져 나오고 있다.

특히 초월의식, 시크릿, 끌어당김, 명상, 마음챙김 등과 같은 뉴에이지(new age) 사상과 영성을 추구하는 책들이 사람들의 호기심을 자극하며 관심을 끌고 있다. 정말 안타까운 사실은 하나님나라 복음이 무엇인지를 알지 못하는 그리스도인조차도 지금보다 더 나은 새로운 삶을 살고 싶기 때문에 호기심 반 두려움 반으로 그러한 책들을 탐닉한다는 것이다.

하지만 대부분은 이러한 뉴에이지적 사상이 어디에서부터 생겨난 것인지, 그리고 그 내용이 정확히 무엇을 의미하는지 알지 못하고 있다. 한마디로 그리스도인들은 주 안에서 하나님의 뜻을 이루어가는 '진정한 뉴에이지(orthodox new age) 영성'에 대해서는 영적 까막눈 상태라고 말해도 과언이 아니다. 이것이 오늘날 안타까운 현실이자 기독교의 슬픈 자화상이다.

이러한 영적 침체와 혼합주의로 인해 이미 힘들어하고 있는 한국 교회에 코로나19 팬데믹은 모든 패러다임을 변화시키는 계기가 되었다. 코로나 팬데믹 이전부터 시작된, 하나님을 믿지만 교회에 자발적으로 '안나가'는 '가나안' 성도와 코로나로 생겨난 '플로팅 크리스천'(Floating Christian, 자신이 출석하는 교회 외에도 인터넷으로 다른 교회의 설교를 들음으로써 좀 더 자유롭고 유연한 신앙생활을 추구하는 크리스천)은 현재 우리나라 전체 개신교 성도의 70퍼센트를 차지한다고 보고 있다.

이러한 상황과 추세로 볼 때 향후 포스트코로나 시대에는 종교적인 형식을 거부하며 교회에 속하지는 않지만 영적인 것을 더 추구하게 됨으로써 복음의 변질과 다른 복음 전파가 더욱더 가속화될 것이다. 이 어두운 영적 흐름이 다음과 같은 양상으로 가시화될 것이다. 첫째, 하나님과의 생명적 관계를 통한 하나님의 의보다는 하나님에 대한 지식으로 무장된 인간의 의가 더 나타나게 될 것이다. 둘째, 마귀는 더 교묘하게 인간의 생각과 감정과 신체를 도둑질하면서도 자신의 존재를 숨김으로써 인간들의 관심에서 빠져나갈 것이다. 셋째, 복음의 메시지는 많은 성도의 요구에 따라 인간의 존재를 바꾸어주는 것 대신에 인간의 필요와 부족을 채워주는 것으로 변질될 것이다(딤후 4:3-4). 놀랍게도 이 세 가지 양상을 모두 포함하고 있는 흐름이 바로 뉴에이지 사상이고 새 영성운동이다. 이러한 뉴에이지 사상과 영성은 이미 교회 내에 침투하여 엄청난 영향력을 미치고 있으며, 심지어 교회 지도자들이 앞장서서 이러한 사상과 영성훈련을 인도하는 곳도 늘어나고 있다.

우리가 과거 그 어떤 때보다 더 치열하고 첨예한 영적 전쟁의 한복판에 서 있다는 것을 깨달았다면, 이제는 '하나님나라의 시크릿'(킹덤 시크릿)이 풀어져 이 땅에서 실제로 실현되어지는 개혁이 일어나야 한다. 이를 위해서 새로운 패러다임의 교회의 탄생뿐만 아니라 하나님의 생명을 체험한 자녀들이 말씀과 성령으로 자기 안에 있는 하나님나라를 이루어가며, 자신의 일터에서 제자의 삶을 살아가는 킹덤빌더들이 세워져야 한다.

기독교의 역사를 되돌아보면, 제1차 종교개혁 때는 '말씀과 믿음'의 회복이 있었고, 이후에 '성령과 은사'의 회복이 있었다. 그렇다면 이제는 '하나님의 통치'의 회복이 있어야 한다. 다른 말로 영혼의 구원이 있었고, 몸의 구원이 있었고, 물질과 재정의 구원이 있었다면 이제는 자녀의 정체성 회복과 삶의 변화를 통한 세상의 구원이 있어야 한다는 것이다.

하나님께서는 그동안 감추어 왔던 하나님나라의 비밀의 경륜을 예수 그리스도를 통하여 모두 이루시고 알려주셨는데도, 우리는 여전히 하나님의 나라와 의 대신에 자신의 나라와 의를 구하는 삶을 살고 있다고 해도 과언이 아니다. 자신이 누구인지 알지 못하고 여전히 구약적 사고방식으로 새언약의 말씀을 자기 방식대로 누리고자 하는 교회 내 뉴에이지적 사상과 영성훈련은 포스트코로나 이후 더 깊이 뿌리내리게 될 것이다.

그동안 하나님나라에 대한 많은 책들이 나왔지만, 대부분 성서신학적 또는 실천신학적 관점에서 본 것이지 실제 삶에 적용하는 구체적인 방법에 대해서는 전무했으며, 오히려 뉴에이지 사상과 영성이 그 자리를 파고들어 주인 행세를 해왔다. 이제는 하나님나라의 복음을 새로운 패러다임으로 봄으로써 그리스도인들이 하나님 자녀로서 현재적 하나님나라의 삶을 살 줄 알아야 한다. 그것을 위해서는 지금까지 하나님나라를 바라보는 가장 보편적인 신학적 틀(theological framework)인 '이미 그러나 아직'(already but not yet)이라는 시간적 관점에 더하여 다음 네 가지 관점으로 하나님나라를 바라봄으로써 킹덤 시크릿을 깨닫고 체험해야 한다. 이때 하나님나라를 바라보는 모든 관점은 '타락 후 구속목적'에서 바라보는 것이 아니라 '타락 전 창조목적' 즉 태초에 하나님께서 세상과 인간을 창조하신 목적에서 바라보아야 한다.

(1) 주체의 관점 : 옛사람이 아니라 새사람의 관점에서 보아야 한다.

즉 거짓자아의 관점이 아니라 예수 그리스도 안에서 새로운 피조물의 관점에서 보아야 한다.

(2) 차원적 관점 : 시공간에 제한된 선형적 인과법칙이 아닌 하나님나라가 임함으로 뜻이 하늘에서 이루어진 것같이 땅에서 이루어지는 차원적 관점에서 보아야 한다.

(3) 통치권의 관점 : 마귀가 통치하는 관점이 아니라 하나님께서 통치하시는 관점으로 보아야 한다. 마귀는 지금도 여전히 우는 사자같이 돌아다니며 우리를 속이고 도둑질하고 죽이고 멸망시키려 하고 있다. 우리가 이 사실을 깨닫지 못하면 결코 구원을 이루어가는 삶에서 승리할 수 없다.

(4) 영역의 관점 : 보이는 세계에서의 행동이 아니라 보이지 않는 세계에서의 믿음으로 살아가는 관점에서 보아야 한다.

본서의 내용은 뉴에이지 사상과 영성의 실체를 밝혀내고 현재적 하나님나라에서의 실제적인 삶에 초점을 두고 있기 때문에 삼층천(하나님의 보좌가 계신 곳, 즉 영적 세계) 그 자체를 다룬 것이 아니라 삼층천에서 본 이층천(보이지 않는 세계, 정신세계)과 일층천(보이는 세계, 감각세계)에 대한 내용을 다루고 있다. 본서는 4부로 이루어져 있으며 그 내용은 다음과 같다.

1부에서는 거짓자아가 아닌 그리스도 안에서 세상의 흐름과 말씀을 보는 관점을 가지는 데 그 목적이 있다. 이를 위해 먼저 오래전부터 교회 안에 들어와 암암리에 퍼져나가고 있는 뉴에이지적 복음관과 영성수련의 실체를 밝혀내고, 양자물리학적 지식을 동원해서 세상은 단지 보이는 세계만이 존재하는 것이 아니라 보이지 않는 세계도 엄연히 실재한다는 것을 알도록 했으며, 마지막으로 생명의 말씀을 받아들이는 주체와 왜 말씀이 주어졌는지를 분명히 깨닫도록 함으로써 하나님나라의 비밀을 푸는 기초를 다지고자 했다.

2부에서는 1부의 내용에 기초하여서 마귀의 시험과 예수 그리스도의 사역을 함께 봄으로써 하나님의 통치를 통전적으로 보고, 기존의 시간적 관점에 더하여 차원적으로 하나님나라를 새롭게 해석함으로써 하나님나라를 다각도에서 심층적, 입체적으로 볼 수 있도록 했다.

3부에서는 현재적 하나님나라의 실현을 위한 핵심원리를 구체적으로 설명하고, 하나님나라 복음과 그 복음의 일부를 차용하여 자기방식대로 주장하는 뉴에이지 사상과 영성을 비교분석함으로써 후자의 실체와 한계를 밝혔으며, 그것을 깨달은 하나님 자녀들이 하나님나라의 비밀인 "나라가 임하시오며 뜻이 하늘에서 이루어진 것같이 땅에서도 이루어지이다"를 매일 실제 삶에서 어떻게 적용할 수 있는지에 대해서 구체적인 예를 들어 설명했다.

마지막 4부에서는 실제 삶에서 가장 중요한 일들이지만 늘 혼동을 주는 세 가지 난제, '미래를 추구하는 삶 vs 지금 이 순간 여기에서 하나님을 나타내는 삶', '청빈신앙 혹은 번영신앙을 추구하는 삶 vs 킹덤 신앙을 추구하는 삶', '휴식하기 위해서 일하는 삶 vs 안식 가운데 일하는 삶'에 대한 하나님나라의 복음적 가르침이 무엇인지에 대해서 성경적으로 알려주고, 새로운 패러다임의 삶을 살도록 했다. 이러한 문제들에 대한 올바른 하나님나라의 라이프스타일을 가질 때 비로소 3부에서 말한 킹덤 시크릿을 매일 제대로 누릴 수 있을 것이다.

이 책의 내용은 《수수께끼 같던 영혼몸의 비밀이 풀린다》에 대한 기본적인 이해를 가지면 훨씬 더 깊고 풍성하게 깨달을 수 있을 것이다. 또한 이 책은 전작인 《킹덤빌더의 영성》과 짝을 이루는 책으로, 전작이 하나님과의 생명적 관계에 따른 새로운 피조물에 초점을 두었다면, 본서는 이 땅에 어떻게 주의 뜻을 이루는지에 대한 실제적 적용에 대한 책이다. 특별히 이 책을 통해서 전작 《킹덤빌더의 영성》에서의 영성훈련이 뉴에이지적 영성훈련과 어떤 차이점이 있는지를 좀 더 분명히 알게 될 것이다. 위조지폐를 구별하기 위한 가장 좋은 방법은 진짜 지폐를 많이 만져보는 것이다. 이처럼 온전한 하나님나라의 삶을 실제로 살게 되면 교회에 침투한 뉴에이지적 사상과 영성의 한계와 문제점들을 알게 될 것이고, 그것이 하나님나라의 복음의 일부를 어떻게 차용하고 있는지를 알게 됨으로써 마귀의 전략과 계략을 무력화시켜 나갈 수 있게 될 것이다.

한 권의 책이 나오기 위해서는 이전에 나온 많은 책의 저자들에게 빚을 지게 된다. 성령의 인도함을 받아 하나님의 비밀의 경륜을 풀어 쓴 그 분들에게 경의를 표한다. 이 책 또한 많은 분의 기도와 헌신과 수고 없이는 세상에 빛을 보지 못했을 것이다. 무엇보다도 이 책이 나올 때까지 중보하며 지지해준 HTM의 모든 사역자에게 감사드린다. 신학적 조사와 편집을 도와준 신학부 송영호 목사, 문법적 오류와 문장을 다듬어준 킹덤빌더지 편집장 신주연 사모 그리고 독자의 관점에서 리뷰해준 사무국 정은영 팀장과 함께 출간의 기쁨을 누리고자 한다. 더불어 언제나 최고의 책으로 편집해주는 규장 출판사의 안수경 실장과 세상에 하나님나라의 복음을 전하는 데 항상 동역해주는 여진구 대표에게도 감사드린다.

앞으로 세상에 어두움은 더욱더 짙어질 것이고, 가짜 영성들, 다른 복음들 그리고 거짓 선지자들이 판을 칠 것이다. 어두움이 모든 것을 덮어도 결코 빛을 덮을 수는 없다. 마지막 때가 가까이 올수록 하나님의 나팔소리에 귀 기울이고 오실 그분을 위하여 준비하는 삶을 사는 킹덤빌더는 세상의 빛으로 주님을 더 온전히 나타내게 될 것이다. 예수님께서 다시 오실 때까지 지상에서 천국의 삶을 맛보기 원하는 킹덤빌더들에게 이 책을 바치고자 한다.

[요일 2:5-6] 누구든지 그의 말씀을 지키는 자는 하나님의 사랑이 참으로 그 속에서 온전하게 되었나니 이로써 우리가 그의 안에 있는 줄을 아노라 그의 안에 산다고 하는 자는 그가 행하시는 대로 자기도 행할지니라

[요일 4:17] 이로써 사랑이 우리에게 온전히 이루어진 것은 우리로 심판 날에 담대함을 가지게 하려 함이니 주께서 그러하심과 같이 우리도 이 세상에서 그러하니라

HTM 센터에서

손기철 박사

들어가는 말

1 PART 그리스도 안에서 세상의 흐름과 말씀을 알아야 한다

1장 뉴에이지 사상과 영성의 실체를 알아야 한다 021
2장 양자물리학적으로 세상을 볼 줄 알아야 한다 057
3장 하나님나라의 관점에서 말씀을 새롭게 보아야 한다 072

2 PART 그리스도 안에서 하나님나라의 비밀을 풀어라

4장 감추인 하나님의 비밀의 경륜을 깨달아라 103
5장 하나님나라 비유의 코드를 해독하라 138
6장 하나님의 통치를 새로운 관점에서 보라 166

3 PART 하나님나라 안에서 매일 기적의 삶을 살아라

7장 현재적 하나님나라 실현의 핵심원리를 깨달아라 189

8장 뉴에이지가 모르는 킹덤 시크릿을 적용하라 226

9장 매일 킹덤 시크릿으로 기적을 경험하라 253

4 PART 하나님나라 안에서 가장 가치 있는 인생을 살아라

10장 목적추구가 아닌 지금 이 순간 여기에서의 삶을 살아라 289

11장 가난과 탐욕에서 벗어나 하나님의 부요함을 누려라 315

12장 휴식하기 위해 일하지 말고 안식 가운데 일하라 332

나가는 말

PART 1

그리스도 안에서 세상의 흐름과 말씀을 알아야 한다

01 뉴에이지 사상과 영성의 실체를 알아야 한다
02 양자물리학적으로 세상을 볼 줄 알아야 한다
03 하나님나라의 관점에서 말씀을 새롭게 보아야 한다

모든 인간은 자신도 의식하지 못한 채 부모의 유전, 세상의 풍조 그리고 초등학문을 통하여 세상을 보고 있으며, 선험적 믿음 안에서 살아가고 있다. 따라서 그리스도인들이 하나님나라의 온전한 삶을 살아가기 위해서는 무엇보다도 이 세상의 상황과 시대의 흐름을 정확히 살펴보아야 하며, 성경이 말하는 새로운 세상을 발견하고, 그 속에서 우리가 어떻게 새롭게 될 수 있는지를 알아야 한다.

KINGDOM SECRETS

01

뉴에이지 사상과 영성의 실체를 알아야 한다

작금에 벌어지는 파괴적이고 음란하며 패역하고 불확실한 모든 사회 문화적 흐름을 보면 종말이 가까워진 것을 볼 수 있다. 이러한 시대상에서 벗어나 동시에 새로운 시대를 추구하는 것이 바로 인본주의적 사상과 자아실현을 집대성한 뉴에이지 운동이라고 말할 수 있다. 뉴에이지(New Age)의 뿌리는 태초 인간의 타락에서부터 시작되었지만, 20세기 말엽 기존의 질서와 기준과 가치에 대한 회피 및 반동으로 새로운 시대적 가치를 추구하는 영적인 운동 및 그에 따른 사회활동, 문화활동, 뉴에이지 음악 등을 종합해서 부르는 단어이다. 즉 이 운동은 기존의 인본주의적 사회, 문화, 종교, 문학, 음악, 영화 등에서 영적 공허를 느낀 사람들이 이를 탈피하고자 하거나 역사 이래 계속되는 전쟁, 증오, 질병, 죽음 등을 해결할 수 있는 새로운 세계관을 가지고자 하는 움직임으로부터 시작되었다고 볼 수 있다. 점성술의 관점에서 볼 때는 이제 물고기자리가 끝나고 물병자리가 도래함으로써 새로운 시대로

들어가야 한다는 운동이기도 하다.[1]

한편 반기독교적 관점에서 볼 때는 새로운 시대(새 하늘과 새 땅)를 위해 세상을 구할 구세주로서 적그리스도를 맞이하자는 것이 뉴에이지 운동이다.

불확정성 시대에 범람하는 뉴에이지 사상과 운동

뉴에이지 운동은 어떤 주체가 있는 것이 아니기 때문에 신념과 추구하는 대상과 의식 등이 끊임없이 변화하고 있다. 따라서 한마디로 정의할 수 없지만, 그 핵심사상은 '인간 잠재능력 회복 및 자아실현 운동'이라고 볼 수 있다. 이들은 인간의 내적 능력을 개발시켜 자신이 원하는 것을 얻고자 하며, 의식의 확장을 통하여 신비적인 신(우주)의 차원에 도달하는 것이 궁극적 목적이다. 뉴에이지는 그 목적을 달성하기 위해서 첨단 과학적 결과를 자기 방식대로 인용하여 자신들의 사상을 정당화시킨다. 또한 신비주의 종교들의 사상 또는 체험 등을 차용(借用)한다. 그 가운데서도 특히 힌두교와 선불교 그리고 중국의 도교 등에서 지대한 영향을 받았으며, 자연과 세상의 모든 것이 신이라는 범신론과 환생론, 인간이 신이 되거나 부처처럼 깨달아 세상에 얽매이지 않게 될 수 있다는 신인합일론, 영계와의 교통 등을 주장한다.

오늘날 수많은 사람이 자신도 모르는 사이에 뉴에이지적 사상에 물

---

1 점성술을 믿는 사람들은 점성학 시대(Astrological Ages)라고 불리는 우주적 사이클을 믿는다. 지난 2000년은 물고기자리의 표지 아래 있었으며, 이제는 물병자리의 표지(The Age of Aquarius)로 움직이고 있다고 한다. 물병자리 시대는 인류가 황금빛 시대로 들어가는 것을 의미하며, 따라서 새로운 시대, 즉 뉴에이지이다.

들어가는 것은, 인본주의적 사상과 더불어 뉴에이지들이 최근의 과학적 발견에 따른 양자물리학, 생물학, 프랙탈 기하학[2] 등을 자신들의 뉴에이지적 사상을 증명하는 수단으로 교묘하게 사용하고 있기 때문이다. 또한 인간과 사회가 가지는 현실적 문제 그리고 종교 간, 나라 간의 갈등과 분쟁을 인간 의식의 깨어남으로 해결할 수 있다고 가르치고 있기 때문이다.

사실 뉴에이지 운동의 범위를 정확하게 다 이야기할 수는 없지만, 우리 삶의 거의 모든 영역에 걸쳐 퍼져 있다고 해도 과언이 아니다. 대중음악, 텔레비전, 영화, 점성술, 강신술, 건강식품, 스포츠와 체력단련 프로그램, 동기유도훈련, 잠재력 개발, 심리치료 등등 헤아릴 수 없이 많은 것들이 뉴에이지의 사상을 주입시키는 매체로 이용되고 있다.[3] 우리 주위에 많은 사람이 자연스럽게 하는 명상, 묵상, 요가, 마음챙김, 전인치유, 심령술 등의 자기계발 훈련을 생각해보라. 좀 더 넓은 의미에서는 평화, 반전, 군축, 여성운동, 단일세계정부, 교회연합주의, 단일세계종교 등의 활동을 보라. 그 뿌리는 뉴에이지 사상과 새 영성으로부터 나온 것이다.

특별히 기독교적인 관점에서 볼 때 그동안 교회는 기존의 전통과 화석화된 교리와 조직체계 등으로 점점 더 세상에 대한 영향력을 잃어버린 반면, 뉴에이지 사상이나 새 영성 운동은 일반인들에게(심지어 그리

2 자기유사성을 갖는 기하학적 구조를 뜻한다. 즉, 부분의 구조가 끝없이 반복되어 전체를 구성하고 있으며, 전체의 모양도 부분과 같은 모양을 하고 있는 것을 말한다.

3 대부분의 사람들은 진리를 알고 자신의 존재를 변화시키기를 원치 않는다. 단지 삶의 좌절과 실패로부터 해방되기 원하며 자기계발을 통해 성공을 누리고 싶어 할 뿐이다. 뉴에이지는 바로 이 점을 공략함으로써 아무런 의심 없이 받아들여지게 된다.

스도인들에게조차) 새로운 시대를 위한 돌파구로 여겨지고 있다. 더욱이 그들이 마치 세상의 평화와 새 질서 그리고 새 영성을 추구하는 것처럼 보여지기 때문에 미래의 구원자처럼 여겨지게 된다. 그러나 예수 그리스도를 통한 하나님의 통치가 아닌, 인간이 추구하는 이러한 운동의 배후에는 빛의 천사로 가장한 타락한 천상의 존재들이 있다는 것을 알아야 하며, 적그리스도가 오는 길을 예비하는 운동임을 알아야 한다. 마지막 때로 가면 갈수록 뉴에이지의 신조와 활동은 현대문화의 조류와 잘 혼합됨으로써 그 영향력이 폭발적으로 배가될 것이다.

[살후 2:3] 누가 어떻게 하여도 너희가 미혹되지 말라 먼저 배교하는 일이 있고 저 불법의 사람 곧 멸망의 아들이 나타나기 전에는 그 날이 이르지 아니하리니

[살후 2:11-12] 이러므로 하나님이 미혹의 역사를 그들에게 보내사 거짓 것을 믿게 하심은 진리를 믿지 않고 불의를 좋아하는 모든 자들로 하여금 심판을 받게 하려 하심이라

뉴에이지 사상 및 새 영성 운동의 핵심

뉴에이지는 지금까지 지구상에 존재했던 어떤 이단보다 더 교묘하게 복음을 변질시키고 있다. 뉴에이지 사상 및 새 영성의 핵심은 "하나님은 모든 것 안에 있다"라는 것이다. 그것을 풀어서 설명하면 다음과 같다.

첫째, "하나님은 각각 모든 사람 안에 있으며, 따라서 우리 모두는

하나님이다"[4]라는 것이다. 이것을 마치 성경에서 찾아낸 비밀인 것처럼 말한다. "뜻이 하늘에서 이루어진 것같이 땅에서도 이루어지이다"의 성경 말씀을 "위에서와 같이 아래에서도"(as above, so below)로 해석하고, 위에서와 같이 땅에서도 계신 하나님은 '모든 것 안에' 계시고 '하나됨'을 이루는 것이 우주에 대한 근본적 진리라고 주장한다. 따라서 우리의 의식이 깨어나지 못했을 뿐 궁극적으로 "인간이 하나님이다"라고 주장한다. 우리 안에 있는 신성을 나타내기 위해서는 우주적 인식, 자기실현, 열반, 깨달음, 하나됨 등이 필요하다는 것이다.

구원받은 후 혼(의식)의[5] 깨어남은 성령의 도우심으로 하나님의 영에 인도함을 받기 위해서인데(롬 8:9,14), 단순히 의식의 깨어남으로써 자신이 하나님이 되고자 하는 것이다. 그것은 타락한 천상의 존재의 통치 아래 들어가는 것이다(골 2:18). 이것이야말로 인간이 피조물임을 부정하고(창 1:26-27, 2:7), 하나님과 자신을 동격으로 삼게 하는 마귀의 속임수이다(창 3:5).

둘째, "모든 것이 하나님이고, 모든 것은 하나이다"라는 것이다. 뉴에이지는 이것을 뒷받침하기 위해서 성경의 에베소서 4장 6절을 인용한다. 비기독교적인 범신론적(만유재신론적) 사상이다. 즉 하나님이 모든

4 그들은 죄와 마귀의 존재를 인정하지 않기 때문에, 타락 전의 인간이 지금의 인간이라고 주장하는 것이고, 그렇게 살지 못하는 것은 깨어나지 않았기 때문이라고 주장한다. 그들이 하나님이라고 주장하는 것은 기독교의 하나님이 아니라 보이지 않는 세계(초양자장으로 이루어진 우주) 자체를 말한다. 진정한 하나님은 모든 사람 안에 있는 것이 아니라 예수 그리스도를 믿음으로 회개하고 물과 성령으로 거듭난 자 안에 거하여 계신다. 또한 하나님의 영이 임하심으로 인하여 우리는 예수 그리스도 안에서 하나님을 나타낼 수 있는 존재이지, 하나님과 동일한 존재가 되는 것이 아니다. 그것이 바로 마귀의 속임수이다(창 3:5).

5 혼은 영을 나타내는 자아의식체라고 볼 수 있다. 따라서 혼과 의식은 같은 의미로 쓸 수 있는데, 뉴에이지에서는 혼 대신에 거의 대부분 '의식'이라는 용어를 사용한다.

것 안에 존재하므로 모든 것이 하나라는 것이다.[6] 모든 피조물에는 하나님의 신성과 능력이 나타나지만 모든 것에 하나님의 신성이 존재하는 것은 아니다(롬 1:20-21). 뉴에이지는 앞서 언급한 바와 같이 "위에서와 같이 아래에서도"(as above, so below)에 기초하여 하나님이 모든 것 안에 있으며 모든 것이 하나라고 주장한다. 그것은 하나님의 존재와 창조주와 피조물 사이의 명백한 존재론적 구분을 거부하는 것이다(창 1:1,31).

셋째, "모든 종교는 하나이다. 모든 종교는 본질적으로 같다." 따라서 예수 그리스도를 하나님의 아들로 인정하지 않을 뿐만 아니라 예수님을 통하지 않고도 자신이 깨어남으로써 구원(신성)을 가지게 된다는 것이다(행 4:12). 그들이 추구하는 신성이나 우주적 에너지는 하나님이 아니라 깨어난 의식(몸으로부터 분리된 의식)이 초양자장에 놓이게 된 상태일 뿐이다.

넷째, 우주적인 진화를 통한 지상 유토피아를 꿈꾸는 낙관주의를 가진다. 의식의 변성이 일어날 때 짧게는 인류의 번영과 평화 그리고 길게는 새로운 시대에 들어갈 수 있다고 보는 것이다. 예수 그리스도를 통한 구원을 부정할 뿐만 아니라 삶 동안에 자유의지를 가진 혼(의식)이 어떤 상태로 있는가에 따라 영생이 결정된다고 본다. 마지막 때 있을 심판을 부정하는 것이다(요 12:48 ; 고후 5:10 ; 히 9:27). 그리고 단지

6 에베소서 4장 6절 말씀은 "하나님도 한 분이시니 곧 만유의 아버지시라 만유 위에 계시고 만유를 통일하시고 만유 가운데 계시도다"인데 뉴에이지는 자신들의 방식대로 번역한 "하나님은 모든 것을 다스리며 모든 곳에 계시고 모든 것 안에 있다"(뉴 센튜리 버전)와 "너희에게는 한 주인, 하나의 믿음, 하나의 세례, 한 하나님과 모든 것의 아버지가 있다. 그분은 모든 것 위에 다스리며, 모든 것을 통해 역사하고, 모든 것 안에 존재한다. 당신이 존재하고 생각하고 행하는 모든 것이 하나됨으로 가득차다"(유진 피터슨의 메시지)를 인용하여 자신들의 주장을 뒷받침하고 있다.

심판 없는 새 하늘과 새 땅이 도래한다고 믿는다(계 20:11). 이 모든 것들의 출발은 인본주의적 사상이며, 인간을 파멸시키기 위한 마귀의 계략이다.

[약 3:15] 이러한 지혜는 위로부터 내려온 것이 아니요 땅 위의 것이요 정욕의 것이요 귀신의 것이니

뉴에이지 사상의 성경적 기원과 실체

뉴에이지 사상의 근원적 뿌리는 창세기에 나타난 타락 사건 속에 내포되어 있다. 마귀가 하와를 속일 때 사용한 말을 생각해보라. 마귀는 자신의 본질을 인간에게 주입하고자 한다.

[창 3:4-5] 뱀이 여자에게 이르되 너희가 결코 죽지 아니하리라 너희가 그것을 먹는 날에는 너희 눈이 밝아져 하나님과 같이 되어 선악을 알 줄 하나님이 아심이니라

"결코 죽지 아니하리라" : 하나님께서는 본래 인간이 영생하도록 창조하셨다. 그러나 마귀는 선악과의 열매를 먹게 되면 하나님의 영이 떠남으로써 영생을 누리지 못하게 된다는 하나님의 말씀을 부정하도록 속인 것이다. 그 속임의 결과로 인간은 더 이상 영생을 누릴 수 없게 되어 죽음을 두려워하게 되었고, 마귀는 다시 인간으로 하여금 환생설(윤회설)을 받아들이게 한다.

"너희 눈이 밝아져" : 본래 타락 전 인간은 하나님의 신성과 원복을 나타내는 영적 존재인데, 마귀는 인간이 스스로 모르는 것이 있다는 것처럼 속인 것이다. 그 속임의 결과로 인간은 타락한 육적 존재가 되었고, 마귀는 다시 인간으로 하여금 영지주의를 추구하게 만들었다.

"하나님과 같이 되어" : 본래 타락 전 인간은 하나님 안에서 그분의 생명을 나타내는 존재로 지음을 받았는데, 마귀는 우리가 하나님과 동등하게 될 것이라고 속인 것이다. 그 속임의 결과로 타락한 인간은 하나님과 분리된(하나님과 생명적 관계가 없는) 자아독립적 개체로 전락하게 되었고, 마귀는 다시 인간으로 하여금 범신론과 우상숭배를 하도록 한 것이다.

"선악을 알 줄" : 하나님께서는 악을 창조하신 적이 없다. 따라서 악은 하나님에 의해서 창조된 것이 아니다. 본래 타락 전 인간은 하나님의 성품인 절대선을 가진 존재인데, 마귀는 마치 선뿐만 아니라 악도 알 수 있다고 속인 것이다. 그 속임의 결과로 타락한 인간은 하나님의 밖에서(악) 하나님의 법(선)을 판단하는 자로 전락하게 되었고, 마귀는 다시 인간으로 하여금 초월의식을 가짐으로써 이원성에서 벗어날 수 있다고 가르치는 것이다.

마귀가 타락 전 인간을 속인 것처럼 지금도 마귀는 뉴에이지 사상과 운동을 통해서 불신자뿐만 아니라 그리스도인들조차 속이고 있다. 즉 마귀 자신과 죄와 타락을 숨기고(예수 그리스도를 통한 구원을 인정하지 않고), 지금의 무지에서 영적으로 깨어나면 하나님과 동일하게 되고, 모든 선악을 알게 된다고 속이는 것이다.

뉴에이지 영성 운동은 한마디로 스스로 거짓자아로부터 벗어남으로써 새로운 의식을 가지고 신(우주, 창조 에너지)과의 하나됨을 통하여 자신이 원하는 삶을 살 수 있을 뿐만 아니라 인류의 모든 부정적 문제를 풀 수 있다고 속이는 것이다. 그러나 그 모든 사상과 체험 방법은 하나님나라의 복음의 일부를 교묘하게 차용하여 모방(imitation)한 아류일 뿐이다. 즉, 진품과 구별할 수 없을 정도의 짝퉁(모조품)이라는 것이다. 그렇기 때문에 그리스도인들조차 분별하기가 쉽지 않으며, 자신도 모르게 그것이 진짜인 것처럼 속을 수 있는 것이다.

대표적인 예는 은혜의 복음을 수양과 훈련의 종교(사상)로 변질시킨 것이다. 진정한 복음은 구원받은 후 우리의 혼이 하나님의 영 안에 거함으로써 하나님께서 우리를 통해 나타나심으로 하나님의 뜻을 이루어가는 것이다. 하지만 뉴에이지는 이 복음을 훈련과 깨달음을 통해 몸의 통치함을 받던 자신의 의식이 깨어나도록 함으로써 자신과 신이 하나가 되어 새로운 시대를 열어갈 수 있다는 영성과 사상으로 변질시켰다. 또한 하나님 자녀로 세 차원적인 삶을 사는 복음의 본질을 모방해서 거짓자아가 주체가 되어 마음의 심상화(상상과 시각화)를 통해 자신이 원하는 것을 끌어당길 수 있다고 주장한다. 즉 예수 그리스도 안에서 이루어지는 믿음의 법칙을 거짓자아가 추구하는 '시크릿' 또는 '끌어당김의 법칙'으로 모방한 것이다. 이러한 일들은 세상적 관점에서는 동일하게 보이지만, 하나님나라의 관점에서 보면 주체와 목적이 완전히 다른 것이다.

하나님나라의 복음적 관점에서 보면 뉴에이지적 사상과 영성이 이미 기독교계에 깊숙이 들어와 다른 복음을 전하고 있는데도 수많은 그리스도인뿐만 아니라 심지어 기독교 지도자들조차도 하나님나라의 복음을 제대로 알지 못하기 때문에 뉴에이지적 사상과 새 영성에 미혹되고 있는 것이 오늘날의 현실이다.[7]

[고후 11:2-4] 내가 하나님의 열심으로 너희를 위하여 열심을 내노니 내가 너희를 정결한 처녀로 한 남편인 그리스도께 드리려고 중매함이로다 그러나 나는 뱀이 그 간계로 하와를 미혹한 것 같이 너희 마음이 그리스도를 향하는 진실함과 깨끗함에서 떠나 부패할까 두려워하노라 만일 누가 가서 우리가 전파하지 아니한 다른 예수를 전파하거나 혹은 너희가 받지 아니한 다른 영을 받게 하거나 혹은 너희가 받지 아니한 다른 복음을 받게 할 때에는 너희가 잘 용납하는구나

그들은 최근 들어 기존의 뉴에이지 운동과 차별화하기 위해서 '뉴에이지 영성'이란 말 대신에 뉴에이지를 뺀 '새 영성'이라는 용어를 사용하고 있다. 그렇지만 핵심내용은 동일하다. 지금 기독교가 점점 더 '뉴에이지 기독교'가 되어가고 있는 중이다. 그 결과로 하나님과 생명적인 관계를 가지고 좁은 문으로 들어가는 그리스도인들이 오히려 비정상적이고 극단적인 그리스도인으로 여겨지는 실정이다.

---

7 이 부분에 대한 좀 더 구체적인 내용은 《기막힌 속임수》(워렌 스미스, Band of Puritans)와 《신비주의와 손잡은 기독교》(레이 윤겐, 부흥과개혁사)을 참고하라. 전자는 릭 워렌과 뉴에이지의 관련성과 그 원류에 대하여 자세히 설명하고 있으며, 후자는 교회 안에 들어온 뉴에이지 사상과 영성 전반에 대하여 다루고 있다. 그렇지만 두 책 모두 하나님나라의 복음적 관점에서 그 실체를 파악하고 분별하여 그들이 어떤 부분을 어떻게 도용하였는지에 대하여 알리기보다는, 저자들이 누구의 영향을 받았는지, 그들의 주장이 어디서부터 왔는지 지나치게 강조함으로써 단편적 분석에 그치는 아쉬움이 있다.

[마 7:13-14] 좁은 문으로 들어가라 멸망으로 인도하는 문은 크고 그 길이 넓어 그리로 들어가는 자가 많고 생명으로 인도하는 문은 좁고 길이 협착하여 찾는 자가 적음이라

그렇다면 지금의 기독교인들이 뉴에이지에 빠지는 이유는 무엇인가? 전통적인 십자가 대속의 복음의 한계와 불안함을 뼈저리게 느끼기 때문이다. 천국에 대한 소망은 가지지만 자신이 정말 구원을 받았는지에 대한 의구심을 가지고 있으며, 윤리적인 측면에서 죄 죽이기와 거룩한 삶을 살기 위해서 최선을 다하지만, 실제로는 늘 죄책감과 두려움에 기초한 신앙생활을 하며 평강과 희락을 누리지 못하기 때문이다. 한편 이 땅에서 살면서 늘 필요와 욕구를 채울 수 없기 때문이다. 예수님께서는 새생명뿐만 아니라 우리의 삶을 만족하게 하겠다고 말씀하셨는데, 실제는 늘 끝없는 결핍에 시달리며 온전함을 누리지 못하기 때문이다. 그런데 놀랍게도 뉴에이지 사상과 영성에서 바로 이 문제를 해결해준다고 주장하며, 그것이 바로 하나님께서 원하시는 것이라고 말하기 때문에 기독교인들조차도 혹할 수밖에 없는 것이다.

뉴에이지 사상과 운동을 분별하기 위한 하나님나라 복음의 핵심

그렇다면 왜 이런 일이 일어나고 있는가? 그것은 하나님나라의 복음을 제대로 알지 못하기 때문이고, 그에 따라 성경에서 말하는 복음적 삶을 누리지 못하기 때문이다. 그것은 오랜 세월 동안 하나님과의 생명적 관계보다는 십자가 대속만을 지나치게 강조하는 복음에 기초한

신학과 신앙이 빚어낸 결과이다.[8] 우리가 이러한 비기독교적인 사상과 영성을 분별하고 잘못된 점을 드러내기 위해서는 무엇보다도 나(거짓자아)로부터 출발한 전통적 십자가 복음이 아니라 그리스도로부터 출발한 하나님나라의 복음을 제대로 알아야 한다. 지금의 시대는 하나님나라의 복음으로 돌아갈 마지막 때이다. 그렇게 하기 위해서는 자신의 내면에 다음 세 가지 기둥을 온전히 세워야 한다.

첫째, 주체의 변화이다. 거짓자아에서 그리스도 안에 있는 새로운 피조물로서의 정체성의 변화이다. 즉 육적 존재에서 영적 존재로의 거듭남이다. 그것은 성령의 감동으로 회개하고 예수 그리스도를 통하여 죄사함을 받고 하나님의 영이 우리 안에 임하심으로 이루어지는 것이다. 그런데 뉴에이지들은 깨어남, 초월의식, 의식 변성을 통해서 새로운 존재가 된다고 가르치고 있다.

> [요 3:5-7] 예수께서 대답하시되 진실로 진실로 네게 이르노니 사람이 물과 성령으로 나지 아니하면 하나님의 나라에 들어갈 수 없느니라 육으로 난 것은 육이요 영으로 난 것은 영이니 내가 네게 거듭나야 하겠다 하는 말을 놀랍게 여기지 말라

둘째, 하나님나라를 이 세상의 시간적 관점에서 해석하고 적용하는

---

8 예수님의 십자가 대속은 기독교의 핵심진리이지만, 인본주의적 신앙관과 그 결과로 실제 삶에서 십자가 대속의 능력이 나타나지 않음으로써 오히려 뉴에이지들에게 그 진리가 무지(無知)로 취급받게 되었다. 인본주의 신앙관이란 단지 내가 예수 그리스도를 믿기만 하면 죄사함을 받고 구원을 얻게 된다는 것이다. 지금 이 순간 당신의 진정한 존재는 무엇이며, 당신은 하나님과 어떤 관계를 가지고 있는가를 생각해보라. 당신의 존재가 변화되지 않고 단지 믿기만 하면 정말 구원을 얻은 것일까?

것이 아니라, 차원적 관점에서 보고 지금 이 순간 여기에서 하나님나라로 들어가 이 세상에서 새로운 삶을 사는 것이다. 그리스도인의 본향은 하나님나라인 영적 세계이다. 따라서 하늘에서 땅을 향하는 차원적인 삶을 살아야 한다. 그런데 뉴에이지는 영적 수련과 체험을 통해서 땅에서 하늘로 올라갈 수 있다고 가르친다.

[마 6:10] 나라가 임하시오며 뜻이 하늘에서 이루어진 것 같이 땅에서도 이루어지이다

셋째, 이원론적 사고방식으로 성과 속(선과 악)을 나누는 것이 아니라 마귀의 통치에서 하나님의 통치로의 전환이다. 모든 문제의 근원에는 죄와 마귀의 계략과 전략이 있다는 것을 알고, 예수 그리스도 안에서 하나님의 통치가 이루어지도록 해야 한다. 보이는 세계에서는 선과 악이 존재하지만, 하나님나라 안에서는 절대선밖에 없다. 따라서 그리스도인들은 하나님의 생명 안에서 보이지 않는 세계에 있는 악은 존재하지 않는 것임을 알고, 그분의 선이 온전히 이루어지는 실상을 가짐으로써 이 땅에 하나님의 뜻이 이루어지도록 해야 한다. 그런데 뉴에이지는 모든 것이 하나이기 때문에 각성하면 모든 것이 그 일원성으로 인해 선과 악이 없다고 가르친다. 마귀로 인하여 악이 생긴 것을 부정하며, 그것이 바로 마귀의 계략이라는 것을 알지 못하게 하는 것이다.

[약 1:17] 온갖 좋은 은사와 온전한 선물이 다 위로부터 빛들의 아버지께로부터 내려오나니 그는 변함도 없으시고 회전하는 그림자도 없으시니라

뉴에이지 사상과 운동이 진짜처럼 보이는 이유

그들의 주장이 왜 그럴듯하게 보이는가? 두 가지 이유를 들 수 있다. 첫 번째 이유는 해 아래 새것이 없기 때문이다. 삶의 주체가 하나님이 아니라 인간이어도 하나님의 법칙의 일부를 그대로 이용할 수 있다. 따라서 하나님의 자녀로서 하나님나라의 복음을 온전히 깨닫고 누리지 못할 때는 그들의 주장이 복음이라고 믿기어지게 된다. 뉴에이지적 종교와 초월의식 수련은 인간이 하나님의 존재와 경륜을 모방하는 것일 뿐이다. 그것이 마귀의 속성이며 마귀의 통치를 받는 인간도 그 속성을 따르고자 하는 것이다. 그들은 하나님께서 창조하신 법칙의 일부를 사는 날 동안 도용하지만, 종국적(終局的)으로는 어느 누구도 하나님께서 예정하신 법칙을 벗어날 수 없다는 것을 알아야 한다. 즉 마지막 때 자력구원(진정한 거듭남 없이 하나님나라 법칙의 일부를 도용한 것)과 축복(자신의 유익을 위해 믿음의 법칙으로 누린 모든 축복)에 대한 심판이 있다는 것을 알아야한다.

[엡 5:6-8] 누구든지 헛된 말로 너희를 속이지 못하게 하라 이로 말미암아 하나님의 진노가 불순종의 아들들에게 임하나니 그러므로 그들과 함께 하는 자가 되지 말라 너희가 전에는 어둠이더니 이제는 주 안에서 빛이라 빛의 자녀들처럼 행하라

두 번째 이유는 그동안 진짜가 진짜 노릇을 하지 못했기 때문이다. "호랑이 없는 골에 토끼가 왕노릇 한다"라는 속담이 있다. 정작 이 땅에 도래한 하나님나라의 실체를 보여주어야 할 교회가 진짜 노릇을 하지 못해왔기 때문에, 그 자리를 뉴에이지 사상과 영성이 꿰차고 진짜

행세를 하고 있는 것이다. 현재 우리는 예수 그리스도를 믿고 말씀에 의지하는 삶을 살 뿐이지, 예수 그리스도 안에서 영이요 생명이신 말씀의 실체를 나타내는 삶을 살지 못하고 있다.

[고전 4:20] 하나님의 나라는 말에 있지 아니하고 오직 능력에 있음이라

우리가 하나님의 자녀로서 하나님나라의 삶을 보여주지 못하기 때문에 마귀의 통치를 받는 그들이 복음의 일부를 자아실현의 도구로 사용하여, 가짜 열매들을 가지고 많은 사람을 미혹하는 것이다. 그러나 뉴에이지가 추구하는 것처럼 인간이 무엇을 할 수 있느냐에 초점을 두는 것은 복음이 아니다. 복음은 예수 그리스도 안에서 하나님의 자녀가 되어 하나님의 뜻을 나타내는 것이다. 그것이 하나님나라 복음적 영성이기도 하다.[9]

그들은 새 시대가 의식혁명(개혁)을 통해서 이루어진다고 말한다. 그것은 진정한 영적 혁명이 아니라 초월의식을 가지는 것이며, 타락한 천상의 존재들의 통치를 받는 것이다. 진정한 영적 혁명은 우리의 혼이 다시 하나님의 영 안에 거함으로써 하나님께서 우리 몸을 통하여 이 땅에 주의 통치권을 회복하시는 것이다. 우리는 주님께서 언제 오시는지 알 수 없지만, 시대의 표적을 읽고 등잔과 기름을 준비한 다섯 처녀처럼 살아야 한다. 포스트코로나 시대에 깨어있는 자는 마지막 때를 알리는 하나님의 나팔소리에 귀 기울이고 킹덤빌더로 세워져 자신의 영역에서 하나님을 나타내는 삶을 살아감으로써 마귀가 온 땅에 뿌리는 뉴

9 이에 대한 자세한 내용은 손기철,《킹덤빌더의 영성》(규장) 19-32쪽을 참고하라.

에이지 사상과 새 영성의 실체를 밝히 드러내야 한다.

[마 16:3] 아침에 하늘이 붉고 흐리면 오늘은 날이 궂겠다 하나니 너희가 날씨는 분별할 줄 알면서 시대의 표적은 분별할 수 없느냐

[고전 14:8] 만일 나팔이 분명하지 못한 소리를 내면 누가 전투를 준비하리요

뉴에이지 사상과 운동에 어떻게 대처해야 하는가?

먼저 하나님나라의 복음과 뉴에이지 운동을 분별하기 위해서 다음 네 가지를 주의해야 한다. 첫째, 뉴에이지 운동의 내용을 가지고 기독교의 본질을 이해하고자 하면 안 된다는 것이다. 오히려 역으로 기독교의 본질을 알고 그 본질을 기준으로 그들이 무엇을 모방하고 있는지, 무엇이 잘못되었는지를 분별해야 한다. 흔히들 하나님나라 복음의 비밀에 대해서 설명하면, "뉴에이지에서도 당신이 설명한 것과 비슷하게 말하는데 어떻게 생각하는가?"라는 질문을 받는다. 그런 질문을 받을 때마다 이 시대의 흐름과 성도들의 생각이 얼마나 뉴에이지적으로 경도(傾倒)되었는지를 느끼게 된다. 그것은 하나님의 나라와 의를 구하는 것이 무엇인지 배운 바도 없고 체험한 적도 없기 때문일 것이다. 따라서 뉴에이지 사상과 운동이 어떤 것이며, 무엇에 어떻게 영향을 미치는지를 알기 전에 먼저 하나님나라의 복음 위에 굳건히 서야 한다. 그럴 때 어떤 상황에서도 뉴에이지 사상과 운동을 분별할 수 있게 되고, 그것들에 영향을 받지 않게 된다. 이는 마치 위조지폐를 가려내기 위한 가장 좋은 방법이 진짜 지폐를 많이 만져보는 것과 같은 이치이다.

둘째, 과학은 하나님이 없다는 것을 증명하는 수단이 아니라 바로 하나님의 살아계심을 증명하는 수단이 되어야 한다는 것이다. 인간이 탐구한 심리학, 정신의학 그리고 과학을 통해서 하나님의 존재나 경륜을 증명할 수는 없지만, 하나님께서는 피조세계에 나타난 그분의 흔적을 알아볼 수 있는 수단으로 과학을 주셨다. 따라서 끊임없이 발달하는 과학을 통해서 불변하는 진리의 비밀들이 하나씩 밝혀지게 되는 것이다. 과학이 발달하면 할수록 하나님의 창조섭리와 경륜들이 더 밝혀지게 될 것이다. 그러나 과학으로 하나님의 존재나 법을 증명하고자 하는 것은 매우 어리석은 일이다. 왜냐하면 과학은 피조물인 인간에 의해 고안된 것으로 진리를 밝히기 위한 수단이지, 과학이 진리나 생명이 될 수는 없기 때문이다. 또한 과학의 대상은 인간이 추구할 수 있는 물리세계와 정신세계에 대한 것이지만, 하나님의 존재는 영의 세계에 속하기 때문이다. 그러나 하나님은 물리세계와 정신세계에 나타난 하나님의 생명을 인간에게 주신 과학을 통해 알 수 있게 하셨다.

셋째, 오늘날 뉴에이지들은 그들의 사상과 영성을 설명하기 위해서 많은 과학적, 종교적, 신비적 용어들을 차용하고 있기 때문에, 그런 용어들을 사용한다고 해서 무조건 뉴에이지적이라고 말해서는 안 된다는 점이다. 우리가 하나님나라의 복음이 무엇인지를 알고 체험한다면, 오히려 그들이 사용하는 용어를 통해서 하나님나라의 복음이 무엇이며, 그들의 한계와 잘못된 점이 무엇인지 지적할 수 있어야 한다.

넷째, 성경의 말씀은 영이요 생명이지, 진리에 대한 정보와 지식이 아니라는 사실이다(안타깝지만 그리스도인들도 그렇게 누리지 못하고 있는 실정이다). 뉴에이지들은 그들의 사상과 운동을 증명하기 위해서 성경의 말씀을 인용한다. 그렇지만 우리는 그들이 인용한 성경의 말씀이 하나님의 능력이 나타나도록 하는 것인지, 아니면 자신들의 인본주의적 주장을 입증하는 수단이 되는지를 분별할 줄 알아야 한다. 성경을 통해서 진리를 알 수 있기 때문에 그들도 말씀을 인용한다. 그러나 그리스도 안에 있을 때 말씀은 영과 생명이 되지만 그리스도 밖에 있을 때는 진리에 대한 지식과 정보에 지나지 않는다. 마귀의 의해서 왜곡, 변질, 축소되어진 말씀에 속지 말아야 한다.

하나님나라 복음적 관점에서 본 뉴에이지 사상과 영성의 한계와 문제점

1 뉴에이지에서 말하는 초월의식이란 무엇인가?

기독교에 있어 영혼의 개념은 창세기 2장 7절 말씀인 "여호와 하나님이 땅의 흙으로 사람을 지으시고 생기를 그 코에 불어넣으시니 사람이 생령이 되니라"를 통해서 알 수 있다. 즉 우리는 흙과 같은 존재였는데, 하나님의 영이 임하심으로써 인간은 혼으로 하나님의 생명을 나타내는 영적 존재가 되었다는 것이다. 혼은 하나님의 영을 나타내는 자아의식체를 의미하기 때문에 그런 의미에서 영혼이라고 붙여서 사용할 수 있다. 그렇지만 영과 혼은 결코 같은 것이 아니다. 성경은 우리가 타락했을 때 하나님의 영이 떠남으로써 우리가 혼적인 존재가 되었다고 말한다.[10]

---

10 인간이 타락했을 때 하나님의 영이 떠났지만 정상적으로 작동하지 못하는 인간의 영은 여전히 존재한다(롬 8:16). 그러나 그 영은 마치 알맹이가 빠진 껍데기와 같은 것이다. 그래서 타락한 혼이 자신의 정체성을 유지하기 위해서 생각과 감정을 자신과 동일시시킴으로써 거짓자아를 만든 것이다. 성경은 하나님의 영이 떠난 타락한 존재를 영적 존재가 아니라 혼적 존재라고 부

[고전 15:45] 기록된 바 첫 사람 아담은 생령(헬, 프쉬케 : 혼)이 되었다 함과 같이 마지막 아담은 살려주는 영(헬, 프뉴마 : 영)이 되었나니

성경에는 하나님의 영이 없는 사람, 즉 불신자들을 지칭할 때 '프쉬키코스'라는 말을 사용하는데, 이 단어의 의미는 "혼적인 사람"이다. 하나님의 영이 없는 사람을 뜻하는 것이다. 그래서 예수님께서 이 땅에 오셔서 우리의 죄를 사하시고, 하나님의 영을 보내주신 것이다(고전 15:45).

[고전 2:14] 육에 속한(헬, 프쉬키코스) 사람은 하나님의 성령의 일들을 받지 아니하나니 이는 그것들이 그에게는 어리석게 보임이요, 또 그는 그것들을 알 수도 없나니 그러한 일은 영적으로 분별되기 때문이라

그런데 이 사실을 제대로 알지 못하고, 기독교 내의 적지 않은 교단에서 영과 혼은 동일한 것이며 영과 혼을 나누는 것을 비성경적인 가르침이라고 비판하며, 극단적인 경우에는 이단시하는 교단도 있다. 혼은 그것이 하나님의 영이든 타락 후 마귀의 영이든 어떤 영을 나타내는 의식체이다. 그러나 현실적으로 볼 때 타락한 후 남겨진 인간의 영이 정상적으로 작동하지 못하기 때문에 혼이 자신의 생각과 감정을 자신과 동일시하여 만든 거짓자아로 살아간다. 따라서 영과 혼을 동일하게 보는 것이야말로 바로 뉴에이지적 발상이라는 것을 알아야 한다. 생각해보라. 타락한 것은 영혼인가 혼인가? 반대로 우리가 구원을 이루어가는 것은 영혼인가 혼인가? 만약 영과 혼의 차이를 명확히

른다(고전 2:14, 15:45).

알지 못한 상태에서 막연하게 영혼이라고 한다면, 이는 하나님께서 타락한 것이 되고, 하나님께서 구원을 이루어가야 한다는 것처럼 들릴 수 있게 된다.[11]

뉴에이지적 영성을 수련하거나 초월적 상태에 도달하고자 하는 유사종교는 대부분 영이라는 말과 혼(의식)이라는 말을 혼용해서 사용한다. 즉 영과 혼을 동일하게 보는 것이다. 초월의식이 바로 영이라고 보는 것이다. 그것이 바로 범아일여(梵我一如) 사상이다. 혼이 자신의 마음으로부터 벗어날 때 하나님, 신, 우주와 동일하게 된다고 주장하는 사상이다. 그들이 말하는 하나님은 기독교에서 말하는 하나님이 아니다. 그들이 말하는 하나님은 하나님께서 창조하신 보이지 않는 세계(초양자장), 즉 그들의 용어로 '우주'이며, 그들은 그것 자체를 '신'이라 부르고 '진정한 자아'라고 주장하는 것이다. 기독교적으로 볼 때 영과 혼은 다른 차원의 실재이지 결코 동일하지 않다는 것을 알아야 한다.

물과 성령으로 거듭난 후에 자기를 부인하고 자기 십자가를 짐으로써 우리의 혼이 몸의 종노릇에서 벗어나 본래 하나님께서 창조하신 대로 다시 하나님의 영 안에 거하게 되고, 그 영을 나타내는 존재가 되는 것(복음을 통해 은혜로 주어지는 존재적 변혁)과, 타락한 혼이 자신의 마음에서 벗어남으로써 스스로가 초월적 존재가 된다는 것(수행과 노력을 통해 얻어내는 뉴에이지적 초월의식)과는 완전히 다르다는 것을 알아야 한다.

---

11 물론 결과적으로 보았을 때는, 인간의 영혼이 타락했다고 표현할 수도 있다. 하지만 분명히 해야 할 것은 자유의지를 가진 혼의 타락이 선행되었다는 것과 영의 타락은 혼의 타락으로 인해서 하나님의 영이 떠남으로써 발생하였다는 것이다. 즉 논리적으로도, 시간적으로도 혼의 타락이 영의 타락을 선행하는 것이다. 자유의지를 가진 혼의 범죄함으로 죄를 범하게 되었고 그 결과 하나님의 영이 떠남으로 인해 인간의 영은 인간의 기능하지 못하는 영으로 타락한 것이다(마귀의 영의 통치함을 받는 원죄, 죄성을 가진 영이 된 것이다). 그 결과 우리의 영혼이 타락한 것이 된다.

보이지 않는 세계와 보이는 세계의 두 차원에서 일어나는 모든 일은 하나님의 섭리에 따른 동일한 법칙에 기초하지만, 그리스도인과 초월의식을 추구하는 자들은 존재적 출발점이 다르다. 그런데 하나님나라의 복음을 모르는 자는 이것을 제대로 구별하지 못하고 있다.

2 뉴에이지에서 말하는 우주와 기독교에서 말하는 하나님나라의 차이는 무엇일까?

과학자나 초월의식을 추구하는 사람들은 흔히들 자연계(natural system)와 초자연계(super natural system)로 나눈다. 뉴에이지에서는 초자연계에 큰 관심이 있는데, 철학과 과학에서는 이 영역을 형이상학(metaphysics)이라고 한다.[12] 그리고 초자연계를 보이지 않는 세계 또는 비물질세계 또는 영적 세계로 칭한다. 즉 보이지 않는 세계가 영적 세계라고 주장하는 것이다. 하지만 이는 잘못 알고 있는 것이다. 보이지 않는 세계와 영적 세계가 동일하지 않다는 것을 알아야 한다.

[골 1:16] 만물이 그에게서 창조되되 하늘과 땅에서 보이는 것들과 보이지 않는 것들과 혹은 왕권들이나 주권들이나 통치자들이나 권세들이나 만물이 다 그로 말미암고 그를 위하여 창조되었고

[요 3:31] 위로부터 오시는 이는 만물 위에 계시고 땅에서 난 이는 땅에 속하여 땅에 속한 것을 말하느니라 하늘로부터 오시는 이는 만물 위에 계시나니

---

12 메타(meta)는 "초월한다", "넘어선다"라는 뜻이며, 피직스(physics)는 보이는 물질세계를 말한다. 따라서 메타피직스(형이상학)는 실체의 본질과 관련된 실체의 보이지 않는 부분을 다루는 것을 말한다. 우리는 그리스도 안에서(하나님의 영 안에서), 뉴에이지는 의식의 변성을 통해서 보이지 않는 세계를 통제할 수 있지만, 그 주체는 서로 완전히 다른 차원이라는 것을 알아야 한다.

만물은 보이는 세계와 보이지 않는 세계에 존재하는 모든 것을 의미한다. 따라서 하나님께서 만물 위에 계신다는 것은 셋째 하늘, 즉 영적 차원을 의미한다. 일반적으로 사람들은 보이는 세계의 실체에 초점을 두고 살아간다. 그럴 때 자연스럽게 공간이 형상(물질)을 구분해주고 분리시켜준다고 생각한다. 공간은 아무런 역할을 하지 못하며, 상호작용을 할 때는 공간과 시간을 통한 에너지의 교환이 있어야 한다고 생각한다. 그러나 양자물리학에 따르면 공간은 비어 있는 곳이 아니라 에너지장을 이루고 있으며, 모든 입자는 비국소성을 띄고 있다고 한다(2장 참조). 이 보이지 않는 세계, 즉 양자 에너지장은 어떤 입자라도 시공간상에서 서로 떨어져 있지만, 서로에게 영향을 미치고 있다는 것이다. 그러니까 그 말은 공간은 비어 있는 것이 아니라 에너지장(그물망)을 형성하고 있으며, 시공간상에 존재하는 모든 것들이 서로에게 동시적으로 영향을 미치고 있다는 뜻이다.

이 양자 에너지장(보이지 않는 세계)은 하나님께서 창조하신 것인데도 이 에너지장을 초월의식, 우주, 신, 하나님과 동일시하거나 또는 그것이 하나님나라, 즉 영적 세계인 것처럼 생각하는 것은 아주 잘못된 주장이며 뉴에이지적인 사고방식이다. 하나님의 영 안에 있는 혼(의식)이 영이요 생명이신 말씀에 대한 생각으로도 양자 에너지장에 영향을 미칠 수 있고, 또는 뉴에이지들처럼 자신의 마음에서 벗어난 의식이 가지는 생각으로도 이곳에 영향을 미칠 수 있다. 성경적으로 표현하면, 보이지 않는 세계인 양자 에너지장은 둘째 하늘(이층천)에 해당되는 것이며, 영적 세계인 하나님나라(삼층천)와 동일하지 않다.[13]

---

13 세 차원의 세계(하늘들)에 대한 더 자세한 내용은 2부 6장을 참조하라.

3 뉴에이지는 죄와 구원에 대해서 어떻게 생각하고 있는가? 그들이 말하는 것과 말하지 않는 것은 무엇인가?

뉴에이지적 영성훈련 또는 초월의식을 수련하는 자들은 죄를 죄로 여기지 않는다. 단지 의식이 깨어나지 못한 상태일 뿐이라고 생각한다. 즉 그들은 무지가 바로 죄라고 생각한다. 무지에서 깨어나는 것이 구원이라고 믿고 있다. 타락한 인간이 태생적으로 가지는 죄의 문제를 유일한 구원자이신 예수 그리스도를 통하지 않고 단지 깨어남으로 해결하고 하나님의 생명을 누릴 수 있다는 것이다.[14] 어디서 들어본 듯한 교묘한 전략 아닌가? 바로 마귀가 하와에게 썼던 전략이다(창 3:5). 마귀는 선악을 알게 하는 나무의 열매를 먹게 되면 눈이 밝아져 무지에서 벗어나 초월적 존재인 하나님과 같이 된다고 하와를 유혹하고 속였다.

따라서 그들은 회개나 죄사함이나 구원에 대해서도, 또한 마귀의 존재에 대해서도 언급하지 않는다. 그들은 마귀에게 속아 보이지 않는 세계인 초양자장을 우주 혹은 신이라고 여기며 굳게 믿고 있다. 그들도 현재의 삶의 고통과 괴로움에서 벗어나는 유일한 길이, 혼(의식)이 몸의 종노릇으로부터 깨어나는 것임을 알고 있다.[15] 그러나 마귀의 존재로 인한 인간의 타락을 인정하지 않기 때문에 스스로 훈련함으로써 새 영성(참자아)을 추구하지만 결국은 마귀의 통치 아래 살 수밖에 없

14 그들의 핵심진리는 하나님은 만물 안에 계시며 모든 인간 안에 계시기 때문에, 인간이 하나님이라고 보는 것이다. 오늘날 기독교 안에서 주장되는 예수 그리스도 없이도 구원이 가능할 수 있다는 종교통합 운동의 일환인 에큐메니칼 운동도 여기에 속한다. 뉴에이지 운동의 기독교적 현상으로 보아야 한다.

15 대부분의 경우 그들은 주체의 명확한 인지 없이, 단지 마음에서 벗어나야 참자아를 깨닫게 된다고 말한다.

게 된다. 결국 그들은 자신들의 사상을 끼워 맞추기 위해서 자신들이 필요한 성경의 일부분만을 인용하고 있는 것이다.

[고후 2:11] 이는 우리로 사탄에게 속지 않게 하려 함이라 우리는 그 계책을 알지 못하는 바가 아니로라

또한 뉴에이지는 죄사함과 구원보다는 인간의 평화와 통합에 초점을 둔다. 즉 마귀의 통치 아래 기존의 성경적이고 윤리적인 가치관과 질서들을 부정하고, 적그리스도 세력들에 의해 추진되는 지상 낙원과 세계 평화를 추구함으로써 새로운 질서를 만들고자 한다. 즉 아이러니하게도 마귀를 인정하지 않으면서도 마귀를 끌어들이는 것이다.

더 놀라운 사실은 구원자이신 예수 그리스도를 통한 죄사함을 얻은 것도 아니고 하나님의 영이 임하지 않았는데도, 마귀에게 미혹되어 그들의 영혼이 영원히 안전하다고 생각한다. 그들은 죽음 직후에 있을 일은 보지만, 그다음 이어질 일과 마지막을 보지 못하고 있는 것이다. 즉 죽음 이후에 그들의 기능하지 못하는 인간의 영과 혼이 몸과 분리되는 것은 보지만, 하나님의 영이 없는 자는 음부에, 그리고 종국에는 영원한 형벌 속에 거하게 된다는 것을 알지 못한다. 그들은 초월된 의식은 가지지만, 영원한 하나님의 생명이 없는 자들이다. 그런데 어떻게 진정으로 거듭난 하나님의 자녀들과 동일하다는 말인가?

한편 뉴에이지 운동에는 초월의식을 가진 자들이 채널링(channeling, 주파수를 맞춘다는 의미)을 통해서 영적 가이드(spiritual guide)와 관계를 가진다고 한다. 그것은 하나님께서 창조하신 보이지 않는 세계(초양자장)에 영향을 미치는 타락한 천상의 존재들과 관계하는 것이다. 그들에

게 다양한 정보를 받고 선한 일을 하는 것 같아도 그들은 광명의 천사들로 가장한 악한 천상의 존재들이다. 지금 그들은 하나님께서 "나 외에 다른 신들을 네게 두지 말라"고 하신 그 말씀을 범하고 있는 것이다.

[고후 11:14] 이것은 이상한 일이 아니니라 사탄도 자기를 광명의 천사로 가장하나니

[딤전 4:1-2] 그러나 성령이 밝히 말씀하시기를 후일에 어떤 사람들이 믿음에서 떠나 미혹하는 영과 귀신의 가르침을 따르리라 하셨으니 자기 양심이 화인을 맞아서 외식함으로 거짓말하는 자들이라

4 모두 믿음의 법칙을 사용할 수 있다면 굳이 하나님을 믿을 필요가 있는가?

보이는 세계에 중력과 같은 자연법칙이 있는 것처럼, 보이지 않는 세계에도 믿음의 법칙과 같은 초자연적 법칙이 있다. 해 아래 새것이 없으며, 모두가 하나님의 법칙을 사용하며 살아간다. 그러나 마지막 때 자신들의 욕심을 채우기 위해서 믿음의 법칙을 사용한 것과 하나님의 뜻을 이루기 위해서 믿음의 법칙을 사용한 것에 대해서 심판이 있다는 사실을 알지 못하고 있다(마 7:21-23, 13:47-50).

[마 7:21-23] 나더러 주여 주여 하는 자마다 다 천국에 들어갈 것이 아니요 다만 하늘에 계신 내 아버지의 뜻대로 행하는 자라야 들어가리라 그 날에 많은 사람이 나더러 이르되 주여 주여 우리가 주의 이름으로 선지자 노릇하며 주의 이름으로 귀신을 쫓아 내며 주의 이름으로 많은 권능을 행하지

아니하였나이까 하리니 그 때에 내가 그들에게 밝히 말하되 내가 너희를 도무지 알지 못하니 불법을 행하는 자들아 내게서 떠나가라 하리라

하나님나라의 비밀에 대한 예수님의 비유 중 그물의 비유는 이 질문에 대해 명확히 답해준다.

[마 13:47-50] 또 천국은 마치 바다에 치고 각종 물고기를 모는 그물과 같으니 그물에 가득하매 물 가로 끌어 내고 앉아서 좋은 것은 그릇에 담고 못된 것은 내버리느니라 세상 끝에도 이러하리라 천사들이 와서 의인 중에서 악인을 갈라 내어 풀무 불에 던져 넣으리니 거기서 울며 이를 갈리라

이 구절은 하나님나라의 미래성에 대해서 말하고 있다. 천국은 바다에 치고 각종 물고기를 모는 그물과 같다. 바다는 무엇을 의미하는가? 바로 양자 에너지장, 보이지 않는 세계를 의미한다. 물고기는 무엇인가? 의인과 악인일 것이다. 그렇다면 천국은 무엇인가? 하나님의 통치는 어떻게 이루어지는가? 양자 에너지장에 있는 물고기를 통제하는 그물과 같다. 물고기들이 마음대로 헤엄치는 바다에 그물을 던져서 나중에 그물이 가득 차면 그물에 걸린 온갖 물고기를 잡아 올려서 그것들을 선별하게 된다.

깨닫든 깨닫지 못했든 모든 사람은 양자 에너지장과 연결되어 있다. 깨달은 사람들은 양자 에너지장을 알고 더 잘 활용할 것이다. 그 중에는 하나님의 뜻을 이루는 의인, 자신의 욕심을 이루는 악인도 있을 것이다. 하나님께서 만드신 보이지 않는 세계에서 일어나는 믿음의 법칙인, 심은 대로 거두는 것은 일반은총이다. 알든 모르든 우리 모두 그

법칙 아래에서 살고 있다. 즉 보이지 않는 세계, 양자 에너지장에서 일어나는 믿음의 법칙은 기독교인에게만 적용되는 것이 아니라 초월적 상태를 추구하는 자, 뉴에이지들에게도 동일하게 적용된다는 뜻이다.

그러나 우리가 분명히 알아야 할 사실은 이 땅에서의 삶이 전부가 아니라는 것이다. 마지막 때 하나님께서는 그물에 잡힌 물고기 중 나쁜 것, 즉 악인을 골라내어 풀무 불에 던져 넣으실 것이다. 이것은 하나님나라의 미래성에 대해서, 예수님의 재림 때 있을 심판에 대해서 말하는 것이다. 이 세상에 살면서 하나님의 법칙을 이용해서 자신의 유익을 누리고, 기적을 행하고, 설령 풍성한 삶을 산다고 해서 모두가 구원을 받는 것은 아니라는 것을 말하고 있다. 마지막 때 심판이 있다는 것이다. 초월의식을 가진 자도 선지자 노릇을 할 수 있고, 예수 그리스도의 이름을 도용하여 기적을 행할 수도 있다. 그렇지만 자유의지를 가진 혼으로서 하나님과의 생명적 관계없이 믿음의 법칙만 이용한 자는 예수님의 재림 때 심판을 받게 되고, 음부에 버려지고, 결국은 영원한 불못에 던져지게 된다.

> [딤후 4:1-4] 하나님 앞과 살아 있는 자와 죽은 자를 심판하실 그리스도 예수 앞에서 그가 나타나실 것과 그의 나라를 두고 엄히 명하노니 … 때가 이르리니 사람이 바른 교훈을 받지 아니하며 귀가 가려워서 자기의 사욕을 따를 스승을 많이 두고 또 그 귀를 진리에서 돌이켜 허탄한 이야기를 따르리라

5 뉴에이지들도 하나님의 법칙을 잘 활용하는데 우리는 왜 그렇게 하지 못하는가?

첫 번째 이유는 그리스도인들이 예수 그리스도 안에 새로운 피조물

이 되었음에도 불구하고 여전히 죄책감과 두려움에 기초한 부정적 인간론을 가지고 있어서 하나님의 말씀대로 이루어진 것을 믿지 못하기 때문이다. 이에 반해 오히려 뉴에이지들은 구원을 받지 못했는데도 불구하고 신(우주 에너지)은 자신을 사랑하시고 모든 것을 주기 원하신다는 긍정적인 인간론을 가지고, 자신이 원하는 것을 보이지 않는 세계에 심고 그것을 거둔다. 그리스도인들은 구원은 받았지만 자신의 진정한 정체성을 체험하지 못했기 때문에 신성과 원복을 누리지 못하고 있는 것이다.

두 번째 이유는 그리스도인들이 말씀을 먹고 사는 것을 제대로 체험하지 못하기 때문이다. 우리의 영은 말씀으로 거듭났기 때문에 이제는 예수 그리스도 안에서 그분의 살을 먹음으로써 우리의 몸도 말씀이 되어야 한다(벧전 1:23). 이를 위해 우리는 매일 말씀을 먹어야 한다(마 4:4). 그러나 말씀을 먹는다는 것은 그 말씀 자체를 머리에 보관하는 것이 아니라 우리 몸이 그 말씀대로 이루어진 것을 체험하는 것이다. 그 말은 말씀이 우리 몸을 통치한다는 것이고, 우리가 주의 말씀을 경험한다는 것이다. 그것은 내가 말씀을 머리로 알고 이해하고 암송한다는 뜻이 아니다. 반대로 그 말씀대로(즉 말씀이 말하는 대로) 생각하고 느끼고 감각한다는 뜻이다. 그것이 바로 말씀을 먹는다는 뜻이다. 그런데 우리는 말씀을 아는데, 먹지는 않고 있다. 말씀을 아는 것은 믿는다는 것이고, 말씀을 먹는 것은 체험하는 것이다. 말씀을 믿는다고는 하는데 정작 체험하지 못하고 있다.

말씀을 받아들이고 이해하는 것과 체험하는 것은 전혀 다른 이야기이다. "예수 그리스도 안에서 새로운 피조물인 것을 믿습니다", "나는 하나님의 자녀인 것을 믿습니다." 이것은 말씀을 이해하고 믿는 것이다. 그러나 그 믿음이 무슨 능력을 나타내겠는가? 진실로 말씀을 체험했다면 새로운 피조물로서 말씀대로 생각하고 느끼고 말해야 하지 않겠는가? 하나님의 자녀가 되었기 때문에 자녀와 같이 생각하고 느끼고 말하고 행동해야 하지 않겠는가? 삶에서 말씀의 실체를 경험해야 되지 않겠는가?

이해하고 믿는 것은 거짓자아인 내가 하는 것이지만 말씀을 체험하게 하는 것은 내 안에 계신 주님께서 행하시는 것이다. 우리의 혼이 하나님의 영 안에 거하면 거할수록 영이요 생명인 말씀이 우리의 몸에 풀어져서 그 말씀대로 체험하게 되는 것이다. 그것이 바로 하나님의 입으로부터 나오는 말씀을 먹고 산다는 뜻이다. 우리의 혼이 하나님의 영 안에 거할 때 그 혼(의식)은 더 이상 자신의 경험과 지식에 기초한 생각과 감정을 선택하지 않고, 하나님의 영으로부터 오는 영이요 생명이신 말씀을 허용하거나 우리의 심중에 이미 심겨진 하나님의 말씀을 선택함으로써 그 말씀대로 생각하고 느끼고 말하게 된다.[16] 그리고 그것이 우리의 보이는 세계에 실체로 나타나는 것이다. 즉 하나님의 나라(통치)가 우리 안에서 이루어지면, 하나님의 의가 현실에 나타나게 된다.

뉴에이지는 생명의 말씀을 말씀대로 생각하고 느끼는 것이 아니지만, 혼(의식)이 자신의 몸의 통치에서 벗어나, 즉 마음으로부터 벗어나, 그 혼이 원하는 대로 생각하고 느끼고 말하는 법을 훈련하는 것이다. 하나님께서 정하신 믿음의 법칙을 사용할 줄 아는 것이다. 그런데 안타깝게도 그리스도인들은 말씀을 붙들고 있는데도 말씀을 체험할 줄 모른다. 사실 하나님께서는 자녀들이 위임된 통치권으로 이 땅을 다스

16 이 부분에 대한 더 구체적인 내용은 3부 7장 "현재적 하나님나라 실현의 핵심원리를 깨달아라"를 참고하라.

리게 하려고 믿음의 법칙을 만드셨는데, 정작 그분의 자녀들보다는 마귀의 자녀들인 뉴에이지들이 더 잘 사용하는 것을 보고 계시니 그 마음이 얼마나 아프시겠는가?

이러한 하나님 아버지의 마음도 모른 채 많은 그리스도인들이 어리석게도 자칫 주관적일 수도 있는 개인적인 체험 대신에 객관적이고 절대적인 말씀만을 보아야 한다는 식의 이원론에 사로잡혀 있다. 영이요 생명인 말씀이 우리 몸(생각, 감정, 신체)에 풀어져야 한다. 하나님의 생명인 말씀이 우리 몸을 통치함으로써 몸이 말씀을 경험해야 한다. 그리고 그 몸을 통하여 하나님의 성품과 능력이 삶에 나타나야 한다.

6 뉴에이지의 영성훈련과 그리스도인들의 훈련에는 어떤 차이가 있는가?

뉴에이지에서 하는 모든 방법들이 다 잘못된 것처럼 오도하는 것은 잘못이다. 우리가 좀 더 세심하게 그 차이를 살펴야 한다. 해 아래 새것은 없다. 예를 들어 뉴에이지들이 추구하는 명상, 묵상, 호흡, 만트라 등 모든 것들도 하나님에 의해서 주어진 것이다. 성경에도 하나님 앞에 잠잠히 거해야 하고(시 46:10), 주의 말씀을 읊조리며 묵상하고(수 1:8), 모든 인간이 하나님이 주신 호흡으로 살아간다고 말하고 있다(욥 33:4). 문제는 주체와 목적이 다를 뿐이다. 뉴에이지는 그러한 방법들을 죄와 타락을 부정하는 인간의 자아실현과 신과 하나됨을 위한 수단으로 사용하지만, 그리스도인은 예수 그리스도 안에서 자신을 포기함으로써 하나님께서 자신을 통치하도록 하기 위한 수단으로 사용해야 한다. 흔히들 영성훈련은 잘못된 것이며, 그것을 뉴에이지적 영성추구라고 치부해버린다. 그러나 다음 말씀을 생각해보라.

[마 16:24] 이에 예수께서 제자들에게 이르시되 누구든지 나를 따라오려거든 자기를 부인하고 자기 십자가를 지고 나를 따를 것이니라

[마 6:33] 그런즉 너희는 먼저 그의 나라와 그의 의를 구하라 그리하면 이 모든 것을 너희에게 더하시리라

이 말씀처럼 살기 위해서 필요한 것이 훈련 아닌가? 단지 예수 그리스도를 믿었기 때문에 자동적으로 이렇게 되는 것인가? 뉴에이지적 영성훈련(묵상, 호흡 등을 통한 관상기도)과 하나님나라 복음 안에서 행하는 훈련을 분별할 줄 알아야 한다. 하나님의 영 안에 거하는 자(예수 그리스도 안에 있는 자)로서 자유의지를 가진 혼이 성령의 인도하심으로 거짓자아를 부인하고 자기 십자가를 지는 삶을 훈련하는 것을 어떻게 뉴에이지에서 말하는 영적 훈련이라고 말할 수 있는가?

뉴에이지적 영성훈련은 거짓자아로부터 벗어나 의식 변성을 통한 초자아(참자아)로 가기 위한 훈련인 반면, 성도들이 행하는 훈련은 이미 존재하는 하나님의 영의 통치 안에 거하기 위한 훈련이다. 뉴에이지들은 영성훈련을 통해 하나님과 하나된다고 말하지만, 그들이 추구한 것은 그 혼이 하나님께서 창조하신 초양자장 안에 들어간 것이지, 결코 하나님의 영과 하나되는 것이 아니다.

뉴에이지들은 영성훈련을 통해서 초월의식을 가질 때 놀라운 신비체험을 하고 하나님과 하나가 되며 신적 동력을 가지게 된다고 주장하지만, 그들이 누리는 것은 혼이 몸의 종노릇에서 벗어남으로 인하여 초양자장에 있는 쿤달리니(우주적 에너지)를 경험한 것이며, 그들이 말하는 신은 기독교에서 말하는 하나님과 다르다. 그런데도 그들은 자신들이

경험한 신이 마치 하나님인 것처럼 말하는 것이다. 그러나 그리스도인들은 그 혼이 몸의 종노릇에서 벗어나 하나님의 영 안에 거할 때 하나님의 생명이 자신의 몸을 통치한 결과로 성령 안에 있는 의와 평강과 희락을 누리며 하나님을 나타내는 그리스도 의식을 체험하게 된다[성경에서는 이것을 하나됨이라고 표현한다(요 17:11,21-23)]. 따라서 뉴에이지가 체험한 것과 하나님의 영에 의해서 체험한 것은 표면적으로나 같아 보일 뿐, 그 근원도 목적도 차원도 완전히 다른 것이다. 한마디로 뉴에이지는 이 땅에서 스스로 신에게 나아가는 것이지만, 물과 성령으로 거듭난 성도는 예수 그리스도를 통하여 셋째 하늘에 거하고 있으며 하나님의 영이 자신을 통치하도록 허용함으로써 천국에서 하늘(둘째 하늘, 보이지 않는 세계, 초양자장)을 다스리는 것이다.

결론

뉴에이지의 물결이 거센 파도처럼 몰려오고 있는 이때, 하나님의 자녀들은 무엇을 어떻게 해야 하는가? 무엇보다도 하나님나라의 비밀을 깨닫고 누릴 줄 알아야 한다. 해 아래 새것이 없다. 뉴에이지의 주장들이 완전히 다 잘못된 것이 아니다. 만약 그렇다면 기독교인들이 속지 않을 것이다. 그러나 하나님나라의 관점에서 볼 때 그들은 마귀에게 속아 진리의 일부분을 도용하거나 그 말씀을 이용해서 인간의 자아실현을 위해 사용한다. 그들의 주장을 통해서 우리가 알지 못하는 것을 배울 수도 있다. 문제는 그들이 수행하는 방법론 자체가 잘못되었다는 것이 아니라 주체와 목적이 잘못되었다는 것이다(물론 방법론 자체가 문제가 되는 것도 있다). 따라서 그것을 제대로 분별하지 못하면 그리스도인들이 하나님을 나타내기보다는 자신의 건강과 축복을, 그리고 초월의식과 자아실현을 추구하게 되며, 결국은 보이지 않는 세계의 타락한 천상의 존재들의 통치 안에 들어가게 될 것이다.

(1) 뉴에이지는 하나님나라의 복음의 일부를 인본주의적 관점에서 도용하여 사용하고 있기 때문에 여전히 인본주의적 십자가 대속만을 강조하는 복음을 따르는 현재의 기독교에서는 분별하기가 쉽지 않다. 따라서 우리는 뉴에이지 사상과 운동이 무엇인지 알기 전에 하나님나라의 복음이 무엇인지를 제대로 깨닫고, 현재적 하나님나라의 삶을 누릴 줄 알아야 한다. 그런데 안타까운 사실은 오늘날 대부분의 그리스도인들은 하나님 안에서 신성과 원복을 누리는 것을 알지도 못한 채 하나님과 분리되어 죄책감과 두려움에 기초한 부정적 자아 정체성을 가지고 하나님의 말씀대로 살고자 애쓴다는 것이다. 예수 그리스도 안에서 성육신적인 삶을 살기보다는 예수 그리스도를 믿는 자로서 스스로 탈육신적인 삶을 살고자 하는 것이다. 자신이 뉴에이지처럼 되고자 하면서도 그것이 무엇인지를 모르는 것이다. 일반 성도들뿐만 아니라 지도자들도 한계 상황을 돌파하기 위해서 영성을 추구하게 되면, 결국은 뉴에이지적 사상과 영성에 연관될 수 있다.

(2) 뉴에이지들은 마귀로 인한 타락과 죄를 받아들이지 않는다. 그 말은 예수 그리스도를 통한 구원을 받아들이지 않는 것이다. 그리고 모든 인류의 근원은 하나님이시고, 우주의 모든 것이 하나이기 때문에 자신이 하나님인 것을 알아야 한다고 주장한다. 그리고 십자가 대속의 복음에 사로잡혀 있는 그리스도인들에게 익숙한 두려움과 죄책감과 보복과 저주의 메시지가 아니라 자긍심과 긍정의 신학을 가져야 한다고 역설한다. 얼마나 그럴듯하고 교묘한 다른 복음인가? 그러나 복음

은 하나님의 자녀에게 자긍심의 신학이 아니라 하나님의 통치 안에서 자녀의 정체성을 회복함으로써 그분의 의를 나타내야 한다고 말씀하셨다.

(3) 뉴에이지에 대한 대중의 자연스러운 인식과 전폭적인 수용으로 새로운 시대와 새 영성이라는 패러다임의 전환은 역사 이래로 기독교의 가장 무서운 적이 되고 있다. 이제는 마지막 때를 준비하는 제2의 종교개혁이 정말 일어나야 할 때이다. 가장 큰 이유 중에 하나는 바로 뉴에이지 사상과 영성이 삶의 모든 부분에 영향을 미칠 뿐만 아니라 폭발적인 영향력을 끼치고 있기 때문이다. 지금 하나님나라 복음의 실현이라는 개혁을 통하여 뉴에이지의 왜곡과 한계 그리고 적그리스도의 계략을 무력화시키지 않으면 세상은 물론이고 교회부터 어두움에 사로잡혀 가게 될 것이며, 수많은 그리스도인이 자신도 알지 못하는 사이에 미혹의 영에 사로잡히고 배교할 것이다.

(4) 흔히 하나님나라의 복음을 구원 전후의 존재론적 변화와 더불어 차원적으로 말할 때 혹자는 그 내용이 뉴에이지에서 말하는 것과 비슷하다고 한다. 참으로 안타까운 이야기이다. 이제는 하나님께서 알려주신 하나님나라의 복음을 알고 누림으로써 뉴에이지적인 내용을 보거나 들을 때마다 그들이 하나님나라의 복음의 무엇을 어떻게 모방하고 도용하고 있는지를 알아야 한다. 그리고 기회 있을 때마다 그 사실을 복음전도의 도구로 삼아야 한다.

(5) 진정한 '뉴에이지'(New Age)는 적그리스도와 거짓 선지자가 심판받은 이후에 펼쳐질 것이다. 즉 예수 그리스도의 재림으로 이루어지는 천년왕국이다. 그때 세상에 하나님의 창조질서가 회복될 것이고, 온 피조세계에 이전에 없었던 평화가 찾아올 것이다. 평화의 왕이신 예수 그

리스도께서 온 세계를 다스리실 것이기 때문이다. 전쟁도 없고, 굶주림과 질병도 없을 것이다. 그러나 그곳에는 심판을 통과하지 않은 사람은 발붙일 곳이 없으며, 왕 되신 예수 그리스도 외에 어떤 신도 없을 것이다. 오늘날 뉴에이지들은 "예수 그리스도를 배제한 세상 평화"를 추구하지만, 진정한 뉴에이지는 "오직 예수 그리스도의 통치 속에서 이루어지는 평화의 세상"인 것이다.

적용

예수님께서 우리에게 전해주신 좋은 소식은 하나님나라의 복음이다. 그 복음은 예수 그리스도로 인하여 우리가 하나님의 생명으로 거듭난 것이다. 성령님을 통하여 하나님의 생명을 경험하라. 그리고 생명의 말씀이 내 혼과 몸을 통치하는 것을 경험하라. 하나님나라의 삶은 하나님의 생명과 연결되어 하늘에서 이 땅에 주의 뜻을 나타내는 것이다. 그렇게 하기 위해서 예수님께서는 자기를 부인하고, 자기 십자가를 지고, 먼저 그의 나라와 의를 구하면 이 모든 것이 너희에게 더하여질 것이라고 말씀하신 것이다.

V 더 깊은 묵상을 위한 질문들

(1) 하나님은 어디에나, 모든 것 안에 계시는가?

(2) 하나님께서 모든 것 안에 계시기 때문에 인간이 깨어나면 다시 하나님과 하나가 될 수 있는가?

(3) 죄와 타락의 근원은 무엇인가?

(4) 초월의식을 통해서 영적 세계로 들어갈 수 있는가?

(5) 뉴에이지들이 활용하는 믿음의 법칙은 잘못된 것인가? 그렇다면 문제점은 무엇인가?

(6) 뉴에이지적 사상과 영성이 언급하지 않는 것은 무엇인가?

(7) 왜 세상은 가면 갈수록 타락하고 부패하고 음란하고 악이 관영한가(창 6:5)?

02

양자물리학적으로 세상을 볼 줄 알아야 한다

거듭난 하나님의 자녀라면 현재 우리가 살아가고 있는 세상을 인간의 관점이 아닌 모든 만물을 창조하신 하나님의 관점에서 볼 수 있어야 한다. 그래야만 삶의 방향과 목적을 각 시대를 향한 하나님의 뜻에 맞추어 정할 수 있기 때문이다. 그렇다면 우리가 살고 있는 세상은 어떤 곳일까? 대부분의 사람이 생각하는 것처럼 보이는 세계가 하나님께서 창조하신 세상의 전부일까?[17]

16세기 전만 하더라도 세상 사람은 모든 천체가 우주의 중심인 지구의 둘레를 돈다는 천동설(天動說)을 굳게 믿고 있었다. 16세기 초 폴란드 천문학자였던 니콜라우스 코페르니쿠스는 천동설이 아닌 지구가 태양 주위를 돌고 있다는 지동설(地動說)을 주장하였고, 당시 그의 주

17 '세상'은 하늘 아래 사람들이 살아가는 온누리를 말하는 반면, '세계'는 지구상의 어떤 범위와 경계를 구분짓는 특정한 영역을 뜻한다. 세상은 세계보다 넓은 의미로 전체적인 공간을 말하고, 세계는 부분적인 영역을 의미한다고 볼 수 있다. 한편 우주(universe)는 세상과 동일한 의미를 지니고 있지만 모든 사물이 존재하는 공간 또는 세상에 존재하는 모든 것을 의미한다.

장은 지난 수천 년간 천동설을 믿어온 사람들에게 엄청난 충격이었기 때문에 그의 주장이 받아들여지기까지는 꽤 오랜 시간이 걸렸다. 오늘날 그의 업적은 전 세계적으로 인정받고 있으며, 이를 계기로 사고방식이나 견해가 종래와 달리 크게 변하는 것을 가리켜 코페르니쿠스적 전환이라고 부른다.

16세기에 천동설이 지동설로 바뀌는 코페르니쿠스적 전환이 있었다면, 21세기의 '코페르니쿠스적 전환'은 상대성이론과 양자역학으로 인해 일어나게 된 뉴턴의 기계론적 우주관에서 양자물리학적 우주관으로의 전환이라고 볼 수 있다. 즉 동일한 세상을 완전히 다른 관점으로 보게 되었다는 것이다. 이것은 우리의 상식을 벗어난 엄청난 일이며 잘 이해되지 않고, 받아들이기도 어려운 내용이다. 오죽했으면 1965년에 노벨물리학상을 받은 세계적인 이론물리학자 리처드 파인만(Richard Feynman)이 "양자역학이 무엇인지 이해했다고 말하는 사람이 있다면, 그것은 새빨간 거짓말이다. 왜냐하면 나 자신조차 양자역학을 이해하지 못했기 때문이다"라고 말했겠는가!

오늘날 우리는 양자물리학을 다 이해하지 못하지만, 이미 양자물리학에 기반하여 제작된 스마트폰, 컴퓨터, 디지털카메라, 텔레비전 등 많은 기기를 일상생활에서 매일 사용하고 있다. 물리학자들은 양자물리학적 관점에서 일반인들과 다르게 자신과 세상을 보고 있다. 동일한 시대에 살고 있지만 서로 다른 세상에서 살고 있는 것이다. 그렇다면 기계론적 우주관과 양자물리학적 우주관은 어떻게 다를까? 이에 대해 차례대로 살펴보도록 하자.

기계론적 우주관이란 무엇인가?

기계론적 우주관은 다음 세 가지 특징으로 정리할 수 있다.

(1) 시공간 안에 감각되는 형상세계만이 실재[18]이다.

(2) 공간이라는 것은 모든 실재하는 물질 사이를 나누는 의미 외에 아무것도 아니다. 단지 비어 있는 공간일 뿐이다.

(3) 형상들 사이에 어떤 일이 일어나기 위해서는 그 일에 해당되는 인과법칙이 존재하며, 서로에게 물리적 또는 에너지적 영향력을 주어야 한다.

이러한 특징을 좀 더 과학적인 용어로 설명하면, 기계론적 우주관은 실재성(realism)과 국소성(locality)이라는 전제 위에 세워져 있다고 볼 수 있다. 즉 모든 실체는 관찰자와 상관없이 실재하는 것이며 시공간 안에 좌표를 가지게 된다는 것(실재성)과 모든 형상은 멀리서 원격으로 다른 곳에 영향을 줄 수 없으며, 어떤 차원이든 에너지의 교환을 통해서만 서로에게 영향을 줄 수 있다는 것(국소성)이다. 결국 모든 자연현상은 인간의 관찰과 상관없이 어떤 상태로 이미 존재하며, 측정이란 이를 확인하는 작업일 뿐이라는 것이다.

양자물리학적 우주관이란 무엇인가?

양자물리학적 우주관을 이해하기 위해서는 다음 네 가지 특징을 알

---

18 실재(實在, reality)는 진짜로 존재한다는 뜻이고, 실체(實體, substance)는 보이는 세계에 나타난 사물 또는 외형을 가진 실물을 의미한다.

아야 한다.

1 보이는 세계와 보이지 않는 세계의 관계

현실 또는 실재는 보이는 세계만이 전부가 아니라 보이지 않는 세계도 존재하며, 보이지 않는 세계가 보이는 세계의 근원이라는 사실이다. 즉 물질세계만이 실재가 아니라 비물질세계도 실재한다는 것이다. 이것은 물질과 에너지가 서로 변화될 수 있다는 것을 통해서 밝혀진 사실이다. 에너지와 물질이 서로 변화될 수 있다는 아인슈타인의 $E=mc^2$라는 공식을 생각해보면 쉽게 이해될 것이다. 따라서 우리가 흔히 현실(現實)이라고 말할 때는 단지 보이는 세계뿐만 아니라 보이지 않는 세계도 포함해서 생각해야 한다.

2 보이지 않는 세계인 초양자장

시공간을 초월한 비물질적 세계나 양자세계는 고전물리학으로는 설명할 수 없다는 것을 알게 되었다. 모든 물질의 근원이 되는 소립자 수준에서 보면 거의 전부가 공간이며, 이 공간은 비어 있는 것이 아니라 초양자장(superquantum field : 양자 에너지장)으로 이루어져 있다는 것이다. 이때 장(field)이라는 말은 서로 분리된 것이 아니라 그물망처럼 서로 연결되어 있다는 것을 뜻한다. 초양자장은 그 중첩 정도에 따라 얼마든지 파동, 에너지, 물질로 상호변환이 가능하다. 따라서 비물질세계와 물질세계는 완전히 별개의 것으로 분리된 것이 아니라 하나이며, 에너지의 전환에 따라 그렇게 나타나는 것뿐이다.

3 시공간을 초월하는 초양자장의 비국소성

우리가 살아가는 보이는 세계에서는 모든 물질이 공간을 통해 분리되어 있고, 공간은 비어 있다고 생각해왔다. 그런데 소립자세계에서는 모든 것들이 서로 한순간에 연결되어 있다는 것이다. 이 양자 에너지장에서는 모든 것들이 어디에 있든지 간에 한순간에, 즉 시공간을 초월하여 서로에게 영향을 주고 있다는 것이다. 그것을 비국소성(non-locality)이라고 말한다. 인간은 세포로 나누어 설명할 수 없는 유기체이다. 이처럼 우주도 양자의 관계성과 전체성을 본질로 하여 우주를 하나의 관계망 속에서 파악하는 관계론적 우주관이 제시된 것이다. 다시 말해 우주는 부품들로 분해하거나 조립할 수 있는 거대한 시계(뉴턴의 기계론적 우주관)라기보다 모든 부분이 전체와 분리 불가능한 거대한 유기체적 관계망의 총체(양자물리학적 우주관)라는 것이다.

4 인간의 인식이 소립자세계에 영향을 미치는 관찰자 효과

가장 놀라운 발견은 인간의 의식에 따른 생각과 감정이 이 소립자세계에 영향을 미치고 있다는 것이다. 즉 원자보다 더 작은 입자인 아원자 입자들을 관찰하는 자의 믿음이 그 입자들의 행동에 영향을 미친다는 사실을 발견한 것이다. 이것을 관찰자 효과(observer effect)라고 부른다. 보이는 입자들은 본래 보이지 않는 파동으로 모든 곳에 동시에 존재하다가 관찰자가 주의를 기울이는 순간 관찰자가 찾고 있는 그 장소에 입자로 존재한다는 것이다. 즉, 양자역학에서는 관측 과정을 관측 대상과 분리시키지 못하며, 분리될 수 없는 동일 체계이므로 독립적, 객관적 대상이란 있을 수 없다는 것이다. 이것은 기계론적 우주관의 실재성을 부정하고, 관계성의 존재를 입증하는 것이다.

이 놀라운 발견은 진화론적으로 자아독립적 개체로 살아간다고 생각했던 인간이 우주의 창조과정에 참여하고 있다는 것이다. 즉 피조물이면서 동시에 보이는 세계의 실체의 나타남과 그 진행과정에 참여하고 있다는 것이다.[19]

우리는 이러한 과학적 발견을 통해서 하나님의 신성과 능력 그리고 인간의 창조목적을 좀 더 분명하게 볼 수 있게 된다. 그러나 우리가 분명히 알아야 할 사실은, 과학은 만물에 있는 하나님의 신성과 능력을 밝혀주지만, 과학적 발견을 하나님의 창조섭리나 통치를 증명하는 수단으로 사용하는 것은 어리석은 일이라는 것이다. 왜냐하면 과학은 현상에 대한 관찰과 해석에 기반한 이론과 법칙이지 영원불변한 진리가 아니기 때문이다. 과학적 이론과 법칙에 과학을 초월하는 진리인 하나님의 말씀을 끼워 맞추려고 한다면, 더 많은 의문들만 남기게 될 뿐이다. 과학은 단지 진리의 말씀의 비밀 중 일부를 밝혀주는 수단일 뿐이다. 과학적 발견으로 말씀을 풀고자 한다면, 과학이 발달되면 될수록 말씀이 변해야 한다는 뜻인데, 그것은 있을 수 없는 일이다. 우리는 과학의 결과를 보면서 잃어버리고 놓친 계시의 말씀을 다시 찾아내어야 하고, 그 말씀을 나타내는 수단으로 과학적 결과를 활용할 줄 알아야 한다.

성경은 세상에 대해서 어떻게 말하고 있는가?

우주와 세상에 대한 새로운 발견에 인류는 늘 놀라움과 경이로움을

19 뉴에이지나 초월적 수련자들은 바로 이러한 사실을 가지고, 자신들의 혼(의식)이 몸으로부터 벗어나면 우주, 신과 합일되고, 자신이 원하는 것을 얻을 수 있다고 주장한다.

금치 못한다. 하지만 당신이 성경을 제대로 읽었다면 이러한 놀라운 발견은 온 우주만물을 지으신 하나님의 자녀인 우리에게는 완전히 새로운 것이 아니다. 단지 성경이 이미 말씀하고 있는 것을 우리가 그동안 보지 못했을 뿐이다. 다음 구절은 성경이 이미 보이는 세계와 보이지 않는 세계에 대해 분명하게 말씀하고 있음을 증거한다.

[히 11:3] 믿음으로 모든 세계가 하나님의 말씀으로 지어진 줄을 우리가 아나니 보이는 것은 나타난 것으로 말미암아 된 것이 아니니라

"모든 세계가 하나님의 말씀으로 지어진 줄을 우리가 아나니" : 보이는 세계와 보이지 않는 세계 모두를 말한다. 그것들은 하나님의 말씀으로 창조된 것이다.

"보이는 것은 나타난 것으로 말미암아 된 것이 아니니라" : 보이는 것은 나타난 것으로(보이는 세계로부터) 말미암아 된 것이 아니고, 나타나지 않는 것으로(즉 보이지 않는 세계로부터) 말미암아 된 것이라는 뜻이다.

온 우주의 창조주이신 예수님께서 이미 2천 년 전에 이에 대해 모두 말씀하셨다. 예수님이야말로 양자물리학적으로 하나님나라를 설명하신 분이다. 왜냐하면 그분이 양자물리학을 창조하신 분이기 때문이다. "네 믿은 대로 될지어다", "심은 대로 거둔다"라는 말을 시간적 관점이 아니라 차원적 관점에서 생각해보라. 얼마나 놀라운 진리인가? 이 성경의 말씀을 양자역학적으로 해석해보면 우리를 통해 이 땅에 하나님의 뜻이 이루어지는 것은 우리의 혼이 하나님이 영 안에 거함으로써 하나님의 통치가 이루어질 때 우리를 통하여 보이지 않는 세계에 말

씀대로 이루어진 것들이 보이는 세계에 나타난다는 것을 뜻한다. 이는 시공간의 제약을 받는 믿음과 상식을 가진 인간이 이해하기 힘든 신비이다. 그래서 앞서 언급했던 것처럼, 양자역학을 이해하기가 힘든 것이다. 그렇지만 성경은 이미 수천 년 전에 보이는 모든 실체는 보이지 않는 말씀의 결과물이라고 말하지 않는가? 우리는 지금까지 거짓자아로 보이는 세계만이 전부라는 제한된 관점에서 말씀을 보아왔기 때문에 차원에 대한 하나님나라의 비밀을 시간적 관점에서만 해석해왔다.

보이지 않는 세계의 실상과 보이는 세계의 실체

[히 11:1] 믿음은 바라는 것들의 실상(헬, 휘포스타시스)이요 보이지 않는 것들의 증거니

우리는 이 말씀을 해석할 때 믿음을 가진다는 것은, 지금은 없지만 이 땅에서 바라는 실상(實相)을 가지는 것으로 생각한다. 그러나 이 말씀의 원어적 의미는 그것이 아니다. 실상이라는 헬라어 '휘포스타시스'는 "아래"를 의미하는 전치사 '휘포'와 "두다, 놓다, 세우다" 등을 의미하는 동사 '히스테미'의 합성어이다. 문자적으로 "아래에 놓은 것, 하부구조, 기초" 또는 "보이지 않는 본질"이라는 의미이다. 따라서 이 말씀의 '바라는 것들'의 본래 의미는 이 땅에서 볼 수 있는 것들이며 우리가 원하는 것(즉 보이는 세계의 실체)이다. 그리고 '실상'의 본래 의미는 이 땅에 나타나기 전에 있는 보이지 않는 세계의 본질(nature), 실재(being)를 의미한다.

성경적 의미의 '실상'은 믿음으로 붙든 대상에 대한 생각을 의미하며, 실체를 이루는 보이지 않는 본질을 의미한다. 즉 보이지 않는 세계의 실상이 보이는 세계에 실체로 나타난다고 말할 수 있다. 성경적으로는 "뜻이 하늘에서 이루어진 것같이 땅에서도 이루어지이다"와 같은 말이다. 한편 보이지 않는 세계의 실상이 보이는 세계의 실체로 나타나는 것은 형이상학적인 가능태와 현실태로 비유적으로 설명할 수 있다. 즉 하나님의 말씀이 모든 것의 영적 본질이라고 볼 때 우리의 믿음을 통하여 하나님의 말씀이 보이지 않는 세계에 나타나는 것이 가능태(potentiality)이고, 그것에 따라 보이는 세계에 현실태(actuality)로 나타나는 것이다. 이를 양자물리학적으로 표현하자면 인간의 생각에 따라 만들어진 심상(心像)은 초양자장의 중첩을 일으켜 '가능태'로 나타난다고 볼 수 있다.

따라서 믿음은 이 땅에서 바라는 것의 보이지 않는 본질, 실재인 실상과 관계된 것이다. 다시 한번 강조하면, 믿음이란 비록 지금은 눈앞에 보이지 않지만 앞으로 이 땅에 나타날 바라는 것의 실체를 붙드는 것이 아니다. 이 땅에서 보여야 하고 나타나야 할 것들의 본질과 실재, 즉 보이지 않는 세계의 실상을 붙드는 것이다. 한마디로 실체의 본질인 실상을 붙드는 것이 진정한 믿음이라는 것이다. 땅의 것이 아니라 하늘(보이지 않는 세계)에서 이루어진 것을 붙드는 것이다. 하나님나라 실현의 핵심 비밀을 담은 주기도문의 "뜻이 하늘에서 이루어진 것같이 땅에서도 이루어지이다"라는 말씀은 보이지 않는 세계에 존재하는 실상을 붙들지 않는다면(뜻이 하늘에서 이루어지지 않는다면), 이 땅에서 그 실상의 실체를 얻을 수 없다(이 땅에서도 이루어지지 않는다)는 뜻이다.

차원적으로 볼 때 실체가 아닌 실상을 붙드는 믿음은 바로 우리의 혼이 하나님의 영 안에 거함으로써 이 땅에 있는 것들에 대한 생각을 붙드는 것이 아니라 영이요 생명이신 말씀대로 이루어진 것을 붙드는 것이다(골 3:1-2).

[골 3:1-2] 그러므로 너희가 그리스도와 함께 다시 살리심을 받았으면 위의 것을 찾으라 거기는 그리스도께서 하나님 우편에 앉아 계시느니라 위의 것을 생각하고 땅의 것을 생각하지 말라(Since, then, you have been raised with Christ, set your hearts on things above, where Christ is seated at the right hand of God. Set your minds on things above, not on earthly things. NIV).

이것이 바로 '그리스도 예수 안에 있는 믿음'이다(딤후 3:15). 그동안 우리는 자신의 생각과 감정이 자신이라고 믿는 거짓자아로 이 땅에 있는 실체를 붙드는 것이 믿음이라고 착각해왔다. 하지만 그것은 거짓자아의 믿음이지, 예수님께서 우리에게 말씀하신 믿음이 아니다. 성경은 분명히 예수님께서 하나님의 자녀에게 주신 믿음은 거짓자아의 믿음이 아니라 그리스도 안에 있는 믿음이라고 말씀하셨다(갈 2:20b ; 딤후 3:15). 그것은 바로 하나님의 영 안에 있는 혼이 보이지 않는 세계에 존재하는 실상을 붙드는 것을 의미한다.

[딤후 3:15] 또 어려서부터 성경을 알았나니 성경은 능히 너로 하여금 그리스도 예수 안에 있는 믿음으로 말미암아 구원에 이르는 지혜가 있게 하느니라

또한 우리가 잘 아는 다음 말씀을 묵상해보라.

[요 15:7] 너희가 내 안에 거하고 내 말이 너희 안에 거하면 무엇이든지 원하는 대로 구하라 그리하면 이루리라

"너희가 내 안에 거하고(우리의 혼이 하나님의 영 안에 거할 때, 즉 그리스도 안에), 내 말이 너희 안에 거하면(하나님의 말씀대로 생각하고 느끼면)"이라는 말씀은 비가시적인 세계에 존재하는 실상이 가시세계에 실체로 나타나게 하는 비밀을 말씀하는 것이다. 이것은 시간에 대한 말씀이 아니라 차원에 대한 말씀이다. 놀랍게도 양자물리학이 밝혀낸 비실재론과 비국소성에 따른 관계성은 하나님의 창조를 과학적으로 설명해주고 있다. 그리고 더 놀라운 것은 이성적으로 이해하고 받아들이기 어려운 진리이지만 피조세계의 생성과 소멸의 진행이 우리의 의식에 따른 생각과 믿음과 관련되어 있음을 보여주고 있다는 점이다. 즉 인간이 단순히 동물처럼 수동적인 피조물에 지나는 것이 아니라 피조세계의 생성과 소멸에 참여하는 자라는 것이다. 이 놀라운 진리는 바로 하나님의 형상을 따라 지음을 받고 모양대로 살아가는 하나님 자녀의 본래 삶의 모습과 하나님께서 그분의 자녀를 통해서 자신을 나타내신다는 것을 알려주는 성경의 말씀을 증거하는 것이다.

우리는 이러한 사실을 통하여 하나님께서 인간을 얼마나 놀랍게 창조하셨는지를 알아야 한다. 그분의 형상을 따라 그분의 모양대로 지음을 받아 하나님을 나타내는 존재로 창조되었다는 것이다. 이러한 하나님의 놀라운 창조섭리를 깨달았다면, 오늘날 하나님을 대적하고 있는 인간이 얼마나 교만하고 무지한지도 알아야 한다. 교만하다는 것은 하나님과 분리된 채 이 세상에서 자신이 주인이 되어 자신의 생각과 노력과 계획으로 살아가고자 하는 것이며, 무지하다는 것은 하나

님께서 창조하신 영적 세계와 보이지 않는 세계를 알지 못하고 보이는 세계만이 전부인 것처럼 살아가면서도 그것이 무엇인지조차 모르고 살아간다는 것이다. 더욱이 이 교만과 무식의 배후에 마귀의 궤계가 있다는 사실조차도 알지 못하고 있다.

이 사실을 통해서 우리의 심중(헬, 카르디아 : 영)[20] 과 보이지 않는 세계는 서로 연결되어 있다는 것을 알아야 한다. 우리가 말씀대로 상상한 것은 보이지 않는 세계에 가능태가 되고, 그것이 이루어진 것에 대해서 느낀 것이 우리의 심중에 기록되어질 때(믿음을 가질 때) 실상으로 존재하게 된다. 그리고 그 실상을 붙드는 것은 이미 받은 것과 같다. 왜냐하면 보이지 않는 세계는 시공간을 초월한 세계이고, 양자 얽힘에 따른 비국소성을 띤 것이 가능태로 존재하기 때문이다. 이 진리를 깨달았다면 우리는 보이는 세계에서 실체를 가졌을 때가 아니라 보이지 않는 세계의 실상을 가졌을 때 이미 받은 것에 대해서 하나님께 감사하고 영광을 올려드릴 줄 알아야 한다(막 11:24). 이 말은 이미 받은 것을 보이는 세계에서 감각으로 체험하는 것이 아니라 내 심중에서 이루어진 것을 마음으로 체험한다는 것이다. 그것이 바로 그리스도 예수 안에 있는 믿음이다.

[막 11:24] 그러므로 내가 너희에게 말하노니 무엇이든지 기도하고 구하는 것은 받은 줄로 믿으라 그리하면 너희에게 그대로 되리라

---

20 심중(헬, 카르디아 : heart)이라는 표현은 성경적 용어로, 현대적 의미로 설명하자면 심중과 혼(의식)을 합하여 잠재의식이라고 볼 수 있다. 이에 대한 자세한 설명은 《킹덤빌더의 영성》 268-270쪽을 보라.

결론

예수님께서 자주 말씀하신 "네 믿은 대로 될지어다"를 다시 생각해보라. 보이지 않는 세계의 것(심중에 심은 것)이 보이는 세계에 나타난다는 것 아닌가? 뜻이 하늘에서 이루어진 것같이 땅에서 이루어진다는 것 아닌가? 우리의 믿음이 우주의 창조 역사에 영향을 미친다는 의미가 아닌가? 이 말씀은 믿는 자에게만 적용되는 것이 아니라 모든 사람에게 적용되는 진리이다. 그동안 우리가 예수님의 말씀의 의미를 제대로 이해하지 못했지만, 이 말씀에는 이미 차원적인 양자물리학적 개념이 들어가 있는 것이다.

> [갈 6:7] 스스로 속이지 말라 하나님은 업신여김을 받지 아니하시나니 사람이 무엇으로 심든지 그대로 거두리라(A man reaps what he sows, NIV ; You will always harvest what you plant, NLT).

씨는 어디에 심는가? 땅속에 심는다. 그것은 우리의 심중(heart)을 의미한다. 이것은 예수님께서 비유로 말씀하신 밭에 심는다는 의미와 동일하다. 우리의 심중은 초양자장(양자 에너지장)과 연결되어 있다. 이미 언급한 '관찰자 효과'를 생각해보라. 우리가 어떤 것이 이루어진 것을 진정으로 믿을 때 보이지 않는 세계의 양자 에너지장의 중첩(superposition)은 우리의 심중에 실상을 만들고, 그 결과로 실상은 보이는 세계에 실체로 나타난다는 것이다(히 11:1,3). 그 말은 인간은 자신의 믿음으로 현실을 만들고, 그 만든 세계를 경험하며 산다는 것이다. 사실 우리의 삶은 이미 정해진 신념체계와 가치체계에 기초하여 매일 99퍼센트 동일하거나 비슷한 생각으로 살아간다. 그래서 매번 똑

같은 결과를 얻을 뿐이다.

그렇다면 예수님께서 "네 믿은 대로 될지어다"라고 말씀하신 것은 무엇을 의미하는가? 우리의 생각대로 믿는 것이 아니라, 하나님의 말씀대로 믿는 것, 즉 예수 그리스도를 믿는 것이다. 그럴 때 우리의 생각이 만든 실상에 따른 실체를 얻는 것이 아니라, 하나님의 말씀대로 이루어진 실상의 실체를 얻게 된다는 것이다. 예수님께서는 하나님나라(하나님의 통치)의 비밀을 눈에 보이는 형상세계의 실체들을 들어 비유로 말씀하셨다. 지금 우리는 성령의 계시를 통해서, 그리고 과학적 지식으로 놀라운 하나님나라의 신비를 조금씩 이해하고 깨닫기 시작하고 있다. 얼마나 경이로운 일인가? 그분이 창조주이시고, 그분이 말씀으로 우주를 붙들고 계시며, 그분이 주관하고 계신다.

[히 1:3] 이는 하나님의 영광의 광채시요 그 본체의 형상이시라 그의 능력의 말씀으로 만물을 붙드시며 죄를 정결하게 하는 일을 하시고 높은 곳에 계신 지극히 크신 이의 우편에 앉으셨느니라

적용

V 이번 장을 통하여 다음 내용을 묵상해보라.

(1) 기계론적 우주관과 양자물리학적 우주관의 차이는 무엇인가?

(2) 우리의 생각에 따른 믿음이 초양자장의 중첩에 영향을 미친다는 것을 성경적으로 어떻게 설명할 수 있는가?

(3) 보이지 않는 세계인 초양자장과 우리 내면의 심중은 어떤 관계를 가지는가?

(4) 거짓자아로 말씀을 볼 때 말씀은 진리에 대한 정보와 지식일 뿐이다. 그러나 우리가 그리스도 안에서 말씀을 볼 때는 말씀이 영이요 생명이 된다(요 6:63). 그렇다면 보이지 않는 세계에 말씀대로 이루어지는 실상을 만들기 위해서 우리는 어떤 믿음을 가져야 하는가?

V 이러한 질문에 대해서 성경적인 답을 얻었다면, 자신이 누구인지를 새롭게 확인해보라.

(1) 내가 회개하고 구원받았다면, 나라는 존재는 어쩌다 태어난 존재가 아니다. 창조주 하나님의 뜻에 따라 지음을 받았고, 하나님의 형상(image)을 따라 모양(likeness)대로 사는 존재가 되었다. 그 말은 예수 그리스도 안에서 이 땅에 하나님의 생명, 성품, 능력을 나타내는 존재라는 것이다.

(2) 지금 하나님의 자녀는 예수 그리스도 안에서 하나님의 창조사역에 동참하고 있다. 다른 말로 지금 이 순간 여기에서 하나님께서는 우리를 통하여 이 세상에 나타나고 계신다.

(3) 지금의 상황이 고통스럽고, 몸이 망가져 있고, 미래가 없어 보이는 것은 당신을 도둑질하고 죽이고 멸망시키려는 마귀 때문이고, 그것을 알지 못하는 자신 때문이라는 것을 깨달아야 한다.

(4) 당신이 예수 그리스도 안에서 하나님께 생명적으로 연결될 때 현실의 상황이나 처지와 상관없이 하나님께서 의도하신 목적대로 살 수 있게 된다.

03

하나님나라의 관점에서 말씀을 새롭게 보아야 한다

오늘날 우리는 하루가 무섭게 점점 더 어두어져가는 세상을 목도하고 있다. 악이 관영하고 불법이 성행하며 사랑이 식어지고 있으며, 우리도 그 속에서 매몰되어가고 있다는 것을 점점 더 깨닫게 된다. 그래서 마지막 때에 깨어 있기 위해 더 좋은 설교를 찾아 듣게 되고, 말씀을 더 읽게 된다. 하지만 그럴 때마다 세상으로부터 진정한 자유와 해방을 느끼고 하나님의 자녀로서의 삶을 누리는 것이 아니라, 죄에서 벗어나야 하며 더 거룩한 삶을 살아야 한다는 중압감과 그렇게 살지 못하는 자신에 대한 판단과 정죄감만 커지게 된다. 무엇보다 이 문제부터 제대로 해결해야 한다. 그렇지 않으면 평생 이 땅에서 하나님나라의 삶을 누리지 못하게 될 것이다. 우리는 언제까지 이렇게 살아야 하는가? 정말 복음이 좋은 소식인가? 진정한 은혜가 있기는 한가?

우리는 신약의 말씀을 어떻게 읽고 신앙생활하고 있는가?

지금 우리는 신약을 읽을 때도 구약을 읽을 때와 마찬가지로 여전히 죄책감과 두려움, 자신에 대한 정죄와 비판을 가진다. 왜냐하면 말씀대로 살지 못하고 있기 때문이다. 다른 말로 성경을 읽으면 읽을수록 자신의 죄악과 무능과 하나님의 놀라운 은혜만을 느끼게 된다. 그런데 안타깝게도 이것이 신앙생활의 핵심이라 생각하고, 또한 이렇게 되어야 한다고 가르치기도 한다.

그러나 당신이 말씀을 읽을 때마다 그런 생각과 느낌을 가진다면, 당신의 신앙생활이 복음적이지 않다는 것을 알아야 한다. 왜냐하면 하나님께서 예수 그리스도를 통하여 말씀을 주신 가장 큰 목적은 우리가 얼마나 죄인이지, 그리고 하나님의 은혜가 무엇인지를 알도록 하기 위함이 아니기 때문이다. 하나님과 분리되어 죄를 짓는 죄인이 해야 할 일은 죄를 짓지 않고 하나님의 말씀에 순종함으로 의인이 되는 것이 아니라, 예수 그리스도의 죽으심에 연합함으로써 죄와 율법에 대해서 죽은 자가 되고 그분과 함께 부활함으로써 하나님에 대해서는 산 자가 되어, 그리스도 안에서 자신의 몸(생각, 감정, 신체)이 새로워지도록 해야 하기 때문이다.

[롬 6:11] 이와 같이 너희도 너희 자신을 죄에 대하여는 죽은 자요 그리스도 예수 안에서 하나님께 대하여는 살아 있는 자로 여길지어다

[롬 8:2] 이는 그리스도 예수 안에 있는 생명의 성령의 법이 죄와 사망의 법에서 너를 해방하였음이라

이러한 일은 우리가 성경을 대할 때뿐만 아니라 설교를 들을 때도 마찬가지이다. 설교의 본래 목적은 우리가 그리스도 안에서 하나님의 의가 되었음을 알고 누리도록 하는 것이 주목적이어야 하는데, 우리가 얼마나 죄인인가에 초점을 두고 하나님의 의가 되기 위해 더 열심히 노력하라고 가르치는 것이 되었다. 그렇게 되면 결국 우리는 거짓자아에서 벗어날 수 없다. 즉 내가 죄를 짓고 살기 때문에 말씀을 통해서 이제는 내가 죄를 안 짓고 살아야 한다는 하나님과의 분리를 전제로 하는 이원론적 관점에서 벗어날 수 없다는 것이다. 설교자가 일부러 그런 것은 아니다. 하지만 하나님나라 복음의 관점에서 성경을 보고 설교하는 것이 아니기 때문에 자신도 모르는 사이에 반쪽짜리 복음을 전파함으로써 마귀에게 속고 있는 것이다.

하나님께서 성경을 주신 본래 목적은 무엇인가?

그것은 하나님을 떠난 인간이 죄인이며 하나님께서 죄인인 인간에게 베푸신 놀라운 구원의 은혜를 깨닫게 하기 위함만이 아니다. 물론 그 자체가 잘못되었다는 것이 아니라 우리가 하나님의 온전한 사람이 되도록 하고, 모든 선한 일을 행할 능력을 갖추기 위한 수단이 되어야지, 그 사실을 아는 것 자체가 목적이 되어서는 안 된다는 것이다.

[딤후 3:15-17] 또 어려서부터 성경을 알았나니 성경은 능히 너로 하여금 그리스도 예수 안에 있는 믿음으로 말미암아 구원에 이르는 지혜가 있게 하느니라 모든 성경은 하나님의 감동으로 된 것으로 교훈과 책망과 바르게 함과 의로 교육하기에 유익하니 이는 하나님의 사람으로 온전하게 하며 모든 선

한 일을 행할 능력을 갖추게 하려 함이라

이 구절은 다음 두 가지의 중요한 진리를 알려준다.

첫째, 성경은 우리에게 구원에 이르는 지혜를 준다. 이때 구원에 이른다는 뜻은 구원받은 자가 구원을 이루어간다는 뜻이다. 그런데 그 지혜는 나의 믿음이 아니라 그리스도 예수 안에 있는 믿음으로 주어진다. 우리의 혼이 하나님의 영 안에 거하지 않고는 예수 그리스도 안에 있는 믿음을 가질 수 없다.

둘째, 우리는 성경을 읽을 때 "교훈과 책망과 바르게 함과 의로 교육하기에" 유익하다는 것만 목적이라고 착각하곤 한다. 하지만 하나님께서 성경을 주신 주목적은 (1) 하나님의 사람으로 온전하게 하여, (2) 모든 선한 일을 행할 능력을 갖추게 하려는 것이다.

이 말씀에 비추어볼 때 지금 우리는 두 가지 측면에서 잘못된 신앙생활을 하고 있다. 첫째, 자신의 경험과 지식에 기초한 거짓자아의 믿음으로 구원을 얻고자 한다는 것이다. 둘째, 교훈, 책망, 바르게 함, 의로 교육함을 받는 것만이 성경의 주목적이라고 착각한다는 것이다. 그렇다면 구약 때 하나님의 생명이 없는 자들이 율법을 듣고 배우고 지키고 행했던 것과 동일한 신앙생활을 하게 되는 것이다.

지금 우리의 삶을 되돌아보라. 구약의 율법에 더 이상 묶일 필요가 없다고 하면서도 실제 삶에서 모든 일의 판단과 정죄는 율법에 기초하고 있지 않은가? 그리고 예수 그리스도를 믿고 신약의 말씀을 읽지만, 그 말씀이 나를 자유케 하는 것이 아니라 더 무거운 짐을 지게 할 뿐이지 않은가? 결국 우리는 항상 어떻게 하면 죄를 짓지 않고 거룩한 삶을 살 수 있을까에 초점을 두고 살아가는 것이다.

그렇다면 우리는 어떻게 신앙생활을 해야 하는가?

이제는 율법이든 말씀이든 모두 하나님나라의 관점에서(예수 그리스도 안에서) 보아야 한다. 하나님나라 관점의 핵심은 새로운 주체와 차원적 세계, 통치권의 회복 그리고 새로운 영역을 포함하고 있다.[21]

먼저 새언약의 성취인 하나님나라 복음의 핵심(사 59:21 ; 렘 31:31-33 ; 겔 36:26-27 ; 히 10:16)에 대해 알아보도록 하자.

> [히 10:16] 주께서 이르시되 그 날 후로는 그들과 맺을 언약이 이것이라 하시고 내 법을 그들의 마음에 두고 그들의 생각에 기록하리라 하신 후에

새언약의 핵심

(1) 하나님의 영이 우리 안에 임하신다.

(2) 그 법을 우리의 심중에 두신다.

(3) 예수 그리스도 안에서 우리의 몸(생각, 감정, 신체)을 통하여 그 법을 이루도록 하신다.

(4) 그분은 우리의 하나님 아버지, 우리는 그분의 친백성이 되게 하신다.

새언약은 우리로 하여금 하나님과 분리된 존재로서 더 이상 죄를 짓지 않도록 하기 위함이 아니다. 새언약의 성취를 통한 하나님나라 복음의 핵심은 하나님 안에 거하는 자녀가 되어 하나님의 뜻을 이루는 것이다.

---

21 이 부분에 대해서는 본서 2부 6장을 참고하라.

[고후 5:17] 그런즉 누구든지 그리스도 안에 있으면 새로운 피조물이라 이전 것은 지나갔으니 보라 새 것이 되었도다

[고후 5:21] 하나님이 죄를 알지도 못하신 이를 우리를 대신하여 죄로 삼으신 것은 우리로 하여금 그 안에서 하나님의 의가 되게 하려 하심이라

[고전 1:30] 너희는 하나님으로부터 나서 그리스도 예수 안에 있고 예수는 하나님으로부터 나와서 우리에게 지혜와 의로움과 거룩함과 구원함이 되셨으니

그렇다면 지금 누가 신약성경을 읽고 있는가?

우리는 성경을 읽으면서 늘 죄의식과 온전치 못함에 시달리는 삶을 살고 있다. 즉 말씀을 읽으면서도 그렇게 살지 못하는 것에 대한 죄책감과 좌절감에 시달리고 마귀가 주는 정죄감과 두려움에 사로잡혀 구원의 문제에 대해서 의구심을 가지고 신앙생활을 한다. 그리고 그 말씀대로 살려고 부단히 애쓰고 있다. 이것이 오늘날 그리스도인들이 직면한 가장 큰 문제이다.

너무 기막히지 않은가? 본래 새언약의 말씀을 주신 것은 우리로 하여금 하나님의 자녀로 이 땅에 하나님의 영광을 드러내는 삶을 살도록 하기 위함인데, 우리는 그 말씀을 읽으면서 여전히 자신을 정죄하고 판단하며 선하게 살아야 한다는 것과 그렇지 못한 것에 대한 죄의식과

두려움으로 신앙생활을 하고 있기 때문이다(롬 8:1).[22] 왜 그런가? 자신이 누구인지를 모르기 때문이다. 지금 우리는 거짓자아로 율법이 무엇인지, 새언약의 말씀이 무엇인지를 판단하고 이해하고만 살아온 것이다. 우리가 예수 그리스도 안에 있을 때는 말씀을 내가 듣고 배우고 지키고 행하는 것이 아니라, 새로운 피조물로서 영이요 생명인 말씀대로 믿는(생각하고 느끼고 말하고) 존재가 되었기 때문에 그렇게 살아내는 것인데 말이다.

그렇다면 신약의 말씀을 어떻게 보아야 하는가?

거짓자아로 보는 것이 아니라 그리스도 안에서 보아야 한다. 지금 나누고자 하는 복음의 핵심은 신약의 말씀을 내(거짓자아)가 지키고 행하는 관점이 아니다. 그리스도 안에서 새로운 자아로서 내 몸(생각, 감정, 신체)을 온전하게 하기 위한 관점에서 보아야 한다는 것이다.

예수 그리스도 안에서(율법을 완전케 하신 분 안에서) 율법으로부터 자유함을 얻은 우리에게(새로운 피조물로서) 혼과 몸을 온전하게 하기 위해서(우리의 혼과 몸도 하나님의 통치함을 받도록 하기 위해서) 주어진 것이 바로 신약의 말씀이다. 다른 말로 예수 그리스도 안에서 새로운 피조물이 되었지만(즉 새로운 자아를 가진 존재가 되었지만), 현실적으로 우리의 혼이 여전히 하나님의 영 안에 거하지 못하여, 몸이 하나님의 통치를 받지 못하기 때문에 온전한 삶을 살아갈 수 있도록 하기 위해서 주신 것이 바로 말씀이라는 것이다. 다른 말로 주님께서는 우리의 영이 구원을

---

22 이 문제에 대한 사도 바울의 고백을 알고자 한다면, 《킹덤빌더의 영성》 321-325쪽을 참고하라.

받아 새로운 피조물이 되었지만, 우리의 몸은 여전히 죄의 세력 가운데 있고 죄를 지을 수 있다는 것을 아시기 때문에 그 몸을 새롭게 하도록 하기 위해서 말씀을 주신 것이다. 따라서 우리는 영이요 생명이신 말씀으로 몸의 행실을 죽이는 삶을 살아야 하는 것이다(롬 8:13). 따라서 성령과 말씀이 없다면 우리의 혼도 몸도 예수 그리스도께서 재림하실 때까지 온전히 유지할 수 없다. 말씀은 단지 거짓자아가 지켜야 할 규범이나 기준이 아니다. 성경이 계시하는 말씀은 우리 몸을 새롭게 하시는 주님 그분 자신이다(요 1:14).

즉 우리가 말씀을 보는 이유는 그리스도 안에서 영이요 생명인 하나님의 말씀이 내 몸을 통치하도록 하기 위해서이지, 몸에 종노릇하는 거짓자아인 내가 듣고 배우고 지키고 행하기 위해서가 아니라는 것이다. 다시 말하자면 내 몸과 삶을 변화시키기 위해서 말씀을 보는 것이지, 지금보다 더 나은 또는 더 거룩한 내가 되기 위해서 말씀을 보는 것이 아니라는 것이다. 우리가 그리스도 안에서 영으로써 몸의 행실을 죽이기 위해서 말씀을 보고 믿는 것이다.

[롬 8:13-14] 너희가 육신대로 살면 반드시 죽을 것이로되 영으로써 몸의 행실을 죽이면 살리니 무릇 하나님의 영으로 인도함을 받는 사람은 곧 하나님의 아들이라

구약의 율법이 우리의 외적 행위를 판단하기 위해서 주어진 것이라면, 신약의 말씀은 예수 그리스도 안에서 우리의 혼과 몸이 주의 말씀대로 이루어지도록 하기 위해서 주어진 것이다. 이 진리를 깨닫기 위해서는 성경이 말하는 '복음'이 무엇인지, 사복음서와 서신서의 차이는 무

엇인지, '그리스도 안'(in Christ)이란 무엇인지를 알아야 한다.

하나님나라의 복음이 예수 그리스도의 복음이다

성경이 말하는 복음은 무엇일까? 예수님이 전하신 복음은 무엇일까? 우리는 복음이라는 말을 너무 쉽게 듣고 말한다. 또 복음의 일부를 복음의 전부라고 착각하는 경우가 대부분이다. 새언약의 성취가 하나님나라의 복음이고, 하나님나라의 복음이 바로 예수 그리스도의 복음이라는 사실부터 알아야 한다. 마가복음은 처음부터 하나님나라의 복음은 예수 그리스도의 복음이라고 말하고 있다.

[막 1:1] 하나님의 아들 예수 그리스도의 복음의 시작이라

이어서 마가복음 1장 14-15절에서는 예수님께서 전파하신 복음이 바로 하나님나라의 복음이며, 하나님의 나라가 가까이 왔으니 복음을 믿으라고 말씀하신다.

[막 1:14-15] 요한이 잡힌 후 예수께서 갈릴리에 오셔서 하나님의 복음을 전파하여 이르시되 때가 찼고 하나님의 나라가 가까이 왔으니 회개하고 복음을 믿으라 하시더라

하나님나라의 복음이 예수 그리스도의 복음이라는 것을 안다면, 신약의 사복음서와 사도행전 그리고 나머지 서신서의 차이를 제대로 이해해야 한다. 성경에 '하나님나라'라는 표현이 135번 등장한다. 사복

음서에는 하나님나라가 총 108번 등장하는 반면 사도행전 8번, 서신서와 요한계시록을 통틀어 19번밖에 나오지 않는다. 이중 바울서신에서 14번 나온다. 사복음서에서 매우 자주 등장하는 '하나님나라'가 왜 서신서에는 거의 등장하지 않는 것일까?

사복음서에는 주로 예수님께서 전하신 하나님나라 복음에 대한 내용이 기록되어 있다. 즉 사복음서는 하나님의 생명이 없는 자들에게 예수님이 누구이신지, 무슨 일을 행하셨는지, 왜 그 일을 행하셨는지, 그리고 그분께서 우리에게 약속하신 말씀이 무엇인지에 대해 말씀하고 있다. 그것은 바로 하나님나라 복음에 대한 이야기이며, 그 복음이 바로 예수 그리스도의 복음이라는 것을 알려주는 것이다. 사도행전에는 성령님을 통하여 사도들에게 임한 하나님나라를 예수 그리스도 안에서 어떻게 전했는지 굵직한 사건을 중심으로 요약하여 말하고 있다. 그리고 하나님나라의 약속의 말씀이 어떻게 우리에게 이루어졌는지를 알려준다.

그렇다면 서신서에는 무엇이 기록되어 있는가? 오순절 성령강림을 통해 현재적 하나님나라가 도래하였기 때문에, '그날 이후로' 구원받은 모두가 하나님나라로 침노하여 하나님나라 안에 거하기 때문에, 사복음서처럼 왜 하나님나라에 들어가야 하는지에 대해 이야기하기보다는 어떻게 하나님나라에서 온전한 삶을 살 수 있는가에 대해서 기술하고 있다.

사복음서와 서신서 내용이 다른 이유는 사복음서와 서신서에 하나님나라 복음의 핵심인 '그리스도 안에서', '예수 그리스도 안에서', '주 안에서'라는 표현이 얼마나 등장하는지를 비교해보면 쉽게 알 수 있다. 놀랍게도 사복음서에는 '예수 그리스도 안에서'라는 표현이 한 번도 나오지 않는다. '그가 내 안에, 내가 그 안에'라는 표현이 있지만, 이것은 아버지와 아들의 관계에 대한 표현이고, 또 '너희가 내 안에, 내가 너희 안에'라는 표현 역시 예수님과 우리의 관계에 대한 표현일 뿐이다. 그리고 이 모든 표현은 하나님나라가 도래한 다음에 이루어질 것에 대한 것이다.

반면 서신서의 대부분을 이루는 바울서신에는 '그리스도 안에서'와 관련한 표현이 총 165번 등장한다. 이것은 바울서신 장당 대략 2번 나오는 것으로, 바울은 '그리스도 안에서'라는 표현을 그의 서신서에서 빈번히 사용하고 있는 것이다. 가장 자주 많이 등장하는 세 가지 표현은 '그리스도 안에서'(32번), '예수 그리스도 안에서'(44번), '주 안에서'(43번)라는 표현이다.

우리는 이를 통하여 신약의 틀을 하나님나라의 관점에서 새롭게 이해할 수 있어야 한다. 즉 서신서는 우리가 이미 하나님나라 안에 있는 것을(예수 그리스도 안에 있는 것을) 전제로 하고 기록하고 있다는 것이다. 다시 한번 말하지만, 하나님나라의 복음은 예수 그리스도의 복음이다. 서신서는 우리가 예수 그리스도 안에 새로운 피조물이 된 것을(즉, 자유의지를 가진 혼이 하나님의 영 안에 거해야 하는 것을) 전제로 하고 기록된 것이다. 이것은 바울서신의 인사말 몇 구절만 봐도 바로 알 수 있는 내용이다.

[엡 1:1] 하나님의 뜻으로 말미암아 그리스도 예수의 사도 된 바울은 에베소에 있는 성도들과 그리스도 예수 안에 있는 신실한 자들에게 편지하노니

[빌 1:1] 그리스도 예수의 종 바울과 디모데는 그리스도 예수 안에서 빌립보

에 사는 모든 성도와 또한 감독들과 집사들에게 편지하노니

[골 1:2] 골로새에 있는 성도들 곧 그리스도 안에서 신실한 형제들에게 편지하노니 우리 아버지 하나님으로부터 은혜와 평강이 너희에게 있을지어다

서신서에는 하나님나라 안에 있는 자, 즉 예수 그리스도 안에 있는 자가 무엇이며, 어떻게 신앙생활을 하고, 어떻게 살아야 할지에 대한 성경적 진리와 지침들로 가득 차 있다. 거듭난 자의 진정한 정체성, 즉 하나님의 자녀로서 살지 못하는 이유가 무엇 때문이며, 그렇게 살기 위해서는 무엇을 해야 할지에 대해서 기록되어 있다. 따라서 서신서의 말씀을 누가 어떻게 생각하고 받아들이고 적용해야 하는지는 신앙생활의 핵심 중의 핵심이다.

사복음서와 서신서의 관점의 차이를 이해하라

사복음서는 하나님나라의 복음에 대해서, 서신서는 예수 그리스도에 대해서 쓰여진 것으로 하나님나라의 복음과 사도 바울이 전한 예수 그리스도에 대한 복음을 이분법적으로 나누어 보아서는 안 된다. 즉 바울이 전한 복음은 하나님나라의 복음이지 형벌적 대속(penal substitution) 복음(또는 십자가 대속의 복음)이 아니라는 것이다.[23]

---

23 형벌적 대속 복음이 잘못되었다는 것이 아니라 그 복음은 하나님나라 복음의 반쪽이지 전부는 아니라는 것이다. 만약 형벌적 대속이 복음의 전부가 되면 자신의 죽음과 동시에 하나님의 생명 안에 거함으로써 새로운 피조물이 된 것을 알지 못한 채 여전히 하나님과 분리된 자아독립적 개체로서 예수 그리스도를 믿는 것이 복음의 전부가 되기 십상이다. 한편 어떤 기독교인들은 마치 예수께서 유대인들에게 전한 복음과 바울이 이방인들에게 전한 복음, 이 두 가지 복음이 있었던 것처럼 생각한다. 하지만 그렇지 않다. "그리스도의 은혜로 너희를 부르신 이를 이같이 속히

사복음서가 하나님나라로 들어가는 복음을 알려주는 것이라면 서신서는 바로 그 하나님나라 안에 들어가서(다른 말로 예수 그리스도 안에서) 주의 뜻을 실제적으로 이루는 복음에 대한 것으로 받아들여야 한다.

[요 3:3-5] 예수께서 대답하여 이르시되 진실로 진실로 네게 이르노니 사람이 거듭나지 아니하면 하나님의 나라를 볼 수 없느니라 … 예수께서 대답하시되 진실로 진실로 네게 이르노니 사람이 물과 성령으로 나지 아니하면 하나님의 나라에 들어갈 수 없느니라

예수 그리스도 안에 있다는 것은 현재적 하나님나라에 들어간 것이다. 반대로 하나님나라 안에 거한다는 것은 바로 예수 그리스도 안에 거하는 것이다. 우리는 이것을 제대로 깨닫지 못하고 있다. 흔히 예수는 믿지만 하나님나라, 즉 천국은 죽고 난 다음에 갈 수 있다고 생각한다. 예수님은 믿지만 하나님나라는 예수 그리스도 밖 하늘 어디에 있다고 생각한다. 예수님은 믿지만 하나님나라는 지금은 아무나 갈

떠나 다른 복음을 따르는 것을 내가 이상하게 여기노라 다른 복음은 없나니 다만 어떤 사람들이 너희를 교란하여 그리스도의 복음을 변하게 하려 함이라"(갈 1:6-7). 바울은 예수님이 전하신 바로 그 하나님나라 복음을 가르쳤다. 신약성경은 이를 계속해서 확증한다. "보라 내가 여러분 중에 왕래하며 하나님의 나라를 전파하였으나"(행 20:25), "우리가 하나님의 나라에 들어가려면 많은 환난을 겪어야 할 것이라"(행 14:22), "하나님의 나라는… 오직 성령 안에 있는 의와 평강과 희락이라"(롬 14:17), "하나님의 나라는 말에 있지 아니하고 오직 능력에 있음이라"(고전 4:20), "바울이 회당에 들어가 석 달 동안 담대히 하나님나라에 관하여 강론하며 권면하되"(행 19:8), "그들이 날짜를 정하고 그가 유숙하는 집에 많이 오니 바울이 아침부터 저녁까지 강론하여 하나님의 나라를 증언하고 모세의 율법과 선지자의 말을 가지고 예수에 대하여 권하더라"(행 28:23), "하나님의 나라를 전파하며 주 예수 그리스도에 관한 모든 것을 담대하게 거침없이 가르치더라"(행 28:31). 그 외 다른 사도들도 같은 하나님나라의 복음을 전했다(행 8:12 ; 히 1:8,33, 12:28 ; 약 2:5 ; 벧후 1:11 ; 계 1:6,9, 5:10, 11:15, 12:10).

수 없다고 생각한다. 이는 하나님나라 복음을 전혀 모르기 때문에 발생하는 오해 중의 오해이다.

> [눅 17:20-21] 바리새인들이 하나님의 나라가 어느 때에 임하나이까 묻거늘 예수께서 대답하여 이르시되 하나님의 나라는 볼 수 있게 임하는 것이 아니요 또 여기 있다 저기 있다고도 못하리니 하나님의 나라는 너희 안에(among you, in you) 있느니라

예수님께서는 분명하게 하나님나라는 거듭난 자 안에 있다고 말씀하셨다. 우리가 거듭나 예수 그리스도 안에 새로운 피조물이 되었다면, 우리의 혼이 하나님의 영 안에 거함으로써 하나님나라 안에 거해야 하고, 예수 그리스도 안에서 신약의 말씀을 믿고 받아들이고 적용해야 한다. 다른 말로 여전히 그리스도 밖에서 하나님나라로 침노하기 위해 거짓자아로 말씀을 믿고 받아들이고 적용해서는 안 된다는 것이다.

사복음서와 서신서에 나타나는 관점(신분, 위치)의 차이를 예로 설명하면 다음과 같다. 대학 입시를 준비하는 고등학생들을 생각해보자. 지금은 "대학에 가기 위해서는 말이야"라는 것이 주제이지만, 그들이 막상 대학에 들어가면 "대학에 들어가기 위해서는 말이야"라는 말이 더 이상 필요하겠는가? 대학에 들어간 다음에는 '어떻게 하면 대학생활을 잘할 수 있을까?'에 초점을 두어야 하지 않겠는가? 그런데 사복음서에서 "하나님나라에서 온전한 삶을 살려면 말이야"라고 가르친다면 미처 대학에 들어가지 않은 고등학생에게 대학생활 잘하는 법을 가르쳐 주는 것이나 다름이 없다. 고등학생에게는 대학에 들어가는 방법을 알려주어야 하듯이 아직 현재적 하나님나라가 도래하기 전인 사복음서

에서는 우선 하나님나라가 무엇인지, 그리고 어떻게 하면 하나님나라에 들어갈 수 있는지 알려주어야 하지 않겠는가? 반대로 이미 도래한 현재적 하나님나라에서 살아가는 성도들이 수신자인 신약의 서신서에서는 "하나님나라에 들어가려면 말이야"라는 내용을 굳이 언급할 필요가 없는 것이다. 따라서 서신서는 예수 그리스도 안에서, 즉 하나님나라에 들어왔으니 어떻게 하면 하나님나라의 삶을 온전하게 살 수 있는지에 대해서 가르치는 것이다.

그렇다면 스스로 질문해보라. "나는 지금 고등학생인가? 대학생인가? 대학생이라면 어떻게 하면 대학에 들어가는가에 초점을 두어야 할까? 아니면 대학교에서 어떻게 생활해야 하는지에 초점을 두어야 할까?" 이 질문에 정확히 답했다면, 당신은 사복음서와 서신서의 차이를 깨달은 것이다.

그리스도 안에서 진리의 말씀을 어떻게 받아들여야 하는가?

그리스도인들이 그토록 오래 말씀을 붙들고 사는데도 왜 변화되지 않는 것일까? 정말 신비 중의 신비이다. 그것은 불가사의가 아니라 마귀의 궤계와 우리의 무지 때문이라는 것을 알아야 한다. 즉 구원은 받았지만 마귀에게 속아서 자신의 정체성을 알지 못하고 거짓자아로 말씀대로 행하는 것을 당연시하기 때문이다. 또한 성령을 통해서 말씀대로 믿는다는 것이 무엇을 의미하는지를 모르기 때문이다(골 3:10).

한번 생각해보라. 하나님의 생명이 없는 구약 이스라엘 백성에게 하나님께서 율법을 주신 것은 스스로 율법을 믿도록 하기 위해서가 아니라, 율법대로 지켜 행하도록 하기 위해서 주신 것이다. 그렇다면 예수 그리스도를 통하여 하나님의 생명이 임한 하나님의 자녀에게 하나님께서 말씀을 주신 것은 거짓자아로 말씀대로 행하라고 하신 것이 아니라, 그리스도 안에서 말씀대로 믿도록 하기 위함이다. 어떻게 그렇게 단정할 수 있는가? 사복음서에는 말씀 또는 계명을 듣고 행하라는 표현이 종종 등장하지만, 하나님나라에서 또는 예수 그리스도 안에 있는 것을 전제로 한 서신서에는 직접적으로 "말씀대로 행하라"라는 표현은 야고보서 1장 22-23절에만 나온다.

> [약 1:22-23] 너희는 말씀을 행하는 자가 되고 듣기만 하여 자신을 속이는 자가 되지 말라 누구든지 말씀을 듣고 행하지 아니하면 그는 거울로 자기의 생긴 얼굴을 보는 사람과 같아서

성경 해석의 가장 기본이 되는 원칙은 문맥을 파악하는 것이다. 이 말씀의 정확한 해석은 야고보서 1장 21절의 문맥 속에서 할 수 있다.

> [약 1:21] 그러므로 모든 더러운 것과 넘치는 악을 내버리고 너희 영혼(헬, 프쉬케)을 능히 구원할 바 마음에 심어진(헬, 엠퓌토스 : implanted / 심중을 의미함) 말씀을 온유함으로 받으라

이 말씀의 진정한 의미는 거짓자아가 말씀대로 행하는 삶을 살아야 한다는 것을 뜻하는 것이 아니라 그리스도 안에서 먼저 말씀이 심중에 심겨진 대로 행해야 한다는 뜻이다. 결국 신약의 말씀은 거짓자아가 말씀대로 살아가도록 하기 위해서 주어진 것이 아니라 먼저 그리스도 안에서 말씀대로 믿도록 하기 위해서 주어진 것이다. 다른 말로 말

씀대로 이루어진 것을 자신의 심중에 심도록 하기 위해서 주어진 것이며, 그것에 따라 행하는 삶을 살아야 한다는 것이다.[24] 이 부분은 아무리 강조해도 지나침이 없다. 그리스도 안에서 말씀은 영이요 생명이다. 그 말씀을 주신 이유는 말씀대로 행하기 이전에 먼저 우리의 심중에 심도록 하기 위해서이다. 그것을 좀 더 정확하게 말하면, 믿음으로 행하는 자가 되어야 한다는 것이다.

[고후 5:7] 이는 우리가 믿음으로 행하고 보는 것으로 행하지 아니함이로라

이때 믿음이란 무엇을 의미하는가? 그것은 거짓자아의 믿음이 아니라 예수 그리스도 안에 있는 믿음으로 그리스도 안에서 주의 말씀대로 이루어진 것이 우리의 심중에 거하도록 하는 것이며, 보이지 않는 세계에 실상을 가지는 것이다(히 11:1 ; 딤후 3:15).[25] 그것은 혼이 하나님의 영 안에 거할 때 가능하다.

[엡 6:6] 눈가림만 하여 사람을 기쁘게 하는 자처럼 하지 말고 그리스도의 종들처럼 마음(헬, 프쉬케 : 혼)으로 하나님의 뜻을 행하고

그래서 성경은 놀랍게도 우리의 혼이 하나님의 영 안에 거할 때 우리는 그리스도 예수 안에서 믿음으로 행하게 된다고 말한다. 즉 새롭게

---

24 우리는 행하는 삶이 어렵게 느껴지지만 실제로는 심은 대로 행하는 삶을 살고 있다. 따라서 핵심은 “어떻게 행동하느냐”보다 우리의 심중에 “무엇이 심겨져 있느냐”가 더 중요한 것이다.

25 이 부분은 하나님나라 복음 실현의 핵심이고, 왜 이 장을 써야 하는지에 대한 이유이기도 하다. 계속 읽어가면 이 말의 차원적인 의미가 무엇인지를 자연스럽게 알게 될 것이다. 특별히 3부 7장을 참고하라.

된 혼만이 하나님의 뜻을 행할 수 있다는 것이다.

[요일 2:17] 이 세상도, 그 정욕도 지나가되 오직 하나님의 뜻을 행하는 자는 영원히 거하느니라

결국 하나님의 뜻을 행한다는 것은 그리스도 안에서 말씀을 믿으며, 믿은 대로 행한다는 뜻이다. 이때 '믿는다'는 것은 거짓자아가 말씀을 믿는 것이 아니라, 그리스도 안에서 보이지 않는 세계에 말씀대로 이루어진 실상을 만든다는 것이다. 그리고 '행한다'는 것은 거짓자아가 말씀대로 행한다는 뜻이 아니라, 그리스도 안에서 보이지 않는 세계의 실상을 보이는 세계에 실체로 나타낸다는 것이다.

우리가 믿은 대로 행하기 위해서는 말씀을 제대로 먹을 줄 알아야 한다.

[마 4:4] 예수께서 대답하여 이르시되 기록되었으되 사람이 떡으로만 살 것이 아니요 하나님의 입으로부터 나오는 모든 말씀으로 살 것이라 하였느니라 하시니

말씀은 음식을 먹는 것처럼 내가 외부에서 입을 통하여 내 위에 집어넣는 것이 아니다. 말씀을 먹는다는 것은 그리스도 안에서 영이요 생명인 말씀이 우리의 혼을 통하여 우리의 몸을 통치하게 한다는 뜻이다. 음식을 먹으면 위와 장에서 소화되고 흡수되어서 음식 자체는 없어지지만, 그 음식이 에너지가 되어 근골격이 만들어지고 우리가 활동할 수 있게 되는 것처럼 말씀을 먹으면 그 말씀대로 생각하고 느끼게 되어 그

말씀이 우리의 몸을 통치하게 되는 것이다. 말씀은 말씀 그 자체로 머리에 보관되어지는 것뿐만 아니라 상황에 따라 말씀대로 이루어진 심상이 보이지 않는 세계와 심중에 기록되어져야 한다. 그것이 바로 예수 그리스도 안에 있는 믿음이다. 그럴 때 비로소 말씀의 실체가 내 삶에서 경험되어지는 것이다.

예를 들어 생각해보자. 만약 당신이 질병으로 고통받을 때 "친히 나무에 달려 그 몸으로 우리 죄를 담당하셨으니 이는 우리로 죄에 대하여 죽고 의에 대하여 살게 하려 하심이라 그가 채찍에 맞음으로 너희는 나음을 얻었나니"(벧전 2:24) 이 말씀을 믿었다고 생각해보자. 당신은 이 말씀 자체를 붙들고 믿고 있는가? 아니면 이 말씀에 따라 당신의 질병이 치유된 것을 보이지 않는 세계에, 그리고 그것이 이루어진 것을 심중에 심고 있는가?

신약의 말씀은 우리의 삶을 어떻게 변화시키는가?

신약의 말씀을 단순히 읽는 차원을 넘어 그 말씀이 심중에 심겨져 말씀의 실체를 체험하기 원한다면, 우리는 반드시 다음 세 가지 사실을 전제로 하고 말씀을 보아야 한다.

(1) 우리는 예수 그리스도 안에 새로운 피조물이라는 사실, 새로운 존재라는 사실이다.

(2) 그럼에도 불구하고 자신의 정체성을 알고 누리지 못할 수도 있다는 사실, 다른 말로 자유의지를 가진 혼이 몸의 종노릇할 수도 있고 하나님의 영 안에서 주를 나타내는 그리스도 의식으로 살 수도 있다

는 사실이다.

(3) 구원받은 후에도 우리의 몸은 여전히 죄 가운데 있다는 사실이다.

우리는 말씀이신 예수님께서 우리에게 말씀을 주신 이유를 깨닫고, 예수 그리스도 안에서 말씀을 보아야 한다. 예수님은 하나님의 영이 없는 인간(구약의 사람들)과 하나님이 맺은 언약인 율법의 요구를 만족시키기 위해 율법의 저주가 되심으로써 율법의 마침이 되셨고 율법을 완전케 하신 분이다. 따라서 하나님의 영이 임한 자녀들이 예수 그리스도 안에 있을 때에는 완전한 율법 안에 있는 것이다. 그럼에도 불구하고 온전하지 못한 우리의 몸을 새롭게 하기 위해서 주신 것이 바로 말씀이다. 말씀은 우리의 몸이 온전하지 못하기 때문에 온전케 하기 위해서 주신 것이지, 우리의 잘못을 판단하고 정죄하기 위해서 주신 것이 아니다. 따라서 우리가 말씀을 읽을 때 거짓자아로 말씀대로 살려고 해서는 안 된다. 우리가 말씀을 읽을 때는 그리스도 안에서 말씀대로 믿기 위해서 읽어야 한다.

예수님께서 우리에게 말씀을 주신 이유를 깨달았다면, 각자의 신앙생활을 되돌아보자. 흔히 우리가 살아가는 동안 말씀대로 살지 못할 때, 거짓자아로 자신의 생각과 행동을 말씀에 비추어 보면 잘못된 것임을 금방 알아차린다. 그럴 때 즉각적인 반응은 거짓자아로 말씀대로 자신의 마음과 행동을 바꾸고자 한다는 것이다. 즉 말씀대로 생각하고 행하고자 한다. 왜냐하면 지난 신앙생활 동안 그렇게 가르침을 받아왔고 아무런 의심 없이 그렇게 반응해왔기 때문이다.

내 생각과 행동은 내 심중에 들어 있는 경험과 지식에 기초한다. 즉 심은 대로 거두는 것이다. 단지 외부 실체에 대한 우리의 생각과 감정으로 살아가는 것이 아니다. 우리의 심중에는 이미 세상, 대상, 사건에 대한 경험과 지식이 있고, 어떤 자극이 오면 그것에 대한 경험과 지식에 따라 자기방식대로의 믿음으로 실상을 가지게 된다. 그리고 그 실상에 따라 투사하고, 투사한 대로 인식하는 것이다. 우리의 행위와 나타난 열매는 믿음으로 형성된 심중의 실상에 따라 나타난 결과물일 뿐이다. 달리 말하자면 우리에게 나타난 외부 결과물(실체 또는 열매)은 우리의 심중에 들어 있는 믿음의 내용을 만족시킨 것이다. 즉 우리는 지금 우리 심중에 기록된 실상에 따른 실체를 보기도 하고, 실체를 만들기도 하는 것이다.

[갈 6:7] 스스로 속이지 말라 하나님은 업신여김을 받지 아니하시나니 사람이 무엇으로 심든지 그대로 거두리라

그렇다면 자신의 생각이나 행동이 잘못된 것임을 알아차렸을 때 진리는 어떻게 반응하라고 말씀하는가? 자신의 잘못된 생각과 행동을 말씀으로 변화시키기 원한다면 먼저 그리스도 안에서 말씀대로 믿으라고 말하고 있다. 말씀은 거짓자아 스스로 자신의 생각을 바꾸거나 행동을 변화시키기 위해서 주어진 것이 아니기 때문이다. 먼저 자신이 말씀대로 살지 못했다는 것은 거짓자아로 살았기 때문임을 알고, 지금 이 순간 여기에서 자기를 부인하고 자기 십자가를 짐으로써 먼저 그리스도 안에 거해야 한다고 알려주고 있다. 즉 그 말은 우리의 혼이 하나님의 영 안에 거함으로써 영적 존재가 되어야 한다는 것이다.

하지만 안타깝게도 하나님을 사랑하고 열심이 있는 사람들일수록 여전히 거짓자아가 주체가 되어 말씀대로 살아보려고 몸부림친다. 그

것은 성경이 왜 주어졌는지를 알지 못하기 때문이고, 그 이유는 예수 그리스도 안에서 자신이 누구인지를 모르기 때문이고, 더 근본적인 원인은 바로 마귀가 우리를 속이는 것임을 알지 못하기 때문이다.

[롬 1:17] 복음에는 하나님의 의가 나타나서 믿음으로 믿음에 이르게 하나니 기록된 바 오직 의인은 믿음으로 말미암아 살리라 함과 같으니라

[요일 5:4] 무릇 하나님께로부터 난 자마다 세상을 이기느니라 세상을 이기는 승리는 이것이니 우리의 믿음이니라

[요일 4:4] 자녀들아 너희는 하나님께 속하였고 또 그들을 이기었나니 이는 너희 안에 계신 이가 세상에 있는 자보다 크심이라

결론

구약의 율법은 하나님의 영이 없는 자에게 죄를 짓지 않도록 하기 위해서 주어진 것이라면, 신약의 말씀은 예수 그리스도 안에 있는 자에게 하나님의 의를 이룰 수 있도록 하기 위해서 주어진 것이다. 따라서 지금 우리는 구약의 율법도 신약의 말씀도 예수 그리스도 안에서 읽을 줄 알아야 한다. 우리가 성경을 읽으며 교훈과 책망을 들을 때는 '내가 또 지키지 못했구나'가 아니라 '나라는 거짓자아가 이미 죽었는데 또다시 거짓자아에 묶였구나'라고 깨달아야 한다. 그런데도 우리는 말씀을 읽을 때마다 '내가 또 죄를 짓고 사는구나'라고 받아들인다. 만약 당신이 지금 그렇게 신약의 말씀을 받아들인다면, 그것은 지금 당신이 예수

그리스도 밖에 있다는 것을 알려주며, 마귀의 통치 아래 있다는 것을 증명하는 것이다.

그리스도인들이 신약의 말씀을 읽을 때는 다음 세 가지를 알아야 한다. 첫째, 당신이 거듭난 존재라면, '거짓자아인 내가'라는 관점이 아니라 '그리스도 안에서 그리스도가'의 관점으로 성경을 보아야 한다. 주의 말씀을 읽고 듣고 묵상할 때마다 '내가'로 시작하면 죄가 살아나고 율법의 권능이 살아나게 된다. 그러나 내가 아니라 '그리스도가'로 시작되면 죄(율법)에 대해서 죽은 자가 되고, 그때부터 주의 말씀을 이루는 자가 된다.

둘째, 말씀을 읽고 듣는 동안 '아, 내가 말씀대로 살지 못했구나, 내가 죄를 지었구나'라는 생각이 올라올 때마다 '좀 더 내 생각을 변화시켜야겠구나', '이렇게 살면 안 되겠구나', '좀 더 실제적으로 노력해야겠구나'라고 결심한다면, 당신은 지금 예수 그리스도 밖, 즉 하나님나라 안이 아니라 밖에 거하는 것이다. 즉 당신이 누구인지를 알지 못하고 있는 것이다.

다시 말하지만 신약성경의 말씀은 현실적으로는 이루어지지 않은 말씀이라도 법적으로는 이미 이루어진 말씀이다. 특별히 서신서는 그리스도 안에 있는 우리를 통해서 그 말씀이 보이는 세계에서 실체로 나타나도록 해야 한다는 점을 강조하여 말씀한다. 다른 말로 신약의 말씀은 우리의 몸을 변화시키기 위해서 준 것이지, 당신의 존재가 잘못되었거나 문제가 있다고 알려주기 위해 준 것이 아니다. 우리는 이미 그리스도 안에 있기 때문에 영으로써 몸의 행실을 죽이도록 하기 위해서 주신 것이다. 즉 거짓자아인 내가 말씀을 믿고 행하기 위해서 말씀을 보는 것이 아니라 그리스도 안에서 내 몸이 그 생명의 말씀대로 되도록 하기 위해서 보는 것이다.

셋째, 우리가 말씀을 먹어야 하는 이유는 거짓자아로 말씀대로 행하여 삶을 변화시키기 위함이 아니라 그리스도 안에 있는 내(새로운 자아)가 말씀대로 믿음으로 새로운 실상을 가지도록 하기 위함이다. 그리스도 안에서 말씀대로 이루어진 새로운 실상을 가지는 것이 믿음으로 산다는 의미이고, 그 결과 믿은 대로 행하는 삶을 살게 된다. 그것은 그리스도 안에서만 가능한 것이다. 반면에 보는 것으로 행하는 것은 거짓자아로 보이는 것에 반응한다는 뜻이다(고후 5:7). 다른 말로 믿음으로 행하는 것은 실상에 기초를 둔 삶이고, 보는 것으로 행하는 것은 실체에 기초를 둔 삶이다. 우리가 더 이상 이 땅에 보이는 실체에 초점을 두는 것이 아니라 위에 보이지 않는 실상을 찾아야 하지 않겠는가? 그럴 때 어떤 일이 일어나겠는가? 놀라운 경험들을 기억해보라.

예를 들어 현재의 상황이 달라지지 않았는데 외부의 실체가 다르게 보인 적이 있지 않은가? 과거에는 누군가가 그렇게 미워 보였는데, 지금은 반대로 사랑스럽게 보인 적이 있지 않은가? 과거에는 삶이 힘들고 괴롭게 느껴졌는데, 지금은 상황이 변하지 않았는데도 즐겁고 행복하게 느껴질 때가 있지 않은가? 왜 그런가? 당신의 믿음에 따라 다른 실상으로 실체에 투사하고 인식했기 때문이다. 우리는 자신이 만든 실상대로의 실체를 보며 살아가는 것이다.

또 다른 예로 이 세상의 인과법칙으로는 있을 수 없는 일, 불가능하다고 생각했던 일이 당신 앞에 일어난 것을 경험한 적이 있지 않은가? 그 일은 당신의 심중에 이미 온전한 실상을 가지고 있기 때문에 일어난 일이다. 실상 없는 실체는 있을 수 없다. 당신의 심중에 심지 않은 것을 구할 수 있는가? 찾을 수 있는가? 발견할 수 있는가?

적용

우리가 예수 그리스도 안에 있을 때 우리는 더 이상 말씀으로 판단받는 존재가 아니다. 말씀이신 예수 그리스도 안에서 새로운 피조물이 된 것이다. 그러나 현실적으로 우리의 몸이 온전하지 못하기 때문에 말씀으로 우리의 몸을 새롭게 해야 한다. 평소에 살면서 말씀을 대할 때마다 다음 사항을 실천해보라.

(1) 과거처럼 말씀에 비추어 죄책감, 정죄감, 두려움이 들 때, 말씀으로 자신을 판단하려고 하지 말라. 그렇게 되면 당신의 주체는 거짓자아가 되고 말씀은 또 다른 율법이 된다. "네가 또 죄를 지었구나, 네가 구원받은 게 맞느냐?"라고 마귀가 참소할 때 당신이 깨달아야 할 한 가지는 지금 당신이 예수 그리스도 밖에 있다는 것을 아는 것이다. 마귀는 지금 당신이 말씀에 의지하여 당신 자신을 변화시키기를 원한다. 마귀의 가장 핵심적인 계략은 당신이 하나님과 분리된 상태로 있도록 하는 것이며, 말씀에 기초하여 스스로 선악을 판단하고 선을 행하도록 하는 것이다.

(2) 어떤 경우라도 당신이 예수 그리스도 안에 있음을 받아들여라. 내 몸이 온전하지 못하여 말씀대로 살지 못하기 때문에 말씀을 주신 것이며 그래서 우리는 그리스도 안에서 그 말씀을 이루어가야 한다. 그것이 바로 예수 그리스도 안에서 가지는 믿음이다. 말씀대로 행하려고 하지 말고, 먼저 말씀대로 이루어진 것을 믿어라. 심어라. 즉 "지금 이 말씀이 내 심중에 심겨졌습니다.", "이 말씀대로 내 심중에 이루어졌습니다.", "이 말씀대로 살게 되었습니다"라고 선포하라. 이는 지금 자신의 몸이 그렇게 살지 못하기 때문에, 말씀대로 되었다는 것을 믿는 것이다. 의인은 오직 믿음으로 산다는 것을 체험하라(롬 1:17).

(3) 그렇다면 내가 말씀대로 살지 못한다는 것을 알 때마다 어떻게 해

야 하는가? 첫째, 그렇게 살지 못하기 때문에 예수 그리스도 안에서 회개하고 용서를 구해야 한다. 즉, 우리의 몸은 여전히 구습으로 죄와 율법의 판단을 받기 때문에 먼저 그 내용물이 무엇이든지 그 문제를 해결하기 위해 주님의 말씀을 의지하려고 하지 말고, 먼저 예수 그리스도 안에 거해야 한다. 그리고 예수 그리스도 안에서 예수 그리스도의 이름으로 죄사함을 받아야 한다.

[마 6:33] 그런즉 너희는 먼저 그의 나라와 그의 의를 구하라 그리하면 이 모든 것을 너희에게 더하시리라

[요일 1:8-9] 만일 우리가 죄가 없다고 말하면 스스로 속이고 또 진리가 우리 속에 있지 아니할 것이요 만일 우리가 우리 죄를 자백하면 그는 미쁘시고 의로우사 우리 죄를 사하시며 우리를 모든 불의에서 깨끗하게 하실 것이요

둘째, 말씀대로 살기 위해서는 예수 그리스도 안에서 보이는 세계의 현실과 상관없이 주의 말씀대로 이루어진 것을 생각하고 느껴야 한다. 구약의 율법이 내 행동을 부인하게 만드는 수단이라면, 신약의 말씀은 그리스도 안에서 우리의 혼과 몸(생각, 감정, 신체)을 새롭게 하는 수단이 된다. 그것은 우리의 심중에 새로운 실상을 심는 것이다. 보이지 않는 세계에 새로운 실상을 가짐으로써, 그것에 기초하여 실체를 다르게 보거나 변화시키거나 창조할 수 있게 된다.

셋째, 믿은 대로 행해야 한다. 그리스도 밖에 있으면 율법의 판단을 받게 되지만, 그리스도 안에 있으면 우리는 구약의 율법에 대해서 죽은 자가 되고, 예수님께서 알려주신 말씀을 믿은 대로 행동하는 삶을 살게 된다.

이러한 하나님나라의 사고방식으로 살 때 주님께서 우리로 하여금 보이는 세계에서 새로운 실체를 경험하도록 우리 몸을 통해 나타나신다.

어떤 사람은 "죄를 짓고 잘못을 저질렀는데도 불구하고 자신의 태도나 행동을 변화시키지 않은 채 단지 그리스도 안에서 주의 말씀만 믿는다고 생각하면, 그렇게 사는 것이 너무 뻔뻔하게 느껴진다. 정말 그렇게 한다고 변화되는가?"라고 말한다. 그 사람은 그리스도 안에 들어가보지 않은 채 거짓자아로 깨달은 생각으로 질문하고 있는 것이다. 그리고 그리스도 안에서 말씀을 자신의 심중에 심을 때 심은 대로 거두는 법칙을 경험해보지 못했기 때문에 그렇게 말하는 것이다. 당신의 심중에 새로운 실상을 심지 않는다면 당신은 결코 당신의 삶에서 새로운 실체를 경험할 수 없다. 이 진리를 알지 못하는 자는 말씀을 보는 것을 싫어한다. 왜냐하면 말씀을 볼 때마다 찔리기 때문이고 그렇게 살지 못하기 때문이다. 그러나 하나님나라의 복음을 아는 자는 말씀을 보는 것이 꿀송이처럼 달다는 것을 안다. 왜냐하면 비록 자신의 몸이 현재 그렇게 살지 못하고 있을지라도, 성령님의 도우심으로 말씀을 통하여 새로운 실상을 만들어(예수 그리스도 안에 있는 믿음으로) 변화된 몸을 통해 새로운 실체를 경험할 수 있기 때문이다.

PART 2

그리스도 안에서 하나님나라의 비밀을 풀어라

지금 우리가 살아가는 시대가 어떤 시대인지, 살아가는 세상은 어떤 곳인지, 그리고 하나님께서 왜 말씀을 주셨는지를 알았다면 이제는 한 걸음 더 나아가서 예수 그리스도를 통한 하나님의 비밀의 경륜을 볼 수 있어야 한다. 그럴 때 성령과 말씀을 통하여 하나님나라를 온전히 볼 수 있게 되고, 그 결과로 마귀의 궤계를 깨닫고 하나님 통치의 비밀을 풀 수 있기 때문이다.

04 감추인 하나님의 비밀의 경륜을 깨달아라
05 하나님나라 비유의 코드를 해독하라
06 하나님의 통치를 새로운 관점에서 보라

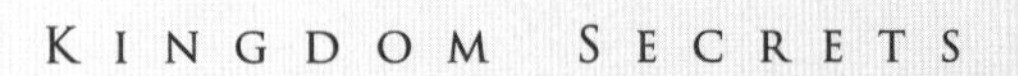
Kingdom Secrets

04

감추인 하나님의 비밀의 경륜을 깨달아라

하나님나라의 관점에서 볼 때 인간의 구속사는 우리의 상상을 초월하는 스케일과 사건들을 포함하고 있다. 구속사는 하나님께서 창조하신 보이지 않는 세계와 보이는 세계에서 피조물로 창조된 지상의 존재와 천상의 존재에 대한 하나님의 계획과 통치에 대한 내용이다. 따라서 우리는 흔히 감각으로 인지되는 시공간 안에서 일어나는 물질세계에 대한 것뿐만 아니라 시공간을 초월한 보이지 않는 세계, 그리고 영적 세계를 알아야 한다. 또한 지상의 존재뿐만 아니라 천상의 존재 그리고 이 세상뿐만 아니라 오는 세상까지도 볼 줄 알아야 한다.

하나님의 비밀의 경륜은 어떻게 나타나는가?

우주적 영적 전쟁의 기원은 하나님에 대한 사탄의 반역에 있다. 하나님의 자녀로 창조된 인간이 이 영적 전쟁에서 하나님 편이 아니라 사탄의 편이 됨으로 말미암아 사탄이 인간으로 하여금 하나님의 말씀에 불순종하게 하여 그들의 통치 아래 있게 하고, 하나님을 대적하도록 했기 때문이다. 그러나 하나님께서는 사탄의 반역과 대적으로 하나님의 자녀들과 그들에게 위임했던 이 땅에 대한 통치권을 잃어버린 후에도 한번도 인간과 이 땅을 포기하신 적이 없었다. 하나님께서는 다시금 타락한 인간을 자녀로 회복시킴으로써 본래의 창조목적을 이루기 원하셨다. 그래서 하나님께서는 역사를 통하여 예수 그리스도의 모형과 예표로 그 비밀의 경륜을 나타내시고, 때가 이르매 마침내 예수 그리스도를 이 땅에 보내주셔서 하나님의 통치가 무엇인지를 알려주셨다.

[엡 3:9-11] 영원부터 만물을 창조하신 하나님 속에 감추어졌던 비밀의 경륜이 어떠한 것을 드러내게 하려 하심이라 이는 이제 교회로 말미암아 하늘에 있는 통치자들과 권세들에게 하나님의 각종 지혜를 알게 하려 하심이니 곧 영원부터 우리 주 그리스도 예수 안에서 예정하신 뜻대로 하신 것이라

이 사실을 인지한다면, 하나님께서 예수님을 이 땅에 보내신 이유가 단지 인간의 구원만을 위한 것이 아니라 그 전에 마귀의 일을 무력화하고 멸하기 위한 것임을 알 수 있다. 우리는 그동안 예수님의 사역을 단순히 죄의 대속과 구원의 관점에서만 보아왔다. 하지만 하나님나라의 관점에서 보면 예수님의 세례, 공생애사역, 죽음과 부활 그리고 승천 이후의 사역이 마귀의 일을 멸하는 것과 동시에 인간의 구원과 얼마나 밀접한 관계를 가지는지를 좀 더 분명히 알 수 있게 될 것이다.

우리는 이 말씀을 통하여 두 가지를 알 수 있다. 첫째, 타락한 천상의 존재들도 모르는 하나님의 비밀스런 경륜이 창세 전부터 예정된 대로 예수 그리스도를 통해서 이루어졌다는 것이다. 둘째, 예수 그리스

도 안에서 하나님의 친백성인 교회를 통해 그것을 드러나게 하시고, 타락한 천상의 존재들에게도 그것이 무엇인지를 알려준다는 것이다. 즉 잃어버린 하나님의 성품과 위임된 통치권을 회복해야 한다는 것이다.

마귀의 궤계와 인간의 타락은 무엇을 의미하는가?

하나님나라 도래의 전제 조건은 무엇일까? 그것은 바로 마귀의 통치이다. 이미 하나님께서 통치하고 계신다면, 하나님나라(하나님의 통치)가 도래할 필요가 전혀 없기 때문이다. 우리는 창세기를 통하여 하나님께서 우리에게 주신 위임된 통치권이 어떻게 마귀에게로 이양되었는지를 알 수 있다. 우리가 마귀의 존재와 궤계(詭計)를 제대로 깨닫기 위해서는 하나님의 창조와 마귀의 계략과 인간의 타락과 예수 그리스도를 통한 구원을 통전적으로 볼 줄 알아야 한다.

성경의 전체적인 흐름을 볼 때 타락은 인간 이전에 창조된 천상의 존재로부터 먼저 일어났다. 태초에 하나님께서 천지만물을 창조하시고 인간을 지으셨을 때 천상의 존재들도 함께 기뻐했다(욥 38:7). 그러나 하나님께서 자녀들에게 피조세계를 통치하게 함으로써 하나님의 뜻을 이루고자 하실 때 천상의 존재들의 반역이 일어났다. 타락한 천상의 존재 중 우두머리가 바로 마귀(루시퍼, 옛 뱀, 사탄, 세상신)이다(계 12:9). 마귀는 하나님의 자녀들을 속임으로 그들로 하여금 하나님의 형상을 따라 모양대로 지음을 받은 본래의 존재와 그 역할을 잃어버리게 했다(창 3:4-5). 그 결과 1부 1장에서 언급한 것처럼 인간은 타락하게 되었다. 마귀가 처음 인간을 유혹하는 구절을 깊이 묵상하면 마귀의 계략이 무엇인가를 알 수 있다.

[창 3:4-5] 뱀이 여자에게 이르되 너희가 결코 죽지 아니하리라 너희가 그것을 먹는 날에는 너희 눈이 밝아져 하나님과 같이 되어 선악을 알 줄 하나님이 아심이니라

"너희가 결코 죽지 아니하리라" : 하나님과의 생명적 관계를 잃어버리게 한 것이다. 죄를 지음으로써 하나님의 영이 떠난 것이다. 마귀의 계략은 인간으로 하여금 어두움 속에서 살게 하고, 늘 죽음을 두려워하게 만드는 것이다(히 2:15).

"너희 눈이 밝아져" : 영적 존재가 육적 존재가 된 것이다(요 3:5-6). 즉 하나님의 말씀대로 생각하고 느끼고 말하는 존재에서 하나님의 말씀에 대하여 자신의 생각을 가지는 존재가 된 것이다. 하나님의 생명 안에서 보이지 않는 세계를 통하여 보이는 세계를 통치하던 존재에서 보이는 세계만이 전부라고 생각하는 존재로 타락하게 된 것이다. 마귀의 계략은 우리가 다시 영적 존재가 되지 못하게 하는 것이다. 우리가 보이는 세계의 실체에 묶여 육적 존재로 살아가도록 하는 것이다(고후 4:18). 그리고 보이는 세계만이 실재의 전부인 것처럼 믿게 하는 것이다. 그렇게 할 때 그들이 보이지 않는 세계를 통치함으로써 보이는 세계를 통치할 수 있기 때문이다.

"하나님과 같이 되어" : 하나님과 분리된 자아독립적 개체가 되게 한 것이다. 본래 인간은 하나님의 생명을 나타내는 혼으로 몸을 통하여 그분의 영광을 드러내는 존재인데, 이제는 하나님과 분리된 채 그분을 바라보는 존재가 된 것이다. 그리고 그 마음에 하나님을 두기 싫어하

며 자신이 주인 된 삶을 살기를 원하는 것이다. 마귀의 계략은 구원을 얻었음에도 불구하고 스스로 하나님과 분리된 존재로 여기도록 하는 것이다. 하나님의 초월성과 거룩하심에만 초점을 두게 함으로써, 죄의식과 두려움을 가진 부정적인 인간론으로 하나님을 나타내기보다는 하나님을 경배하는 존재로만 살아가도록 하는 것이다. 왜 인간은 예수 그리스도 안에서 하나님과 하나가 되는 것을 두려워하는 것일까(요 17:21-23)? 그것은 하나님과의 온전한 연합을 체험하려면 일평생 자기라고 믿어왔던 거짓자아를 스스로 포기해야 하기 때문이고, 자신의 죽음을 영원한 끝이라고 생각하고 그 죽음에서 벗어나기 위해서 하나님이 필요하다고 생각하기 때문이다.[26] 예수 그리스도를 믿고 거듭났다 할지라도 성령의 인도함을 받지 못하면, 자유의지를 가진 혼은 다시 몸의 종노릇을 할 수밖에 없다.

"선악을 알 줄 하나님이 아심이니라" : 마치 하나님께서 선과 악을 창조하신 것으로 믿게 하고, 우리도 선과 악을 판단할 수 있다고 속인 것이다. 그러나 하나님께서는 악을 창조하신 적이 없으며 오직 절대선이시다. 하나님께서 창조하지 않으신 것은 창조된 것이 아니다. 본래 하나님께서는 하나님의 자녀들에게 하나님이 창조하신 피조세계를 말씀대로 정복하고 다스리고 새롭게 만들라고 하셨는데, 타락한 인간은 마귀의 통치 아래 자신의 생각과 감정대로 피조세계를 그렇게 하고자 하는 것이다. 마귀의 계략은 거짓자아의 속성인 이원성을 가지고 하나

26 하나님나라의 복음을 알지 못할 때는 스스로 죽을 수밖에 없는 인간이기 때문에 영생을 얻기 위해서 하나님이 필요한 것처럼 생각한다. 사실은 그 반대이다. 우리가 죽고 예수 그리스도 안에 거할 때 비로소 영생이신 하나님의 생명 가운데 그분을 나타내는 삶을 살 수 있는 것이다. 그것이 바로 복음을 믿는 이유가 되어야 한다.

님의 법 밖에서 모든 것을 개념적으로 선과 악으로 판단하게 만드는 것이다. 그 결과 세상에 두 가지 힘이 존재한다고 믿게 하여 악의 힘을 제거하기 위해서는 하나님을 이용해야 한다는 생각을 가지게 한다. 모든 문제의 핵심은 악의 힘을 제거하는 데 있는 것이 아니라 다시금 하나님의 형상을 따라 모양대로 지음을 받는 그대로 돌아가는 데 있다. 빛(선)과 어둠(악)을 생각해보라. 어둠은 실존하는 실체가 아니다. 단지 빛이 없는 상태, 즉 빛의 부재이다. 빛으로 충만하면 어둠은 자동적으로 사라지게 된다.

인자로 오신 예수님께서 세례를 받고 마귀에게 시험을 받으신 의미는?

인간의 타락과 마귀의 계략을 알았다면, 이제는 에베소서 3장 11절 말씀대로 하나님께서 "곧 영원부터 우리 주 그리스도 예수 안에서 예정하신 뜻대로 하신 것"이 무엇인지를 알아보자. 바로 그것이 인간을 타락으로부터 회복시키고 마귀의 계략을 무력화시키기 위해 하나님께서 행하신 일이기 때문이다. 예수님은 성자 하나님으로 만물을 창조하신 분이지만 이 땅에 성육신하셔서 인자(人子)로 하나님의 뜻을 이루셨다. 인자로 오신 예수님께서 공생애사역을 하시기 위해서 어떤 일을 행하셨는가? 그분은 성령으로 잉태되셨고 죄가 없으시기 때문에 세례를 받을 필요가 없으신 분이다. 그럼에도 불구하고 하나님의 뜻을 이루기 위해서 세례 요한으로부터 세례를 받으셨다(마 3:15-17). 그리고 성령 충만함을 입으신 예수님께서는 성령에 이끌리어 광야로 가서 마귀에게 시험을 받으셨다(눅 4:1-13).

[눅 4:1-2] 예수께서 성령의 충만함을 입어 요단 강에서 돌아오사 광야에서 사십 일 동안 성령에게 이끌리시며 마귀에게 시험을 받으시더라

이 사건은 인간의 죄를 사하시기 이전에 인자로서 먼저 마귀의 일을 멸하신 예수님의 사역일 뿐만 아니라 우리에게는 예수 그리스도 안에서 하나님의 자녀로 어떻게 살아야 할지를 알려주는 너무나 중요한 사건이다. 즉 예수님께서는 하나님의 생명으로 창조된 아담과 하와가 에덴동산에서 맞이했던 것과 똑같은 상황을 겪으셨던 것이다(창 3:1-6). 그 이유는 인간으로 하여금 예수 그리스도 안에서 마귀의 궤계를 깨닫고 무력화시킬 수 있도록 하기 위함이었다. 예수님께서는 아담과 하와와 마찬가지로 마귀의 시험을 당하셨고, 하와가 자유의지를 가진 혼(의식)으로 하나님의 말씀에 대한 자신의 생각을 마귀에게 이야기했던 것과는 달리, 예수님께서는 마귀의 궤계에 속지 않고 하나님 안에서 하나님의 말씀대로 말함으로써 마귀의 속임과 계략을 무력화시키셨다. 인간이 하나님의 생명 안에서 하나님을 나타내는 존재로 지음받았다는 사실을 안다면, 예수님께서 마귀의 속임에 이렇게 대적하신 것이 얼마나 놀랍고 중요한지를 알 수 있을 것이다. 즉 마귀는 하와에게 했던 것처럼 하나님과 예수님을 분리시켜 예수님 자신의 생각을 가지도록 했지만, 예수님께서는 그 궤계를 아시고 하나님 안에서 하나님의 말씀대로 말하심으로 승리하신 것이다.

결국 예수님께서 인자로서 물과 성령으로 거듭난 것을 보여주시고, 하나님나라에서 성령을 통하여 말씀으로 마귀의 일을 무력화시키는 것을 보여주신 것이다. 그것은 하나님의 영이 없는 백성들이 어떻게 하나님의 자녀가 될 수 있는지를 보여주신 것이며, 회개와 세례를 통하여

구원받은 자가 예수 그리스도 안에서 어떻게 마귀의 일을 멸할 수 있는지를 가르치시기 위함이었다. 또한 궁극적으로는 그 일을 통해서 그리스도인들이 다시금 하나님의 자녀로서 주의 말씀대로 말함으로써 위임된 통치권을 회복할 수 있는 기회를 주신 것이다.

우리는 흔히 구원받으면 모든 것이 다 이루어진 것처럼 생각하지만(한번 구원은 영원한 구원), 그것은 하나님나라의 복음을 제대로 깨닫지 못했기 때문이다.[27] 현재적 하나님나라에서 우리가 구원을 받았다는 것은 타락 전처럼 하나님의 영이 우리 안에 임하고, 우리의 혼이 자유의지를 가진 상태에서 다시 하나님의 말씀을 지킬 수도 있고, 마귀의 말을 들을 수도 있는 상태가 된 것이다. 우리는 예수 그리스도 안에서 다시 타락 전의 아담과 하와처럼 하나님을 나타낼 수도 있고, 반대로 하나님을 거절할 수도 있는 상태로 회복된 것이다. 이것이 바로 현재적 하나님나라에서 물과 성령으로 거듭난 자가 처한 상황이다. 그래서 예수님께서 주기도문에서 "우리를 시험에 들게 하지 마시옵고 다만 악에서 구하시옵소서"(마 6:13)라고 말씀하신 것이다.

따라서 구원을 이루어가는 삶이란, 예수 그리스도처럼 성령 안에서 말씀대로 말함으로써 마귀의 일을 무력화시키고 이 땅에서 하나님의 영광을 드러내는 삶을 살아가는 것이다. 그 일을 위해서는 혼이 더 이상 몸의 종노릇하지 않고 하나님의 영 안에 거함으로써 말씀대로 생각하고 느끼고 말하고 행동하는 삶을 살아야 한다. 그래서 믿음의 결국은 혼의 구원함을 받는 것이라고 하는 것이다(벧전 1:9 ; 히 10:38-39). 예수님께서 이 땅에 오셔서 우리를 구원해주시고(지상사역), 부활 승천 하

27 이 부분에 대한 더 구체적인 내용을 알고 싶다면, 유튜브 '손기철 장로 말씀치유집회'2023년 3월 7일자 "몸의 부활과 구원의 완성"을 참고하라.

신 후에 다시 우리 안에 오심으로써 우리가 재림 때까지 혼의 구원함을 이루어가는 삶을 살도록 하신 것이다.

[벧전 1:9] 믿음의 결국 곧 영혼의 구원을 받음이라

[히 10:38-39] 나의 의인은 믿음으로 말미암아 살리라 또한 뒤로 물러가면 내 마음이 그를 기뻐하지 아니하리라 하셨느니라 우리는 뒤로 물러가 멸망할 자가 아니요 오직 영혼(헬, 프쉬케)을 구원함에 이르는 믿음을 가진 자니라

예수님의 지상사역(공생애사역)

인자로 오신 예수님께서는 하나님의 통치가 무엇인지를 보여주셨다. 그것은 예수님께서 인자로서 하나님의 통치를 받고, 그 몸을 통하여 하나님의 통치를 나타내시는 것이었다. 그것이 바로 예수님의 공생애사역이셨다.

[눅 4:18-19] 주의 성령이 내게 임하셨으니 이는 가난한 자에게 복음을 전하게 하시려고 내게 기름을 부으시고 나를 보내사 포로 된 자에게 자유를, 눈먼 자에게 다시 보게 함을 전파하며 눌린 자를 자유롭게 하고 주의 은혜의 해를 전파하게 하려 하심이라 하였더라

[마 4:23] 예수께서 온 갈릴리에 두루 다니사 그들의 회당에서 가르치시며 천국 복음을 전파하시며 백성 중의 모든 병과 모든 약한 것을 고치시니

그분은 율법과 선지자들이 말한 메시아와 그의 나라를 회복시키는 것이 무엇인지에 대해서 가르치셨다. 그리고 마침내 이 땅에 예수 그리스도를 믿는 자에게 하나님의 통치가 임하게 되었다는 좋은 소식, 즉 하나님나라의 복음을 전파하셨다. 동시에 하나님의 통치가 임했을 때 마귀의 통치로부터 생겨난 모든 일들을 무력화시키는 것을 친히 보여주셨다. 한마디로 하나님 통치의 핵심은 하나님의 영의 인도함을 받아 사탄의 말에 순종하지 않고 하나님의 말씀대로 살아감으로써 이 땅에 마귀의 일을 멸하는 것을 의미한다. 예수님께서는 공생애 시작부터 끝까지 그러한 삶을 사셨다(요 5:19, 12:49-50, 14:10).

주님께서는 그 하나님의 통치가 예수 그리스도를 믿는 우리에게도 동일하게 일어날 수 있게 하셨다. 그것이 바로 하나님에 대한 회개와 예수님께서 지신 십자가 사건을 통한 대속과 보혜사 성령님을 통한 새 생명이다. 생각해보라. 하나님께서 그 아들 예수 그리스도를 이 땅에 보내신 것은 우리로 하여금 그리스도 안에서 하나님의 아들이 되도록 하기 위함이 아닌가? 거듭나 하나님의 자녀가 된 우리는 예수 그리스도 안에서 그분을 나타내는 삶을 살아야 한다.

[요 14:12] 내가 진실로 진실로 너희에게 이르노니 나를 믿는 자는 내가 하는 일을 그도 할 것이요 또한 그보다 큰 일도 하리니 이는 내가 아버지께로 감이라

예수님의 죽음 후 지하사역

인자로 오신 예수님의 공생애사역을 지상사역이라고 생각하면, 십

자가를 지시고 죽으신 후에 음부에서 행하신 사역은 지하사역이라고 볼 수 있다. 구약에 있어서는 선한 자든 악한 자든 죽은 자는 모두 음부로 내려갔으며 그곳에서 지내야 했다. 그래서 죽음은 두려움의 대상이었다.[28] 그런데 예수님께서 음부의 낙원으로 내려가셔서 그곳에 있는 구약의 성도들을 하늘로 데려가신 것이다(엡 4:8-10). 그 결과로 예수님께서 부활하신 후로는 더 이상 음부에는 낙원이 존재하지 않게 되었고, 단지 악한 자들이 고통을 당하는 음부 아래쪽만 존재하게 된 것이다. 이제 새언약에서는 구원받은 자가 더 이상 음부에 거하지 않고, 곧바로 낙원으로 가게 된 것이다.[29]

[엡 4:8-10] 그러므로 이르기를 그가 위로 올라가실 때에 사로잡혔던 자들을 사로잡으시고 사람들에게 선물을 주셨다 하였도다 올라가셨다 하였은즉 땅 아래 낮은 곳으로 내리셨던 것이 아니면 무엇이냐 내리셨던 그가 곧 모든 하늘 위에 오르신 자니 이는 만물을 충만하게 하려 하심이라

예수님께서는 죽음과 부활을 통해 사망과 음부의 열쇠를 되찾으심으로써 인간의 타락으로 잠시 마귀에게 이양되었던 땅 아래의 권세를

---

28 성경에 따르면 음부는 두 개의 영역, 곧 축복의 장소와 심판의 장소(마 11:23, 16:18 ; 눅 10:15, 16:23 ; 행 2:27-31)로 나누어져 있다. 선한 자들이 거하는 위쪽 처소는 누가복음 16장 22절에서 '아브라함의 품'(KJV)으로, 누가복음 23장 43절에서는 '낙원'으로, 악한 자들이 거하는 아래쪽 처소는 누가복음 16장 23절에서 그대로 '음부'(NIV)로 불린다. 그리고 선한 자와 악한 자의 처소는 '큰 구렁텅이'(눅 16:26)에 의해 분리되어 있다. 이 부분에 대한 자세한 내용은 유튜브 '손기철 장로 말씀치유집회' 2022년 5월 24일자, "십자가의 죽음과 승천 사이, 예수님은 어디에 계셨고 무엇을 하셨나?"의 내용을 참고하라.

29 이 일을 극적으로 잘 묘사하고 있는 구절이 바로 마태복음 27장 50-53절이다. 실제로 예수님께서 죽으셨을 때, 죽은 자들 중 성도들이 무덤에서 나오는 놀라운 일들이 일어났다.

다시 회복하신 것이다. 즉 이 땅에 인자로 오셔서 죽으심으로써 마귀가 인간으로부터 찬탈했던 땅의 권세를 회복시키시고, 죽으심과 부활하심으로써 마귀로부터 사망과 음부의 권세를 되찾으신 것이다.

[계 1:17-18] … 나는 처음이요 마지막이니 곧 살아 있는 자라 내가 전에 죽었었노라 볼지어다 이제 세세토록 살아 있어 사망과 음부의 열쇠를 가졌노니

예수님의 부활사역

그렇다면 예수님께서 사흘 만에 부활하시고 제자들에게 나타나셔서 하신 일들은 무엇을 의미하는 것일까? 첫째, 십자가를 지시기 전에 주님께서 제자들에게 말씀하신 모든 것이 진리임을 알게 하셨다. 둘째, 영광스러운 부활을 통해 '신령한 몸'(spiritual body, 고전 15:44)을 입고 제자들에게 나타나신 것이다.[30] 이러한 부활은 하나님이 아니고는 할 수 없는 것으로 예수님께서는 우리를 구원하기 위해서 성육신하셨지만 그분은 본래 하나님이시라는 것을 보여주신 것이다. 셋째, 제자들은 진짜 부활이 무엇인지를 보고 경험하게 되었고, 그 결과 '그날이 오면'(성령님이 임하시면) 그분께서 자신들 안에도 계실 것이며 영원히 함께 하신다는 것을 보여주신 것이다(마 28:20). 넷째, 그들도 때가 되면 예수님과 동일하게 부활의 몸을 입게 될 것을 믿게 하신 것이다.

예수님께서는 부활하신 후 이 땅에 계시는 40일 동안 제자들에게 부

30 예수님께서 부활하신 것은 단지 죽으셨던 예수님께서 다시 살아나신 것을 의미하는 것이 아니다. 완전히 새로운 몸을 가지신 것이다. 그분은 육적인 몸을 가지셨지만 동시에 영적인 몸도 가지신 것이다. 즉 보이는 세계뿐만 아니라 보이지 않는 세계에도 존재하시는 분으로 부활하신 것이다.

활의 증거를 확실하게 보여주시고, 그들과 함께하시면서 하나님나라에 관하여 알려주셨다.

[행 1:3] 그가 고난 받으신 후에 또한 그들에게 확실한 많은 증거로 친히 살아 계심을 나타내사 사십 일 동안 그들에게 보이시며 하나님 나라의 일을(about kingdom of God/ the things concerning the kingdom of God) 말씀하시니라

예수님께서는 제자들에게 하나님나라에 대해 어떤 것을 가르치셨을까? 새언약의 성취로 하나님나라 복음이 이루어졌으며, 위로부터 오는 능력이 임하는 날, 즉 오순절 성령강림을 통해서 이 땅에 하나님나라가 도래할 것이며, 그 하나님나라가 각자 안에 임하게 될 것임을 가르치셨을 것이다. 그리고 제자들에게 자기를 부인하고 자기 십자가를 진 자만이 자신을 따를 수 있으며, 어떤 일에라도 묶이지 말고 먼저 아버지의 나라와 그를 구하면 하나님께서 모든 것들을 행하실 것이라고 알려주셨을 것이다. 또한 예수님의 지상사역 때 예수님께서 행하신 것처럼 제자들도 성령강림 후 함께하시는 예수님을 통해 기사와 표적을 행하게 될 것이며, 그것이 바로 기도에 대해 가르치시며 말씀하신 "나라가 임하시오며 뜻이 하늘에서 이루어진 것같이 땅에서도 이루어지이다"의 의미라고 알려주셨을 것이다. 가는 곳마다 하나님나라의 복음을 전하고, 믿는 자에게 세례를 주고, 교회를 세울 것과 마지막으로 하늘에 거할 집과 재림에 대해서 말씀하셨을 것이다.[31]

---

31 구원을 이루어간 자가 예수 그리스도의 재림 전에 죽으면 천국(하나님나라)에 가는 것이 아니라 낙원(영, 파라다이스, 왕의 정원)으로 가게 된다. 요한복음 14장 1-3절의 말씀은 예수님의 재림에 있을 천국(하나님나라)을 말하는 것이 아니라 재림 때까지 우리가 예수 그리스도와 함

[요 14:1-3] 너희는 마음에 근심하지 말라 하나님을 믿으니 또 나를 믿으라 내 아버지 집에 거할 곳이 많도다 그렇지 않으면 너희에게 일렀으리라 내가 너희를 위하여 거처를 예비하러 가노니 가서 너희를 위하여 거처를 예비하면 내가 다시 와서 너희를 내게로 영접하여 나 있는 곳에 너희도 있게 하리라

그럼에도 불구하고 제자들은 하나님나라의 일을 아직 제대로 깨닫지 못했다. 그래서 예수님께서는 그분의 이름으로 보낼 성령님을 기다리라고 말씀하셨다. 그리고 그 성령님이 오시면, 자신이 가르친 모든 것을 알 수 있고, 할 수 있게 될 것이라고 말씀하셨다.

[요 14:26] 보혜사 곧 아버지께서 내 이름으로 보내실 성령 그가 너희에게 모든 것을 가르치고 내가 너희에게 말한 모든 것을 생각나게 하리라

[요 16:13] 그러나 진리의 성령이 오시면 그가 너희를 모든 진리 가운데로 인도하시리니 그가 스스로 말하지 않고 오직 들은 것을 말하며 장래 일을 너희에게 알리시리라

예수님의 승천과 천상사역

우리는 흔히들 예수님의 승천은 지상사역을 통해 모든 일을 이루셨고, 약속하신 보혜사 성령님을 보내주시기 위해서, 그리고 혼의 구원

께 거할 임시적 처소인 낙원을 의미하는 것이다. 이 부분에 대한 더 구체적인 내용을 알고 싶다면, 유튜브 '손기철 장로 말씀치유집회' 2023년 3월 14일자, "낙원과 천국, 음부와 지옥 어떻게 다른가"를 참고하라.

을 이루어간 자녀들이 죽은 이후 하늘 처소에 머물 집을 마련하시기 위해서라고만 생각한다(요 16:7, 14:2-3). 물론 그것도 예수님의 승천 목적과 의미이기는 하다. 그러나 그것이 전부는 아니다. 우리는 하나님 나라의 도래를 위한 예수님의 승천의 온전한 목적과 의미를 제대로 알아야 한다.

인류사의 시작과 끝에 대해 말씀하고 있는 창세기와 요한계시록을 통해 이 퍼즐까지 꿰맞추어야 예수님의 우주적인 사역의 전체 그림을 이해할 수 있다. 즉 하나님의 비밀의 경륜이 알파와 오메가이신 예수 그리스도를 통해서 어떻게 이루어지는지를 알 수 있게 된다는 것이다. 좀 더 정확히 말하자면 예수님께서는 지상사역뿐만 아니라 지하사역까지도 완수하셨다. 즉 땅과 땅 아래의 권세를 회복시키신 것이다. 그리고 예수님이 승천하신 것은 지상사역, 지하사역을 완수하셨기 때문이 아니라 승천하셔서 회복하실 일이 있기 때문이다(눅 24:50-51 ; 행 1:9-11).

이것을 이해하기 위해서 먼저 타락한 천상의 존재와 그들의 반역에 대해서 알아보자. 우리가 말하는 사탄, 마귀, 악한 영, 귀신들은 모두 천상의 존재들이다(물론 천상의 존재들 중에는 천사장, 그룹, 스랍, 천사들과 같이 타락하지 않고 하나님의 명령을 따르는 천사들도 있다). 우리는 그들에 대해 많은 것들을 알지는 못하지만, 성경에서는 그들의 존재와 활동을 분명하게 말하고 있다. 성경을 보면, 마귀가 인간을 속여 죄를 짓게 한 후부터는 하늘에서의 본래 지위와 역할을 박탈당했지만, 하나님 보좌 앞으로 나와 인간의 죄에 대해 참소하고, 이 땅에서 그 인간을 괴롭힘으로써 하나님을 대적하는 일을 행하였음을 볼 수 있다.

[욥 1:6-7] 하루는 하나님의 아들들이 와서 여호와 앞에 섰고 사탄도 그들 가

운데에 온지라 여호와께서 사탄에게 이르시되 네가 어디서 왔느냐 사탄이 여호와께 대답하여 이르되 땅을 두루 돌아 여기저기 다녀왔나이다

[슥 3:1-2] 대제사장 여호수아는 여호와의 천사 앞에 섰고 사탄은 그의 오른쪽에 서서 그를 대적하는 것을 여호와께서 내게 보이시니라 여호와께서 사탄에게 이르시되 사탄아 여호와께서 너를 책망하노라 예루살렘을 택한 여호와께서 너를 책망하노라 이는 불에서 꺼낸 그슬린 나무가 아니냐 하실 때에

예수님께서 승천하셨을 때 하늘에서 어떤 일이 일어났는가?

1 마귀들이 더 이상 하늘 처소에 있지 못하도록 했다

[계 12:4-5] 그 꼬리가 하늘의 별 삼분의 일을 끌어다가 땅에 던지더라 용이 해산하려는 여자 앞에서 그가 해산하면 그 아이를 삼키고자 하더니 여자가 아들을 낳으니 이는 장차 철장으로 만국을 다스릴 남자라 그 아이를 하나님 앞과 그 보좌 앞으로 올려가더라

태초에 마귀가 하나님께 반역할 때 천상의 존재들 중 삼분의 일이 마귀를 따라 하나님께 반역했다. 그들은 하늘과 땅을 오가며 인간들을 마음껏 도둑질하고 죽이고 멸망시키려는 짓을 일삼았다. 그리고 2천 년 전에 마귀의 일을 멸하러 예수님께서 이 땅에 오시려고 하자, 갖은 수를 써서 예수님의 탄생을 막으려고 했으나 실패했다. 예수님의 공

생애사역 동안에도 갖은 방법으로 예수님의 지상사역을 막으려 했지만 모두 다 수포로 돌아갔으며, 예수님을 십자가에 못박혀 죽게 함으로써 마귀는 그들의 승리를 잠시 자축했지만 예수님께서 부활하심으로써 마귀의 머리를 깨뜨리신 것이다. 예수님께서는 마귀가 상상도 하지 못한 방법으로 하나님의 비밀의 경륜을 따라 인자로서 지상사역과 지하사역을 마치시고 승천하셨고 그때 예수님의 천상사역의 서막을 알리는 큰 전쟁이 있었다.

[계 12:7-9] 하늘에 전쟁이 있으니 미가엘과 그의 사자들이 용과 더불어 싸울새 용과 그의 사자들도 싸우나 이기지 못하여 다시 하늘에서 그들이 있을 곳을 얻지 못한지라 큰 용이 내쫓기니 옛 뱀 곧 마귀라고도 하고 사탄이라고도 하며 온 천하를 꾀는 자라 그가 땅으로 내쫓기니 그의 사자들도 그와 함께 내쫓기니라

"장차 철장으로 만국을 다스릴 남자"(계 12:5)라고 지칭된 예수님께서 하늘로 승천하실 때 미가엘과 그의 사자들, 용과 그의 사자들 사이에 전쟁이 있었고, 그 전쟁에서 승리하심으로써 마귀와 그 졸개들은 더 이상 하늘에 있지 못하고 땅으로 완전히 쫓겨나게 되었다. 마귀는 그 전에 이 땅과 하늘을 왔다갔다 했지만 더 이상 하늘에 오를 수 없게 된 것이다.

[사 14:12-15] 너 아침의 아들 계명성(루시퍼)이여 어찌 그리 하늘에서 떨어졌으며 너 열국을 엎은 자여 어찌 그리 땅에 찍혔는고 네가 네 마음에 이르기를 내가 하늘에 올라 하나님의 뭇 별 위에 내 자리를 높이리라 내가 북극 집

회의 산 위에 앉으리라 가장 높은 구름에 올라가 지극히 높은 이와 같아지리라 하는도다 그러나 이제 네가 스올 곧 구덩이 맨 밑에 떨어짐을 당하리로다

우리는 예수님의 공생애사역 동안에 하신 말씀을 통해서도 이 사실을 알 수 있다.

[눅 10:17-18] 칠십 인이 기뻐하며 돌아와 이르되 주여 주의 이름이면 귀신들도 우리에게 항복하더이다 예수께서 이르시되 사탄이 하늘로부터 번개같이 떨어지는 것을 내가 보았노라

이 결과로 마귀는 더 이상 하나님 보좌 앞에서 인간을 참소하지 못하게 되었지만, 이 땅에 쫓겨 내려왔고, 자신의 때가 얼마 남지 않은 것을 알기에 최후의 발악으로 모든 수단과 방법을 동원해서 인간을 도둑질하고 죽이고 멸망시키고자 한다. 이것이 바로 오늘날 예수님의 초림과 재림 사이, 즉 성경이 말하는 '종말'(마지막 때)을 살아가고 있는 우리가 처한 상황이다.

[계 12:10-12] 내가 또 들으니 하늘에 큰 음성이 있어 이르되 이제 우리 하나님의 구원과 능력과 나라와 또 그의 그리스도의 권세가 나타났으니 우리 형제들을 참소하던 자 곧 우리 하나님 앞에서 밤낮 참소하던 자가 쫓겨났고 … 그러므로 하늘과 그 가운데에 거하는 자들은 즐거워하라 그러나 땅과 바다는 화 있을진저 이는 마귀가 자기의 때가 얼마 남지 않은 줄을 알므로 크게 분내어 너희에게 내려갔음이라 하더라

생각해보라. 구약에는 마귀와 악한 영에 대한 이야기가 거의 없지만, 신약에 와서 갑자기 마귀와 악한 영에 대한 이야기가 폭발적으로 늘어났다. 왜일까? 구약에는 마귀와 악한 영이 없었는가? 그렇지 않다. 예수님께서 이 땅에 오신 이유가 마귀의 일을 멸하시기 위해서이고, 예수님께서 십자가를 지신 후 부활 승천하셔서 마귀와 그 졸개들을 땅으로 쫓아내셨기 때문이다. 그리고 하나님의 자녀들이 다시 영적 존재가 됨으로써 그들의 실체가 드러나게 되었기 때문이다.

예수님께서 승천하신 다음에는 하늘에서 땅으로 완전히 쫓겨난 마귀와 그 졸개들이 본격적으로 하나님의 자녀들을 도둑질하고 죽이고 멸망시키고자 한다. 예수님께서 승천하심으로써 오순절 이후부터 예수님의 재림 때까지, 이 땅에서는 분을 품은 마귀와 그 졸개들과 하나님의 자녀들의 싸움이 지속적으로 일어나게 될 것이다. 지금 우리는 알든 모르든 영적 전쟁의 한복판에서 살고 있는 것이다. 우리가 비록 구원을 받았지만 지금 예수 그리스도 안에서, 혹은 예수 그리스도 밖에서 마귀의 시험을 당하고 있는 것이다. 그것을 깨달은 자는 예수 그리스도의 이름으로 그들을 무력화시킬 수 있지만, 그렇지 못한 자는 마귀의 통치 아래 살 수밖에 없다.

2 예수님의 승천으로 하나님의 구원과 능력과 나라가 이루어지게 되었다

예수님께서 이 땅에 오셔서 인간의 죄를 사하시고, 마귀의 일을 무력화시키시고, 십자가에서 죽으시고 부활하셔서 사망과 음부의 열쇠를 되찾으시고, 하늘로 들려 올라가셔서 마귀를 이 땅에 내쫓으심으로써 마침내 하나님께서 만세 전부터 예비하신 하나님 속에 감추어졌던 비밀의 경륜인 인간의 구원, 하나님의 권능과 그의 나라가 회복된 것이다. 그렇다면 왜 하나님의 구원과 능력과 나라가 지금까지 제한되었는가? 자녀들이 죄를 지어서 그들에게 위임되었던 통치권이 마귀에게 넘어갔기 때문이다. 또한 마귀의 일을 멸하기 위해서는 먼저 인간의 죄 문제를 해결해야 하기 때문이다. 그런데 마침내 예수님께서 하늘로 올라가심으로써 또한 예수 그리스도 안에 거할 하나님의 자녀들에 의해서 보이는 세계뿐만 아니라 보이지 않는 세계에서도 이 모든 것이 회복된 것이다. 예수님의 십자가 대속과 성령님을 통하여 우리를 구원하실 수 있게 되었다. 하나님의 자녀를 통하여 다시금 이 땅에 하나님의 뜻을 이룰 수 있게 되었다. 그리고 자녀들이 하나님의 통치를 받음으로써 이 땅에 그분의 영광을 드러낼 수 있게 된 것이다.

3 그리스도의 권세가 나타나게 되었다

[엡 1:20-21] 그의 능력이 그리스도 안에서 역사하사 죽은 자들 가운데서 다시 살리시고 하늘에서 자기의 오른편에 앉히사 모든 통치와 권세와 능력과 주권과 이 세상뿐 아니라 오는 세상에 일컫는 모든 이름 위에 뛰어나게 하시고

[빌 2:8-10] 사람의 모양으로 나타나사 자기를 낮추시고 죽기까지 복종하셨으니 곧 십자가에 죽으심이라 이러므로 하나님이 그를 지극히 높여 모든 이름 위에 뛰어난 이름을 주사 하늘에 있는 자들과 땅에 있는 자들과 땅 아래에 있는 자들로 모든 무릎을 예수의 이름에 꿇게 하시고

[벧전 3:22] 그는 하늘에 오르사 하나님 우편에 계시니 천사들과 권세들과 능력들이 그에게 복종하느니라

성자 하나님은 처음부터 하나님과 함께하셨고, 말씀으로 피조세계를 창조하신 창조주이시고, 지금도 말씀으로 천지만물을 붙들고 계시는 분이다. 그런데 천상의 존재인 마귀의 반역으로 하나님이 창조하신 인간들이 죄를 짓고 타락하게 되었다. 그리고 마귀는 보좌 앞에서 하나님을 대적할 뿐만 아니라 이 땅에 그들의 왕국을 만들어 통치하고 인간들도 하나님을 대적하게 만들었다. 그리고 하나님의 자녀인 인간들이 영생은커녕 영원한 죽음 속에 들어가도록 했다.

그렇다면 예수 그리스도께서 행하신 일들을 통전적으로 생각해보라. 그분은 마귀의 일을 멸하고, 하늘과 땅 위와 땅 아래 있는 모든 것들 그리고 이 세상뿐만 아니라 오는 세상의 모든 자들이 예수의 이름 앞에 무릎을 꿇게 하시고, 우주의 통치 권세를 회복시키셨다. 그리고 하나님에 대한 회개와 예수 그리스도의 믿음을 통하여 인간을 구원하시고 지금 하나님의 자녀들 안에 계시는 것이다. 그들로 하여금 이 땅에서 마귀의 일을 멸하고 하나님의 뜻을 이루도록 하신 것이다. 결국 성육신하신 예수 그리스도의 사역은 단지 이 땅의 사역만이 아니었다. 그분은 이 땅과 땅 아래 그리고 하늘에서 사역을 행하셨다. 단지 인간을 대상으로 한 사역만이 아니었다. 하나님을 대적하고 인간을 타락시킨 마귀와 그 졸개에 대한 심판도 함께하신 것이다.

그렇다면 그리스도의 몸 된 이 땅의 교회는 무엇인가?

예수님은 이 모든 일이 이루어져야 할 것을 알고 계시는 성자 하나님이시다. 그래서 예수님께서는 지상사역 때 이미 제자들에게 그분의 사역을 요약해서 이렇게 말씀하셨다.

[마 16:18-19] 또 내가 네게 이르노니 너는 베드로라 내가 이 반석 위에 내 교회를 세우리니 음부의 권세가 이기지 못하리라 내가 천국 열쇠를 네게 주리니 네가 땅에서 무엇이든지 매면 하늘에서도 매일 것이요 네가 땅에서 무엇이든지 풀면 하늘에서도 풀리리라 하시고

"이 반석 위에 내 교회를 세우리니"(하나님나라의 도래로 땅의 권세를 회복시키심) : 주의 백성이 예수 그리스도의 이름으로 땅의 권세를 물리칠 수 있게 되었으며, 그 결과로 마귀의 계략과 전략이 무력화되었다. 따라서 교회를 통하여 하나님나라의 복음이 모든 민족에게 전해지고, 하나님의 친백성들이 더 많이 세워지고, 주의 통치가 이 땅에 나타나게 되었다.

"음부의 권세가 이기지 못하리라"(죽음에서 부활하심으로 땅 아래의 권세를 회복시키심) : 그 결과 사망과 음부의 열쇠를 가지신 예수 그리스도 안에 있는 자녀들이 더 이상 음부와 둘째 사망에 처하지 않도록 하셨으며, 마귀가 더 이상 음부의 권세를 누리지 못하게 하셨다(죽음이 인간을 사로잡지 못하게 되었다). 따라서 믿는 자는 더 이상 죽음을 두려워하지 않게 되었으며, 그 영혼이 천국에 가는 것을 알게 되었다.

"내가 천국 열쇠를 네게 주리니"(하늘의 모든 통치와 권세와 주권을 무릎 꿇게 함으로써 하늘의 권세를 회복하심) : 되찾은 천국 열쇠를 우리에게 주심으로써 우리가 하나님나라로 들어갈 수 있고, 또한 그분의 권세와 능력으로 이 땅에 마귀의 일을 멸하고 하나님의 뜻을 이룰 수 있게 된 것이다.

얼마나 놀라운 말씀인가? 앞서 살펴본 에베소서 3장 9-11절의 말씀처럼 하나님 속에 감추어졌던 비밀의 경륜이 무엇인지를 이 말씀을 통해 드러내신 것이다. 이는 이제 하나님의 친백성인 교회로 말미암아 하늘에 있는 통치자들과 권세들(하나님을 대적한 타락한 천상의 존재들)이 하나님의 뜻이 무엇인지를 알고 교회의 통치함을 받도록 한 것이다. 이것이 바로 하나님께서 영원 전부터 우리 주 그리스도 예수 안에서 예정하신 뜻을 이루시는 것이고, 우리가 예수 그리스도 안에서 매일 직면하는 영적 전쟁의 핵심이다. 예수님의 사역과 예수 그리스도 안에서의 영적 권세의 회복은 불가분의 관계를 가진다. 우리가 예수님의 죽음과 부활에 연합함으로써 구원을 받았다면, 그분의 승천 후 우리 안에 계신 예수 그리스도와도 연합함으로써 구원을 이루어갈 수 있다고 성경은 말한다. 얼마나 놀라운 특권인가!

[엡 2:6] 또 함께 일으키사 그리스도 예수 안에서 함께 하늘에 앉히시니

[막 16:20] 제자들이 나가 두루 전파할새 주께서 함께 역사하사 그 따르는 표적으로 말씀을 확실히 증언하시니라

우리는 지금 어떤 예수님과 관계하며 살아가고 있는가? 이 땅에 오신 예수님, 죽으시고 부활하신 예수님, 아니면 승천하신 예수님인가? 그렇지 않다. 우리가 지금 예수 그리스도 안에서 예수 그리스도의 이름으로 살아가는 것은 땅과 땅 아래, 하늘 그리고 이 세상과 오는 세상의 모든 자의 무릎을 꿇게 한 그 권세를 누리며 살아가는 것이다. 경이롭고 신비하고 상상할 수 없는 특권이다. 그런데 안타깝게도 하나님나라의 복음을 알지 못하는 자는 마귀의 거짓말에 속아 지금도 2천 년 전 이 땅에 인자로 오신 예수 그리스도를 믿는 믿음으로 살아가고 있다.

마귀와 그 졸개들은 그리스도인들에게 어떤 전략과 계략을 쓰고 있는가?

오늘날 그리스도인들의 신앙생활에서 가장 안타까운 사실은 살아가면서 마귀의 존재를 의식하지 못할 뿐만 아니라 그들의 궤계를 알지 못하고 있다는 것이다. 그들은 치밀한 전략(strategy)과 계략(scheme)을[32] 가지고 마지막 때가 가까워질수록 그리스도인들을 더 교묘하게 유혹하고 시험하고 속이고 참소한다. 그들의 전략은 바로 왜곡되고 변질된 말씀과 거짓자아의 믿음을 통하여 우리를 도둑질하는 것이고, 계략은 보이는 세계의 실체에 대한 생각을 우리에게 끊임없이 집어넣는 것이다. 그렇게 함으로써 우리의 혼이 세상에 대한 자신의 생각과 감정

---

32 마귀의 궤계는 전략과 계략으로 나누어 설명할 수 있다. 전략(strategy)은 전쟁에서의 승리를 위해 여러 전투를 계획·조직·수행하는 방책을 말하며, 계략(scheme)은 어떤 일을 이루기 위한 꾀나 수단을 의미한다. 마귀의 전략은 복음을 하나님과 죄와 예수 그리스도와 우리의 관계로 설정함으로써 자신을 숨기는 것이다. 계략은 우리로 하여금 하나님과 분리된 존재로 보이는 세계에 묶인 삶을 살도록 하는 것이다.

을 붙들어 자신과 동일시함으로써 몸의 종노릇에서 벗어나지 못하게 하고 세상신인 자신의 통치 아래에 두는 것이다.

도둑질한다는 것은 자신의 정체를 들키지 않고 몰래 한다는 뜻이다. 그래서 사탄과 귀신은 자신들이 이 세상을 통치하고, 사람들의 생각과 감정에 영향을 미침으로써 도둑질하고 죽이고 멸망시키려는 것을 그들이 알지 못하도록 하고 있다. 마귀는 인간들로 하여금 자신의 삶을 하나님의 통치와 마귀의 통치의 관점에서 보지 못하도록 속인다. 그리고 단지 예수를 믿기만 하면 구원받을 수 있다고 생각하도록 만들고 자신들에 대해서는 함구하기를 원한다. 성령에 관심을 가지면 신비주의자가 된다고 말하는 것처럼, 마귀나 귀신에 대해서 이야기하면 어두움에 빠진다고 말한다. 그들은 멸망하기 전에 한 생명이라도 더 지옥에 보내기를 원한다.

마귀와 그 졸개들은 '흙'이라는 땅에 속한 인간의 육적 성품을 먹고 산다. 하나님의 영의 인도함을 받지 못하는 그리스도인들의 혼과 몸을 통치하고 도둑질한다. 그들 안에 들어와 그들의 삶을 파괴시키는 것이 마귀와 그 존재들의 삶(존재 이유이자 그들의 수준에서는 최고의 낙이다. 하나님의 마음을 가장 아프게 하는 것이기 때문에)이 된 것이다. 우리가 자신의 생각과 감정대로 살아갈 때 마귀의 통치를 받게 된다. 마귀는 할 수만 있다면 모든 수를 동원해서 자신들의 정체를 드러내지 않고, 혼과 생각과 감정을 통한 거짓자아의 삶을 통해서 인간을 타락시키고, 관계를 깨고, 육체가 병들게 하고, 죽음으로 몰아간다. 인간들로 하여금 환경 때문에, 상황 때문에, 다른 사람 때문에 그럴 수밖에 없다는 식으로 생각하도록 속이는 것이다.

결국 마귀는 우리가 단지 예수 그리스도를 믿는 것에 크게 개의치 않는다. 하지만 예수 그리스도 안에서 그분을 나타내는 삶을 살려고 할 때는 기를 쓰고 방해한다. 존재적 변화 없이 삶의 변화만을 꾀하도록 하는 것이 마귀의 고도의 전략이다. 그것이 신앙생활이라고 믿게 하고 우리의 열심, 거룩함이나 헌신이 부족해서 삶의 변화가 없는 것처럼 속이는 것이 그들의 계략이다. 우리가 육적인 삶을 살게 함으로써 대상, 물질, 사건 등에 힘이 있는 것처럼 속이고, 마치 그 자체가 가지고 있는 힘인 양 속이는 것이다. 그러나 우리가 예수 그리스도 안에 거하면 마귀는 더 이상 아무런 힘을 가지지 못하게 됨을 알아야 한다. 그들은 지금까지 우리를 속임으로써 예수님께서 다시 회복하신 위임된 통치권을 우리가 깨닫지 못하도록 하여 그 통치권을 사용하지 못하게 하고 있는 것이다.

마귀는 어떻게 우리에게 접근하는가? 마귀가 인간을 공격하는 핵심 루트는 바로 우리의 혼(의지)과 몸(생각, 감정, 신체)이다. 그들은 거짓, 속임, 유혹, 시험, 참소로 우리를 시험에 들게 한다. 그리고 우리가 지은 죄에 대한 죄책감과 삶에 대한 불안과 두려움을 통해서 들어온다. 그 결과로 신체의 질병을 일으키기도 한다.

[잠 4:23] 모든 지킬 만한 것 중에 더욱 네 마음을 지키라 생명의 근원이 이에서 남이니라

[잠 25:28] 자기의 마음을 제어하지 아니하는 자는 성읍이 무너지고 성벽이 없는 것과 같으니라

문제는 누가 마음을 지키느냐에 달려 있다. 거짓자아인가? 아니면

그리스도이신가? 그들은 단순히 생각과 감정을 통해서 들어오는 것이 아니라 이미 세상풍조와 인간의 유전으로 만들어진 부정적 믿음체계와 사고방식을 통한 생각과 감정을 통해서 들어온다. 하나님의 영이 떠남으로써 우리는 죄책감과 두려움을 가지고, 결핍과 부족감에 시달리고, 공허함과 상실감을 가지게 된다. 따라서 이러한 믿음체계는 부정적인 사고방식과 더불어 인지 왜곡을 만든다. 예를 들어, 확증편향, 속단, 편협한 사고(좁은 시야와 집중), 극단적 사고(최악의 상황 떠올리기), 완벽주의 사고, 부정적 넘겨짚기, 비난 등이다. 이러한 인지 왜곡의 반복은 자동적 사고패턴을 형성하게 되고, 스스로 가능성과 선택권을 줄이고, 주위 환경에 대한 통제력을 상실하게 한다. 그리고 부정적인 태도와 행동을 만들게 된다.

하나님의 자녀인 우리는 어떻게 살아야 하는가?

하나님 자녀의 삶은 현실에 대해서 있는 그대로의 실재에 기초해야 하고(현실에 대한 자신의 생각대로가 아니라), 진리에 기초해야 하고, 하나님의 힘에 기초해야 한다. 그렇지만 거짓자아로서는 결코 이러한 삶을 살 수 없다. 왜냐하면 그렇게 된 것이 바로 하나님과 분리된 거짓자아로부터 출발되었기 때문이다.

첫째, 우리가 있는 그대로의 현실을 받아들이기 위해서는 거짓자아, 즉 생각이 곧 나이고, 내 생각이 진실이라고 굳게 믿고 있는 거짓자아를 부인하고, 자신이 이미 하나님의 자녀, 즉 영적 존재라는 것을 알고, 거짓자아를 날마다 십자가에 못 박아야 한다. 그렇게 함으로써 이제는 내가 사는 삶이 아니라 내 안에 계신 그리스도께서 사시는 삶을 살아야 한다(갈 2:20).

[골 1:13] 그가 우리를 흑암의 권세에서 건져내사 그의 사랑의 아들의 나라로 옮기셨으니

둘째, 그렇게 하기 위해서는 자기를 부인하고 자기 십자가를 짐으로써 세상의 대상과 물질과 상황에 대해서 자유로워야 한다. 즉 자유의지를 가진 혼이 하나님의 영 안에 거함으로써 모든 물질과 대상을 있는 그대로 받아들일 줄 알아야 한다. 그럴 때 언제나 있는 그대로의 나와 세상이 온전함을 알게 된다. 생각 이전의 내 존재를 의식해보라. 지금의 내(거짓자아)가 없어진다면 무슨 문제가 있겠는가?

[롬 8:7-8] 육신의 생각은 하나님과 원수가 되나니 이는 하나님의 법에 굴복하지 아니할 뿐 아니라 할 수도 없음이라 육신에 있는 자들은 하나님을 기쁘시게 할 수 없느니라

셋째, 그리스도 안에 있는 자는 세 차원의 비밀을 알고 누려야 한다. 그것은 바로 "나라가 임하시오며 뜻이 하늘에서 이루어진 것같이 땅에서도 이루어지이다"의 비밀이다. 영의 세계에 있는 자는 보이지 않는 세계에서 말씀대로의 실상을 가짐으로써 보이는 세계에 실체를 보거나 만들어간다는 것이다.

넷째, 예수 그리스도의 핏값으로 죄사함을 받고, 그분 안에서 하나님의 의가 되어 새로운 피조물이 된 자는 예수님께서 행하셨던 것처럼 동일하게 행하는 삶을 살아야 한다(요일 2:6). 즉 예수 그리스도 안에서

성령의 인도함을 받아 하나님의 통치를 경험하고 하나님의 통치를 이 세상에 나타내야 한다. 어떻게 그렇게 할 수 있는가? 그것은 바로 예수 그리스도 안에서 예수 그리스도의 이름을 살아가는 것이다.[33] 지상 최고의 무기는 바로 예수 그리스도의 이름이다.

> [요 15:16] 너희가 나를 택한 것이 아니요 내가 너희를 택하여 세웠나니 이는 너희로 가서 열매를 맺게 하고 또 너희 열매가 항상 있게 하여 내 이름으로 아버지께 무엇을 구하든지 다 받게 하려 함이라

> [요일 2:6] 그의 안에 산다고 하는 자는 그가 행하시는 대로 자기도 행할지니라

다섯째, 사탄은 이미 패배했지만, 아직 전투가 끝난 것은 아니다. 지금 우리가 살고 있는 현재적 하나님나라에서는 법적으로는 우리에게 하나님의 통치가 이루어졌지만[법적으로 이미 승리한 영적 전쟁이지만(D-Day)], 현실적으로는 전투를 통해서 이겨야 한다. 이미 승리한 전쟁을 실현시키기 위해 날마다 영적 전투를 해나가야 한다(V-Day).[34] 그래서 우리는 예수 그리스도 안에서 깨어 있어야 하고, 능력을 받아야 하고, 말씀대로 생각하고, 느끼고, 말하고, 행동함으로써 주의 뜻을 이루어가야 한다. 우리는 예수 그리스도 안에서 이미 승리한 전쟁을 예수님

---

33 이 진리는 복음을 누리는 핵심이지만 여기에서 다루기에는 너무나 방대하다. 이 부분에 대한 구체적인 내용은 《하나님나라에서 예수 그리스도의 이름으로 사는 자》(규장)를 보라.

34 D-day와 V-day에 대한 더 구체적인 내용은 《수수께끼 같던 영혼몸의 비밀이 풀린다》(규장) 58-63쪽을 참고하라.

께서 재림하실 때까지 싸워야 한다.

[약 4:7] 그런즉 너희는 하나님께 복종할지어다 마귀를 대적하라 그리하면 너희를 피하리라

[요일 4:4] 자녀들아 너희는 하나님께 속하였고 또 그들을 이기었나니 이는 너희 안에 계신 이가 세상에 있는 자보다 크심이라

여섯째, 예수님께서 재림하실 때까지 우리는 여전히 마귀의 통치 아래 살게 되겠지만, 우리가 하나님나라 안에 있으면(우리의 혼이 하나님의 영 안에 거하면, 예수 그리스도 안에 거하면) 보이지 않는 세계를 통치함으로써(고후 4:18), 보이는 세계도 통치할 수 있게 된다. 그래서 믿음의 선한 싸움을 이루어가야 하는 것이다. 이것이 바로 예수님께서 우리를 세상에 보내신 이유이다. 이제는 시공간 안에서 인과법칙에 준하는 세상적 사고방식으로 하나님나라를 보는 것이 아니라 영원한 현존의 영적 세계, 시공간을 초월한 보이지 않는 초양자장세계 그리고 보이는 물질과 대상세계라는 세 차원적 관점에서 보아야 한다.

결론

오순절 성령강림 이후로부터 (1) 예수 그리스도 안에 있는 자를 통하여 하나님의 통치가 다시 이루어졌다. (2) 교회시대가 열렸다. (3) 그럼에도 불구하고 사탄의 통치는 여전하다. (4) 이 세상은 빛과 어둠의 전쟁터이다. 마귀와 그 졸개들은 자신들의 때가 얼마 남지 않은 것을

알고 이 땅에 두루 다니며 최후의 발악을 하고 있다. 그러나 예수 그리스도의 죽으심과 부활 승천 그리고 또 다른 보혜사 성령님을 우리에게 보내주심으로써 마침내 이 땅에 교회가 생겨나게 되었고, 하나님의 비밀의 경륜이 예수 그리스도 안에 있는 자녀들을 통하여 이 땅에서와 이 땅을 통치하고 있는 마귀와 그 졸개들에게 나타나게 된 것이다.

복음이 하나님의 통치라는 것을 깨닫고 체험할 때, 영적 전쟁에 대해 비로소 올바른 이해를 가지게 된다. 우리는 흔히 에베소서 6장의 말씀을 보고, 영적 전쟁은 내가 전신갑주를 입고 보이지 않는 세력들과 싸우는 것이라고 생각한다(엡 6:10-18). 그렇기 때문에 영적 전쟁을 제대로 이해해야 한다.

(1) 영적 전쟁의 본질은 하나님의 자녀가 사탄과 귀신들을 대적하는 것이 아니다.

(2) 영적 전쟁의 본질은 사탄이 눈에 보이지 않는 세계의 통치권을 가지고 인간들로 하여금 하나님의 말씀에 순종하지 못하게 함으로써 인간이 하나님의 통치를 이루지 못하도록 하는 것이다.

(3) 그 결과로 사탄은 하나님의 자녀와 이 땅에 대한 통치를 자신들이 행사하고자 하는 것이다.

(4) 따라서 이 전쟁에서 가장 중요한 일은 물과 성령으로 거듭나 예수 그리스도 안에 있는 하나님의 자녀들이 다시 하나님의 말씀에 순종하는 것이고(하나님의 말씀대로 생각하고 느끼고 말하고 행동하는 것이고), 사탄의 말에 불순종하는 것이다(하나님의 말씀이나 보이는 세계에 대한 자신의 생각과 감정대로 말하고 행동하지 않는 것이다).

왜 주의 말씀에 순종해야 하는가? 예수님께서 우리의 죄를 사해주셨기 때문에 우리가 거룩한 삶을 살아야 한다는 것인가? 그것은 반쪽만 맞는 이야기이다. 나머지 반쪽은 우리가 다시 하나님의 통치를 나타내야 하기 때문이다. 그런데 안타깝게도 우리의 몸(생각, 감정, 신체)이 하나님의 통치를 경험하는 것이 무엇인지도 모른 채, 예수 그리스도의 이름으로 마귀와 귀신을 내쫓겠다고 영적 전쟁을 벌이는 일이 비일비재하다(약 4:7). 그것은 전신갑주를 입지 않고 전쟁터에서 싸우는 것과 같다.

(5) 우리가 매일 접하는 실제적인 영적 전쟁은 우리의 마음과 심중의 차원에서 일어나고 있으며, 그 핵심은 자유의지를 가진 혼을 누가 차지할 것인가에 대한 싸움이다. 사탄은 타락한 영적 존재이기 때문에 어둠에 거하면서 하나님의 영의 인도함을 받지 못하는 인간의 몸을 먹고 산다. 구원받지 못한, 타락한 죄성과 거짓자아로부터 나오는 생각, 감정, 신체를 먹고 산다는 것이다. 그렇기 때문에 거짓자아로부터 벗어나 그리스도 안에 들어가야 하며, 거짓자아에 묶이지 않고 하나님의 영의 인도함을 받는 혼의 구원이 그토록 중요한 것이다. 트로이 목마처럼 내 몸 안에 마귀의 성품으로 지어진 견고한 진이 있다면, 어떠한 놀라운 진리를 깨닫고 체험했든지, 어떤 영적 은사나 기름부으심이 있든지 간에 영적 전쟁에서 백전백패할 수밖에 없다.

[벧전 2:25] 너희가 전에는 양과 같이 길을 잃었더니 이제는 너희 영혼(헬, 프쉬케)의 목자와 감독 되신 이에게 돌아왔느니라

[벧전 4:19] 그러므로 하나님의 뜻대로 고난을 받는 자들은 또한 선을 행하는 가운데에 그 영혼(헬, 프쉬케)을 미쁘신 창조주께 의탁할지어다

적용

마귀와 그 졸개들은 눈에 보이지 않지만 지금 우리 주위에 항상 존재하며 우리를 도둑질하고 있다. 좀 더 정확하게 말하면, 그들은 거짓자아에 의해서 만들어진 거짓된 믿음체계와 사고체계 안에 생각들로 지어진 견고한 진과 감정들로 만들어진 상처와 쓴 뿌리 속에 똬리를 틀고 있다. 그들의 통치 전략은 (1) 우리를 하나님과 분리시킨 상태로 신앙생활을 하도록 부추기고 (2) 우리 스스로 주인이 되어 주의 말씀을 가지고 선과 악 그리고 옳고 그름을 판단하게 하고 (3) 우리로 하여금 하나님의 형상담지자(형상을 따라 모양대로 지음을 받은 자)로 이 땅에 하나님을 나타내기보다 돈, 사람, 명예, 신분 등 다른 우상을 섬기도록 하고 (4) 우리의 신체도 공격하지만, 먼저 거짓, 미혹, 속임, 유혹, 참소 등으로 세상에 기초한 생각과 감정을 만들어 그것에 내 존재가 묶이도록 하는 것이다. 따라서 영적 전쟁은 단순히 내가 하나님의 말씀에 순종하는 것이 아니라 그 반대로 하나님의 통치가 내 몸에 이루어지는 것이다. 그것은 거짓자아를 포기할 때 영이요 생명이신 주의 말씀이 내 몸에 경험되어지는 것이다.

우리에게 하나님나라가 임했다는 것, 즉 하나님의 통치가 임했다는 것은 우리가 예수 그리스도 안에서 성령의 인도함을 받는다는 것이다.

(1) 하나님의 영이 임하심으로 하나님과 하나됨을 경험하는 것이다(예수 그리스도 안에서 하나님의 의가 되는 것이다).

(2) 내 몸이 하나님의 생명의 말씀을 체험하는 것이다. 즉 내(거짓자아)가 말씀을 믿는 것이 아니라, 말씀이 내 생각과 감정과 신체가 되는 것이다.

(3) 우리의 생각, 감정, 신체, 태도, 행동 모두가 하나님의 의의 병기가 되는 것이다.

(4) 그리고 우리의 모든 행동과 삶을 통하여 하나님의 지혜, 능력, 성품이 이 땅에 나타나도록 하는 것이다.

[롬 6:13] 또한 너희 지체를 불의의 무기로 죄에게 내주지 말고 오직 너희 자신을 죽은 자 가운데서 다시 살아난 자 같이 하나님께 드리며 너희 지체를 의의 무기로 하나님께 드리라

[고후 10:3-5] 우리가 육신으로 행하나 육신에 따라 싸우지 아니하노니 우리의 싸우는 무기는 육신에 속한 것이 아니요 오직 어떤 견고한 진도 무너뜨리는 하나님의 능력이라 모든 이론을 무너뜨리며 하나님 아는 것을 대적하여 높아진 것을 다 무너뜨리고 모든 생각을 사로잡아 그리스도에게 복종하게 하니

V 더 깊은 묵상을 위한 질문들

(1) 감추인 하나님의 비밀의 경륜은 무엇인가?

(예수 그리스도의 초림을 통한 현재적 하나님나라 복음의 실현과 재림을 통한 미래적 하나님나라의 실현이다.)

(2) 하나님의 비밀의 경륜과 교회는 어떤 관계를 가지고 있는가?

(엡 3:9-11과 마 16:18-19을 함께 묵상해보라.)

(3) 하나님의 비밀의 경륜을 실현시키기 위해서 예수님께서 행하신 일들의 의미는 무엇인가?

(마귀의 통치를 멸하심으로 땅과 땅 아래 그리고 하늘의 권세를 회복하신 일들을 묵상해보라.)

(4) 하나님나라의 비밀을 통전적으로 볼 때 나는 누구인가?

(하나님의 자녀인 우리는 지금 이 땅에 오신 예수 그리스도를 믿는 자가 아니라 인자로 오셔서 죽으시고 부활하시고 승천하신 예수 그리스도 안에 존재하는 자이다.)

(5) 우리가 구원을 받았다면 영원한 구원을 이룬 것인가?

(하나님나라의 관점에서 볼 때 우리가 구원을 받았다는 것은 타락 전 아담과 하와와 동일한 상태에 놓여 있는 것이다. 즉 우리는 여전히 마귀의 시험 가운데서 살아가고 있다. 따라서 우리는 마귀의 일을 멸하신 예수 그리스도 안에서 혼의 구원을 이루어가는 삶을 살아야 한다.)

(6) 현실과 달리 성경은 왜 우리가 이미 승리한 삶을 살고 있다고 말하는가?

(예수 그리스도 안에서 예수 그리스도의 이름으로 살기 때문이고, 그 예수님은 만유의 통치자이시기 때문이다. 문제는 우리가 이 진리를 깨닫고 예수 그리스도 안에서 보이는 세계가 아니라 보이지 않는 세계의 통치권을 회복하는 데 달려 있다.)

(7) 우리의 혼과 몸을 공격하는 사탄과 그 졸개들의 구체적인 전략이 무엇인가?

(마귀의 궤계는 그리스도인들로 하여금 하나님과 분리된 채로, 보이는 세상이 전부라고 믿게 하고, 자신이 판단한 선악 중 선을 택하게 하고, 자신이 악을 이길 힘이 없기 때문에 하나님을 의지하는 삶을 살도록 하는 것이다. 이것이 왜 문제가 되는가? 이에 대한 정확한 답을 얻기 위해서는 3부 7장의 "현재적 하나님나라 실현의 핵심원리를 깨달아라"의 내용을 참고하라.)

(8) 예수 그리스도의 이름으로 산다는 것이 무엇인지 묵상해보라.

(마가복음 16:17-20절과 요한계시록 1:18절, 베드로전서 3:22절, 요한복음 15:16절을 묵상해보라.)

05

하나님나라 비유의 코드를 해독하라

2천 년 전 예수님께서 하나님나라의 복음을 전하실 때 대부분 비유로 전하셨다. 왜냐하면 첫째, 아직 하나님의 생명이 없는 유대인들에게 하나님나라의 영적 세계를 알려줄 다른 방법이 없었기 때문이다. 그래서 예수님께서는 하나님의 창조의 결과물인 보이는 세계의 대상, 물질, 사건 등을 가지고 언어와 말로 비유적으로 설명하신 것이다. 둘째, 비유로 말씀하심으로써 하나님나라의 복음을 외인이 아닌 하나님의 자녀들만 깨달아 그들만이 킹덤 시크릿을 누리길 원하셨기 때문이다.

[마 13:10-13] 제자들이 예수께 나아와 이르되 어찌하여 그들에게 비유로 말씀하시나이까 대답하여 이르시되 천국의 비밀을 아는 것이 너희에게는 허락되었으나 그들에게는 아니되었나니 무릇 있는 자는 받아 넉넉하게 되되 없는 자는 그 있는 것도 빼앗기리라 그러므로 내가 그들에게 비유로 말하는 것은 그들이 보아도 보지 못하며 들어도 듣지 못하며 깨닫지 못함이니라

지난 장을 통해 예수님을 통한 하나님 통치의 대서사시(meta-narrative)를 통전적으로 보았기 때문에 이제는 예수님이 전하신 하나님나라의 비유를 차원적으로 봄으로써 킹덤 시크릿의 코드(code)를 좀 더 정확히 해독(decode)해보도록 하자.

하나님나라는 더 이상 비밀이 아니다

하나님나라는 하나님의 영의 통치이기 때문에 인간의 선험적 지식 또는 믿음[35]을 초월한다. 에너지의 투여에 기초한 인과법칙에 준하여 모든 것이 일어난다고 믿는 사고방식으로는 이해할 수 없다는 것이다. 따라서 하나님나라는 오순절에 성령님께서 구원받은 하나님의 자녀들에게 강림하시기 전까지는 모든 이에게 감춰진 비밀이었다. 진리의 영이자 계시의 영이신 성령님의 조명하심이 없이는 그 누구도 깨달을 수 없는 영적 세계의 비밀이었기 때문이다. 그래서 하나님께서는 예수 그리스도를 이 땅에 보내셔서 그 비밀의 경륜이 무엇인지 알도록 해주셨다. 그것이 바로 예수님께서 이 땅에 오신 이유이다.

예수님께서는 하나님 통치의 비밀을 알려주기 위해서 이 땅의 것을 가지고 비유로 설명하셨다. 그렇기 때문에 우리가 먼저 예수 그리스도 안에 들어가지 않고는, 성령님의 인도하심을 경험하지 않고는 그 비유를 이해할 수 없다는 것을 알아야 한다. 그런데 우리는 그 비유를 우리

35 선험적(先驗的) 지식(믿음)이라는 말은 인간이 타락 후 마귀의 통치 아래 육체에 기초한 삶을 살게 됨으로써 배움이나 지식이 없어도 부모의 유전, 세상 풍조, 초등학문 등을 통하여 자연스럽게 인지된 지식을 말한다. 거짓자아가 형성된 후로 모든 일들은 시공간이라는 제한 속에서 자신의 노력이나 에너지를 투여함으로써 그 과정과 결과가 인과법칙에 의해서 이루어진다고 믿고 있다.

의 선험적 지식 안에서(자신만의 말씀 해석 관점과 틀로써) 이해하고 해석하여 자신의 삶에 적용하고자 한다. 그러한 시도는 하나님나라의 복음과 아무런 상관이 없다는 것을 알아야 한다. 그러나 지금은 우리 안에 하나님의 영이 임하시고 예수 그리스도께서 우리 안에 계심으로 인하여 진리의 영이신 성령 안에서 하나님나라의 비밀을 깨닫고 누릴 수 있게 되었다.

> [고전 2:9-10] 기록된 바 하나님이 자기를 사랑하는 자들을 위하여 예비하신 모든 것은 눈으로 보지 못하고 귀로 듣지 못하고 사람의 마음으로 생각하지도 못하였다 함과 같으니라 오직 하나님이 성령으로 이것을 우리에게 보이셨으니 성령은 모든 것 곧 하나님의 깊은 것까지도 통달하시느니라

그런데 안타깝게도 구원받은 많은 이들이 아직도 하나님나라를 비밀로 여기고 있으며, 이 땅의 것으로 비유한 것을 가지고 풍유적으로 문자적으로 해석하며 보이는 세계에서 어떻게 살아야 하는지에 초점을 두고 있다. 이제는 하나님나라의 비밀을 주체의 관점, 차원의 관점, 영역의 관점을 통해서 세상과 나 그리고 삶을 새롭게 보고 하나님의 통치를 체험해야 한다.

하나님나라 비밀의 계시

하나님은 천지만물을 창조하실 때 보이지 않는 세계와 보이는 세계를 창조하셨다. 하나님나라, 즉 하나님의 통치는 영의 세계이며 보이지 않는 세계와 보이는 세계 모두를 통치하신다(골 1:16). 창세기에 하

나님께서 하늘들과 땅을 창조하셨다고 말씀하셨다. 이때 흔히 하늘들은 삼층천으로 이루어져 있으며, 일층천은 대기권 하늘(sky), 이층천은 해와 달과 별이 있는 우주 하늘(space) 그리고 삼층천은 하늘처소가 있는 영적 하늘(heaven)이라고 본다. 그러나 대기권의 확장이 우주이지, 그것을 차원으로 나눌 수 있는 것이 아니다. 대기권 하늘과 우주 하늘을 합쳐서 보이는 세계가 일층천이고 오감으로 인식될 수 없는 초양자장의 보이지 않는 세계가 이층천이다. 그리고 이 초양자장은 인간 심중의 생각과 연결되어 있음을 알아야 한다. 즉 혼의 생각과 감정으로 이루어진 정신세계(심중과 마음)가 초양자장과 연결되어 있는 것이다. 그리고 하나님께서 거하시는 곳이 바로 영적 세계인 삼층천이다(왕상 8:30 ; 시 11:4 ; 고후 12:2). 우리가 하나님나라의 비밀을 제대로 이해하기 위해서는 하나님의 통치의 이 세 차원을 알아야 한다.

우리는 2장에서 언급한 과학적 발견을 통하여 보이지 않는 세계가 양자 에너지장으로 이루어져 있음을 알게 되었다. 보이지 않는 세계에서의 실상이 없다면, 보이는 세계에 실체가 나타날 수가 없다. 그것을 성경적으로 설명하면, 뜻이 하늘에서 이루어진 것같이 땅에서도 이루어진다는 것이다(마 6:10 ; 히 11:3). 모든 인간은 알든 모르든 자신의 생각과 믿음으로 양자 에너지장에 연결되어 있으며, 이 양자 에너지장을 통해 현실에 관여하고 있다. 우리의 전통적 세계관으로는 이 양자물리학적 발견을 받아들이기 힘들지만, 성경에는 처음부터 하나님께서 인간을 그렇게 창조하셨다고 말한다.

하나님의 영 안에 혼이 거함으로써 하나님을 나타내는 존재인 인간은 영이요 생명인 주의 말씀대로 생각하고 느낌으로써, 보이지 않는 세계에 실상이 이루어지도록 했고, 그 결과로 그 실상에 따른 실체가 이 땅에 나타나도록 하셨다. 이 모든 말씀은 하나님 통치의 세 차원, 즉 영의 세계(spiritual realm), 비물질세계(the invisible/immaterial realm), 물질세계(the visible/material realm)에 대한 것이다. 예수님께서 전하신 하나님나라의 비유를 이 관점에서 보면 놀라운 비밀을 알게 될 것이다.

킹덤 시크릿의 핵심열쇠 : 주기도문

예수님께서는 성육신하셔서 하나님의 통치가 무엇이며 보이지 않는 세상이 무엇인지를 보여주셨다. 또한 우리가 예수 그리스도 안에서 깨어나 마귀가 통치하는 보이지 않는 세상을 다시 우리가 통치해야 한다고 말씀하셨다. 그것이 바로 하나님나라의 복음이다. 우리가 스스로 우리 자신의 마음으로부터 벗어나 초월의식을 가지는 것이 아니라, 하나님께서 만세 전부터 감추어져 있었던 새언약을 이루기 위해서 예수 그리스도를 보내주시고, 그분께서 우리 죄를 사하시고, 보혜사 성령님을 우리 안에 보내주심으로써 우리가 다시 영적 존재가 된 것이다. 우리 안에 임하신 하나님의 영으로 인하여 우리의 혼이 더 이상 몸의 종노릇하지 않고(두 차원의 삶을 살지 않고) 세 차원의 삶을 살도록 하신 것이다. 예수님께서 우리에게 가르쳐주신 하나님나라 복음의 핵심인 주기도문의 다음 한 구절에 이 놀라운 비밀이 다 담겨 있다. 이 구절이야말로 킹덤 시크릿의 핵심이며, 이를 깨달으면 하나님나라 비유의 비밀 코드를 해독할 수 있다.

[마 6:10] 나라가 임하시오며(영의 세계) 뜻이 하늘에서 이루어진 것같이(보이지 않는 세계 : 비물질세계인 초양자장) 땅에서도 이루어지이다(보이는 세계 :

물질세계)

"나라가 임하시오며" : 바로 물과 성령으로 거듭난 자가 하나님의 통치 안에 들어가는 것을 의미한다. 예수 그리스도로 말미암아 우리가 죄사함을 받고 하나님의 영이 임하심으로써 자유의지를 가진 혼은 더 이상 생각과 감정과 신체 즉 몸의 종노릇을 하지 않고, 하나님의 영 안에 거함으로써 하나님의 생명의 말씀을 나타내는 존재(예수 그리스도 안에서 그리스도 의식을 가진 존재)가 된다는 것이다. 그것이 바로 하나님나라(통치)가 임한다는 뜻이다.

"뜻이 하늘에서 이루어진 것같이" : 여기에서의 하늘은 물리적 공간(첫째 하늘)도 아니고, 하나님께서 계신 하나님 보좌(셋째 하늘)도 아니고, 하나님께서 창조하신 보이지 않는 세계, 즉 초양자장(둘째 하늘)을 의미한다. 초양자장은 비국소(非局所)성을 지니고 있으며, 아무것도 없지만 모든 것을 이룰 수 있는 현존의 세계이다. 우리가 그리스도 안에서 생명의 말씀대로 생각하고 느낄 때 초양자장은 그 믿음에 따라 양자얽힘(quantum entanglement)을 통하여 말씀에 따른 생각과 느낌대로의 실상을 이루게 되는 것이다. 실상은 물질세계에서 보이는 실체의 근원이 되는, 보이지 않는 비물질세계에서의 본질, 실재를 말한다. 하나님의 자녀가 생명의 말씀대로 생각하고 느낌으로써 이 비물질세계에 주의 말씀대로 이루어지는 실상을 붙들 때, 예수 그리스도 안에서 이루어졌다는 것을 뜻한다.

"땅에서도 이루어지이다" : 비물질세계의 실상에 대한 실체가 보이는 세계에 나타나게 된다는 것이다. 예수님께서는 우리가 지은 죄를 사하여주시기 위해서 십자가를 지시고, 하나님의 영을 보내주심으로써 우리로 하여금 다시 하나님의 영 안에 거하게 하시고, 우리의 혼이 하나님의 영 안에 거함으로써 다시 보이지 않는 세계에 말씀대로 이루어진 실상을 붙들게 하여, 그 결과로 보이는 세계에서 실체를 경험하도록 하셨다. 이것이 바로 예수 그리스도 안에서 하나님의 뜻을 이루는 삶을 산다는 것이다.

차원의 관점으로 풀리는 예수님의 가르침

예수님께서는 가시는 곳의 상황과 처지에 따라 다르게 말씀하셨지만, 하나님나라 비밀의 핵심은 동일한 것임을 알아야 한다. 어느 정도 신앙생활을 한 그리스도인이라면 여러 번 보았겠지만 잘 이해가 되지 않았던 다음 두 가지의 성경 구절을 살펴봄으로써 하나님나라 비밀의 핵심을 이해하는 열쇠인 차원의 관점에 대해 알아보자. 우선 다음 말씀을 마태복음 6장 10절과 비교해보자.

1 마가복음 11장 24절 (마태복음 6장 10절과 비교)

[막 11:24] 그러므로 내가 너희에게 말하노니 무엇이든지 기도하고 구하는 것은(현재) 받은 줄로(과거) 믿으라(현재) 그리하면 너희에게 그대로 되리라(미래)

"무엇이든지 기도하고 구하는 것은"(어디에서 구할 때 그렇게 되는가? - 나라가 임하시오며) : 이 구문(조건부 종속절)의 동사의 시제는 현재형이다. 어디에서 구하는가? 하나님의 통치 안에서 구하는 것이다. 우리는 우리 몸이 있는 이 땅에서 하늘에 계신 하나님께 구한다고 생각하지만 그렇지 않다. 우리는 지금 하나님나라 안에 거하는 영적 존재이다. 그렇다면 어떻게 기도하고 구해야 하는가? 영적 세계인 하나님나라에서 영이요 생명이신 말씀대로 보이지 않는 세계의 실상을 상상하고 생각하고 느끼는 것이다.

"받은 줄로 믿으라"(어디에서 이루어진 실상인가? - 뜻이 하늘에서 이루어진 것같이) : 이 구문(주절)의 동사의 시제는 과거형이다. 비록 아직 물질세계에서 보이는 실체로 나타나지 않았지만 이미 받은 것으로 믿으라는 것이다. 그 말은 어디에서 받았다는 것인가? 바로 보이지 않는 세계에서 받았다는 것을 의미한다. 믿음은 바라는 것들의 실상이고 보이지 않는 것들의 증거이다. 따라서 보이지 않는 세계에 실상이 없다면 보이는 세계에서 실체를 가질 수 없다. 그동안에는 거짓자아가 이 땅에 있는 실체를 붙드는 것이 믿음이라고 생각했지만 예수님께서 우리에게 말씀하신 믿음은 나의 믿음이 아니라 그리스도 안에 있는 믿음이다. 그것은 바로 하나님의 영 안에 있는 혼이 보이지 않는 세계에 존재하는 실상을 붙드는 것이다. 우리가 말씀대로 상상하고 느낄 때 그 실상이 만들어지는 것이다. 그 실상을 가진다는 것은 이미 받은 것과 같다는 것이다. 왜냐하면 보이지 않는 세계는 시공간을 초월한 세계이기 때문에 과거와 현재와 미래가 동시에 존재하는 곳이며, 우리의 믿음에 따라 양자 얽힘에 따른 비국소성으로 이미 가능태로 존재하기 때문이다. 우리가 온전한 실상을 가졌을 때 이미 받은 것에 대해서 하나님께 감사하고 영광을 올려 드려야 한다. 이것은 받은 것을 보이는 세상에서 체험하는 것이 아니라 보이지 않는 세계와 내 심중에서 이루어진 것을 마음으로 체험한다는 것이다.

"그리하면 너희에게 그대로 되리라"(어디에서 실체를 경험하게 되는가? - 땅에서도 이루어지이다) : 이 구문(결과절)의 동사의 시제는 미래형이다. 실상은 반드시 실체로 나타난다. 실상이 없는 실체는 존재할 수 없다. 따라서 우리는 보이는 실체에 묶이는 삶이 아니라 보이지 않는 실상에 초점을 두는 삶을 살아야 한다. 그럴 때 실체가 있는 곳으로 인도함을 받든지, 실체가 내게 다가오든지, 아니면 그 실체를 만들게 된다. 한 문장 안에 세 시제가 나온다는 것은 시간적 관점에서는 설명할 수 없다는 것을 의미한다. 오직 차원으로만 설명될 수 있기 때문에 우리는 하나님 통치의 세 차원을 이해해야 한다.

2 요한복음 15장 5-7절 (마태복음 6장 10,33절과 비교)

[요 15:5-7] 나는 포도나무요 너희는 가지라 그가 내 안에, 내가 그 안에 거하면 사람이 열매를 많이 맺나니 나를 떠나서는 너희가 아무 것도 할 수 없음이라 … 너희가 내 안에 거하고 내 말이 너희 안에 거하면 무엇이든지 원하는 대로 구하라 그리하면 이루리라

[마 6:33] 그런즉 너희는 먼저 그의 나라와 그의 의를 구하라 그리하면 이 모든 것을 너희에게 더하시리라

하나님의 영이 임하심으로 우리는 포도나무이신 예수님께 접붙여진 가지이다. 가지는 스스로 무엇인가를 생산할(produce) 수 있는 존재가 아니다. 포도나무의 뿌리로부터 오는 진액을 통해 열매를 맺는(bear) 존재이다. 이처럼 우리는 하나님을 위해 스스로 무엇인가를 하는 존재가 아니라 하나님 안에 거함으로써 그분을 나타내는 존재가 되어야 함을 예수님께서 말씀하신 것이다. 요한복음 15장 7절의 말씀은 5절에 가지가 열매를 많이 맺는 하나님나라 비밀에 대해 알려주고 있다.

5절의 "그가 내 안에… 거하면"과 7절의 "너희가 내 안에 거하고"라는 표현은 사실 "나라가 임하시오며"(마 6:10)와 "그런즉 너희는 먼저 그의 나라와"(마 6:33)와 같은 의미를 지니고 있다. 이 표현들은 모두 하나님의 영이 우리 안에 임하시고, 우리의 혼이 그 영 안에 거하는 것을 의미한다.

5절의 "내가 그 안에 거하면"과 7절의 "내 말이 너희 안에 거하면"이라는 표현은 "뜻이 하늘에서 이루어진 것같이"(마 6:10)와 "그의 의를 구하라"(마 6:33)와 동일한 의미를 가진다. 이 네 가지 표현 모두 예수님의 말씀이시기 때문에 말씀이신 그분을 먹음으로써 우리의 몸이 그분의 말씀이 되는 것, 즉 말씀대로 생각하고 느끼는 것을 의미한다.

5절의 "사람이 열매를 많이 맺나니 나를 떠나서는 너희가 아무것도 할 수 없음이라"와 7절의 "무엇이든지 원하는 대로 구하라"는 표현은 "땅에서도 이루어지이다"(마 6:10)와 "그리하면 이 모든 것을 너희에게 더하시리라"(마 6:33)와 같은 표현이다. 이 네 표현 모두 다 열매는 거짓자아인 내가 주체가 되어 생산하는 것이 아니라 그리스도 안에 있을 때 성령님의 능력으로 자연스럽게 맺혀지는 것이라는 의미이다. 즉 하나님의 일은 우리의 능력과 노력으로 이루어지는 것이 아니라 하나님께서 친히 우리를 통해서 이루신다는 의미이다.

이처럼 예수님께서 말씀하신 하나님나라의 비밀은 다르게 표현했더라도 그 핵심은 모두 동일한 것이다. 앞서 살펴본 것처럼 마태복음 6장 10절, 6장 33절, 마가복음 11장 24절, 요한복음 15장 5-7절의 말씀은 모두 하나님나라의 비밀을 다르게 표현한 것이다. 지금까지 우리가 기도할 때 구하는 대상이나 상황에 대해서 어떠한 생각과 방식으로 해왔는가? 그것은 시공간의 제한된 관점에서 무엇인가를 획득하고자 하는 선형적(線形的) 시간의 축상에서 노력하고 그 결과로 미래에 성취하는 것이었다. 그러나 예수님께서 말씀하신 하나님나라의 비밀을 풀기 위해서는 시공간의 제한된 관점을 넘어 시공간을 초월한 보이지 않는 세계에서 이루어진 실상을 시공간 내의 보이는 세계에 실체로 나타나는 차원의 관점을 가져야 한다. 즉 하나님나라의 비밀을 풀 수 있는 코드는 바로 '차원'이다. 차원의 관점의 중요성을 깨닫고 예수님의 모든 말씀을 이전과 달리 보기를 원한다면, 이제 성령님의 계시를 통하여 하나님나라 비유의 비밀 코드도 해독할 수 있다.

하나님나라 비유의 비밀 코드 해독하기

하나님나라의 비유 1 : 자녀를 통한 하나님 통치의 나타남(Manifestation)

[마 13:31-32] 또 비유를 들어 이르시되 천국은 마치 사람이 자기 밭에 갖다 심은 겨자씨 한 알 같으니 이는 모든 씨보다 작은 것이로되 자란 후에는 풀보다 커서 나무가 되매 공중의 새들이 와서 그 가지에 깃들이느니라

"사람이 자기 밭에 갖다 심은" : '사람'이란 누구를 의미하는가? 우리 안에 계신 예수님 자신일 수도 있지만, 혼이 하나님의 영 안에 거하는 거듭난 자를 지칭한다고 보는 것이 더 타당하다. '밭'이란 무엇을 의미하는가? 여기에서 밭이란 우리가 인식하는 표면적 생각이나 감정이 아니라 우리의 심중(헬, 카르디아 : heart)을 의미한다. 오늘날의 용어로 이해하자면 혼과 심중을 합친 표현이 잠재의식이다.[36]

성경에는 하나님의 말씀, 사랑, 은혜, 성령의 역사가 우리의 심중에 임한다고 분명히 말하고 있다.[37]

[눅 8:15] 좋은 땅에 있다는 것은 착하고 좋은 마음(헬, 카르디아)으로 말씀을 듣고 지키어 인내로 결실하는 자니라

"천국은 … 겨자씨 한 알 같으니" : 천국은 자기 밭이 아니라 자기 밭에 갖다 심은 겨자씨 한 알 같다고 말씀하신다. '씨'는 무엇을 의미하는가? 말씀이다. 말씀은 영이요 생명이다. 보이지 않는 것이다.

[눅 8:11] 이 비유는 이러하니라 씨는 하나님의 말씀이요

[요 6:63] 살리는 것은 영이니 육은 무익하니라 내가 너희에게 이른 말은 영이요 생명이라

36 더 구체적인 내용은 《킹덤빌더의 영성》(규장) 268-270쪽을 참고하라.

37 이 부분에 대해서는 《수수께끼 같던 영혼몸의 비밀이 풀린다》(규장) 136-142쪽을 참고하라.

"겨자씨 한 알 같으니 이는 모든 씨보다 작은 것이로되" : 왜 그냥 씨가 아니라 '겨자씨'로 비유했을까? 그 당시 주위에서 찾아볼 때 겨자씨가 가장 작은 씨이며, 보이지 않는 것을 비유적으로 표현하기에 적당했기 때문이다. 한 알이라고 말한 것은 눈에 보이지 않을 만큼 작은 것이 어떻게 보이는 세계에 자신의 형질을 놀랍게 발현시키는가를 강조하기 위한 것이다.

[히 11:3] 믿음으로 모든 세계가 하나님의 말씀으로 지어진 줄을 우리가 아나니 보이는 것은 나타난 것으로 말미암아 된 것이 아니니라

이 비유는 눈에 보이는 실체는 보이지 않는 세계에 존재하는 실상에 의해 나타난다는 것을 설명한 것이다. 씨는 영이요 생명인 말씀이고 그것은 보이지 않는 것이다. 이 비유에서는 설명되지 않았지만, 씨에서 싹이 나기 위해서 씨는 없어져야 한다. 그 결과로 씨의 형질이 나타나는 것이다. 씨의 형질이란 말씀대로 이루어진 생각을 의미하며, 그것이 보이지 않는 세계에 가능태로 만들어져야 하며 그 결과로 우리의 심중에 심겨져야 한다. 즉 말씀대로 이루어진 생각이 믿겨져야 하며, 그에 따른 감정이 심중에 나타나야 한다는 뜻이다. 그럴 때 보이지 않는 세계(심중)에 심은 실상이 보이는 세계에 실체로 나타나는 것이다.

"자란 후에는" : 다시 강조하지만 양자 에너지장 그 자체가 하나님 나라를 의미하는 것은 아니다. 양자 에너지장은 하나님께서 창조하신 보이지 않는 세계이고, 영이요 생명인 하나님의 말씀이 의식(혼)을 통한 생각으로 풀어지는 곳이다. 하나님의 나라는 하나님의 영의 통치를 나

타낸다. 하나님께서는 자녀들이 구원받은 후 하나님의 영 안에서 생명의 말씀대로 생각하고 느끼고 말하게 함으로써 주의 뜻을 이 땅에 나타내도록 하셨다. "자란 후에는"이라는 뜻은 이 땅에 실체로 나타났을 때를 의미한다.

"자란 후에는 풀보다 커서 나무가 되매" : 이 비유에는 지금까지 알지 못했던 놀라운 하나님나라의 비밀이 숨겨져 있다. 겨자는 초본류이다. 그러니까 겨자는 아무리 자라도 풀이지 나무가 될 수는 없다. 그럼에도 불구하고 예수님께서는 겨자씨가 풀보다 커서 나무가 된다고 말씀하셨다. 기적이 나타난다는 것이다. 즉 영이요 생명인 말씀대로의 믿음으로 심겨진 실상은 보이는 세계에 실체로 나타날 때, 기대하고 구하는 것 이상의 놀라운 일이 일어난다는 것이다. 인간의 심중에 심겨진 말씀의 실체는 곧 예수님 자신이다. 본래 풀의 씨를 심으면 풀이 나와야 하는데, 풀의 씨를 심었는데 나무가 되었다는 비유의 핵심은 하나님의 말씀을 심을 때 자신의 형질(성품, 지혜, 능력)이 나타나는 것이 아니라 그리스도의 형질이 나타나게 된다는 것이다. 그것이 바로 풀이 아니라 나무가 된다는 뜻이다. 영이요 생명인 말씀대로의 생각과 감정이 우리의 몸을 통치함으로써 내 자신이 아니라 예수님께서 나타나시는 것이다. 그것이 바로 "풀보다 커서 나무가 되매"의 뜻이다. 그리스도의 몸 된 교회를 생각해보라.

[엡 1:23] 교회는 그의 몸이니 만물 안에서 만물을 충만하게 하시는 이의 충만함이니라

"공중의 새들이 와서 그 가지에 깃들이느니라" : 우리를 통하여 예수님의 성품과 지혜와 능력이 나타날 때 방황하는 영혼들이 하나님나라로 침노하게 된다는 뜻이다. 너무나 놀랍고 오묘하지 않은가? 결국 이 비유는 겉사람은 낡아가지만 속사람은 날로 새로워진다는 것과 일맥상통한다고 볼 수 있다(고후 4:16). 예수님께서 공생애사역 동안에 행하셨던 그 일을 우리 안에 계신 예수 그리스도로 인하여 우리도 행하게 된다는 것이다.

[요일 4:17] 이로써 사랑이 우리에게 온전히 이루어진 것은 우리로 심판 날에 담대함을 가지게 하려 함이니 주께서 그러하심과 같이 우리도 이 세상에서 그러하니라

하나님나라의 비유 2 : 하나님나라의 차원성(Dimensionality)

[막 4:26-28] 또 이르시되 하나님의 나라는 사람이 씨를 땅에 뿌림과 같으니 그가 밤낮 자고 깨고 하는 중에 씨가 나서 자라되 어떻게 그리 되는지를 알지 못하느니라 땅이 스스로 열매를 맺되 처음에는 싹이요 다음에는 이삭이요 그 다음에는 이삭에 충실한 곡식이라

"하나님의 나라는 사람이 씨를 땅에 뿌림과 같으니" : 마태복음에서는 하나님나라를 '겨자씨'와 같은 것으로 비유했고, 여기에서는 '사람이 씨를 땅에 뿌림'과 같은 것으로 비유했다. 여기에서도 땅은 밭과 같으며 우리의 "심중"을 뜻한다. 이때의 '사람'도 혼이 하나님의 영 안에 거한 자를 말하며, 바로 "하나님의 자녀"를 의미한다. 즉 영이요 생명

인 말씀을 우리의 심중에 뿌리는 것은 우리의 혼이 생명의 말씀을 양자 에너지장에 풀어 놓는 것과 같다. 결국 "하나님의 나라는 사람이 씨를 땅에 뿌림과 같으니"라는 말씀은 "하나님의 통치는 하나님의 자녀가 보이지 않는 세계인 양자 에너지장에 영이요 생명인 말씀대로 이루어진 가능태를 가지는 것(동시에 우리의 심중에 가능태에 따른 감정을 가지는 것)"과 동일하다는 뜻이다. 이 말씀을 읽으면 예수님께서 하신 다른 말씀이 떠오르지 않는가?

> [마 6:33] 그런즉 너희는 먼저 그의 나라와 그의 의를 구하라 그리하면 이 모든 것을 너희에게 더하시리라

이 말씀은 그의 통치 안에서 그의 의를 구하는 것을 말한다. 우리가 하나님나라로 침노했다면, 반드시 그의 의를 구해야 한다. 그 말은 생명의 말씀에 우리의 생각과 감정을 일치시켜야 한다는 뜻이다. 그것은 내가 주의 말씀을 믿는 것이 아니라 주의 말씀대로 생각하고 느끼고 말해야 한다는 것이다. 그것이 바로 "의롭다"는 뜻이다. '의롭다'는 것은 예수 그리스도 안에서 하나님과 올바른 관계를 가진다는 뜻으로 말씀이신 주님께서 내 몸을 통치하고 내 몸을 통해서 자신을 나타내신다는 뜻이기도 하다.

"그가 밤낮 자고 깨고 하는 중에 씨가 나서 자라되 어떻게 그리 되는지를 알지 못하느니라" : 씨가 나서 자란다는 것은 말씀대로 생각하고 느낀 대로의 실상이 보이지 않는 세계와 더불어 심중에 심겨진다는 것이다. 보이지 않는 세계에서 이루어진 것을 그릴 수는 있지만, 실제 자

신의 심중에 무엇이 심겨지는지 거짓자아로서는 알 수가 없다는 것을 말한다.

"땅이 스스로 열매를 맺되" : 이 말씀은 보이지 않는 세계에서 이루어진 실상이 보이는 세계에 실체로 나타나는 것은 하나님께서 만드신 법칙이라는 뜻이다. 이것은 외부의 어떤 힘에 의해서 이루어지는 것이 아니라 하나님의 뜻에 따라 자동적으로 이루어진다는 뜻이다. 앞서 언급한 마태복음 6장 33절의 "그리하면 이 모든 것을 너희에게 더하시리라"와 더불어 아래 말씀도 보라.

[고전 3:6] 나는 심었고 아볼로는 물을 주었으되 오직 하나님께서 자라나게 하셨나니

[마 16:19] 내가 천국 열쇠를 네게 주리니 네가 땅에서 무엇이든지 매면 하늘에서도 매일 것이요(하늘에서 매여져서 이 땅에 있을 것이요, 저자 주) 네가 땅에서 무엇이든지 풀면 하늘에서도 풀리리라 하시고(하늘에서 풀어져서 이 땅에 있을 것이요, 저자 주)

"처음에는 싹이요 다음에는 이삭이요 그 다음에는 이삭에 충실한 곡식이라" : 여기에 나오는 싹, 이삭, 곡식이라는 말은 "싹이다", "이삭이다", "곡식이다"처럼 독립된 문장을 이루는 것이 아니라 모두 목적격으로 '열매를 맺되'라는 동사와 관련되어 있다. 따라서 싹과 이삭과 곡식은 특별한 뜻이 있는 것이 아니라 일종의 과정을 표현한다. 하나님의 일도 마찬가지이다. 우리는 하나님께서 무엇인가를 해주실 때는 내가

원하는 것을 단시간에 완벽하게 해주셔야 하는 것처럼 생각한다. 일례로 질병의 치유에 있어서 우리는 기도했을 때 지금 이 순간 여기에서 완벽하게 치유되지 않으면 하나님께서 하신 일이 아닌 것으로 생각한다. 그러나 그렇지 않다. 보이지 않는 세계에서의 실상이 점점 더 구체화되어 감으로써 보이는 세계에서의 실체가 변해가는 것이다. 이것을 통해서 우리가 알아야 할 사실은, 보이는 세계에서 싹이 보이면 보이지 않는 세계에서 이미 이루어진 실상을 계속 믿음의 눈으로 보고 기도해야 한다는 것이다.

마태복음 13장의 겨자씨 비유와 마가복음 4장의 씨를 땅에 뿌리는 비유의 결론은 무엇인가? 예수님께서 하나님나라의 비밀을 알려주시기 위해서 이 땅의 물질과 시간적 과정을 통한 변화를 비유로 말씀하셨지만, 이 비유는 이 땅에 속한 내용이 아니라 '차원'에 대한 이야기라는 것이다. 따라서 우리가 이 비유를 이해할 때 지금은 어떻지만 나중에는 어떻게 될 것이라는 시간적 관점으로 해석하면 결코 예수님께서 전하시는 하나님나라를 깨닫고 누릴 수 없다. 이 비유는 하나님나라의 확장성에 대한 말씀이 아니라 "나라가 임하시오며 뜻이 하늘에서 이루어진 것같이 땅에서도 이루어지이다"라는 '차원'에 관한 말씀이다.

하나님나라의 비유 3 : 하나님나라의 비국소성(Nonlocality)

또 하나님나라의 비유를 통해서 양자물리학의 비국소성에 대해 알아보자.

[마 13:33] 또 비유로 말씀하시되 천국은 마치 여자가 가루 서 말 속에 갖다 넣어 전부 부풀게 한 누룩과 같으니라

"천국은 여자가 가루 서 말 속에 갖다 넣어 전부 부풀게 한 누룩과 같으니라" : 여자가 만들고자 하는 것은 무엇인가? 바로 눈에 보이는 실물인 빵이다. 그러나 가루는 형상이 없는 본질, 근원이다. 앞서 겨자씨는 말씀이지만 영이요 생명이라서 보이는 것이 아니다. 이번에는 겨자씨 대신에 누룩으로 비유한 것이다. 그렇다면 '가루 서 말'은 무엇을 의미하는가? 그것은 바로 보이지 않는 세계를 의미하며 모든 것이 서로 연결되어 있는 비국소성을 강조한 것이다. 가루가 의미하는 것은 모든 것이 가능하지만 형상이 없는 상태, 아무것도 없지만 원하는 것을 만들어내는 가능성 상태인 양자 에너지장을 의미한다.

'누룩'은 무엇인가? 참 재미있는 단어이다. 예수님께서는 율법주의자들의 교훈(마 16:11-12)을 누룩에 비유하셨다. 하지만 여기에서는 보이지 않는 세계의 모든 것에 영향을 미치는 말씀을 비유하신 것이다. 누룩은 바로 영이요 생명이신 말씀이다. 여인이 가루 서 말 속에 누룩을 갖다 넣는 것은 바로 빵이라는 실체의 가능태를 만들기 위해서이다. 그녀는 한 치의 의심도 없이 빵이 생길 것이라는 믿음을 가지고 기쁨으로 반죽을 할 것이다. 그것이 바로 믿음으로 심중에 심은 것이다. 실상은 양자 에너지장에서 말씀대로의 생각에 따른 초양자장의 중첩과 우리의 심중에서 그 가능태에 대한 믿음과 감정을 가지기 때문에 일어나는 것이다. 정말 경이로운 말씀이다. 보이지 않는 세계의 비국소성에 따른 실상은 마음에 품은 것을 생각하고 느끼는 것에 따라 이루어진다.

1부 2장에서 언급한 양자물리학적 우주를 생각해보라. 첫째, 우주의 허공은 텅 비어 있는 것이 아니라 초양자장(superquantum field)으로 충만하다. 둘째, 초양자장으로 충만한 우주는 하나(oneness)로 연결되어 있는데 이것을 비국소성 원리(non-locality principle)라고 한다. 셋째, 하나님께서 창조하신 우주에 존재하는 모든 것은 크게 3가지 부류 정신계, 에너지계, 물질계로 나눌 수 있다. 인간의 믿음으로 초양자장이 어떻게 중첩되는가에 따라 보이지 않는 것이 보이는 것으로 나타나는 것이다. 우리가 이 사실을 알고 다시 예수님의 비유를 생각해보면, 양자물리학의 핵심인 비국소성을 그 시대에 어떻게 이보다 더 잘 표현할 수 있었을까 싶다.

겨자씨의 비유와 누룩의 비유는 흔히들 이 땅에 미치는 하나님나라의 영향력에 대한 이야기로 보지만, 사실은 차원에 대한 이야기이다. 겨자씨나 누룩 모두 보이는 세계의 형상에 대한 것이 아니라 영이요 생명인 말씀을 말하고 있고, 땅과 가루 서 말은 보이지 않는 세계, 즉 양자에너지장을 의미한다. "씨가 나서 자라되 어떻게 그리되는지를 알지 못하느니라", "가루 서 말이 전부 부풀게" 된 것은 양자물리학적 측면에서 볼 때는 양자 얽힘(비국소성에 의한 가능태)에 따른 실상이 만들어지는 것에 대한 이야기이다.

하나님나라의 비유 4 : 우리 안에 임한 하나님나라(Divine Immanence)

마태복음 13장 44절에는 밭에 감추인 보화의 비유가 나온다. 대부분의 해석은 하나님나라의 현재성을 알려주는 것이라고 말한다. 즉 지금 여기에서 나타난 하나님나라의 축복에 대해서 말하고 있다고 보는 것이다. 그러나 이 비유는 그것만이 전부가 아니라 우리 안에 있는 하나님나라를 차원적으로 설명한 것이다.

[마 13:44] 천국은 마치 밭에 감추인 보화와 같으니 사람이 이를 발견한 후

숨겨 두고 기뻐하며 돌아가서 자기의 소유를 다 팔아 그 밭을 사느니라

"천국은 마치 밭에 감추인 보화와 같으니" : 여기서도 '밭'은 세상이 아니라 사람의 심중을 의미한다. 세상에 묻혀 있는 보화를 발견하는 것이 아니라 자신의 심중에 있는 보화를 발견하는 것이다. '보화'는 무엇인가? 바로 영이요 생명이신 살아있는 말씀에 따른 실상이다. 따라서 하나님나라는 우리의 심중에 심겨진 영이요 생명이신 말씀에 따라 이루어진 실상과 같다는 것이다.

"이를 발견한 후" : 자신의 심중에 심겨진 말씀이 얼마나 소중한지를 발견한 것이다.

"숨겨 두고 기뻐하며" : 왜 숨겨 두는가? 마귀에게 틈을 주어 세상에 빼앗기지 않기 위해서이다. 기뻐하는 것은 무엇이든지 원하는 것을 누릴 수 있기 때문이다. 요한복음 15장 7절을 생각해보라.

"돌아가서" : 회개한다는 뜻이다. 진정한 자신의 존재를 발견했기 때문에 구원을 이루어가는 회개이다.

"자기의 소유를 다 팔아" : 그동안 자신의 심중에 심었던 육신의 정욕, 안목의 정욕 그리고 이생의 자랑으로 얻은 모든 것을 다 포기한다. 왜냐하면 자기를 포기하지 않고는 보화가 보이는 세계의 실체로 나타날 수 없기 때문이다. 이 말은 혼이 자신의 몸의 종노릇하는 데서 벗어나 하나님의 영 안에 거하고 싶기 때문에 자기를 부인하고 자기 십자

가를 진다는 뜻이다.

"그 밭을 사느니라" : 밭을 사는 이유가 무엇인가? 그 밭이 바로 하나님의 통치가 이루어지는 곳이기 때문이다. 그 밭에 보화가 있기 때문이다. 보이는 세계에 말씀대로 이루어진 실체를 얻기 위해서는 먼저 보이지 않는 세계의 밭이 있어야 한다는 것을 알기 때문에 그렇게 하는 것이다.

인간이 자신 안에 임한 하나님의 통치를 체험하고 나면, 더 이상 세상의 것들을 찾지 않게 된다. 그리고 점점 더 보이지 않는 세계의 것에 초점을 두는 삶을 산다. 생각해보라. 이것이 어떻게 보이는 세계에 대한 이야기인가? 차원에 대한 이야기이다.

[골 3:1-2] 그러므로 너희가 그리스도와 함께 다시 살리심을 받았으면 위의 것을 찾으라 거기는 그리스도께서 하나님 우편에 앉아 계시느니라 위의 것을 생각하고 땅의 것을 생각하지 말라

하나님나라의 비유 5 : 하나님나라의 주권(Sovereignty)

마태복음 13장 44절에 이어서 나오는 이 비유는 언뜻 보기에는 앞과 동일한 비유 같지만, 사실은 완전히 다른 비유이며 정반대의 비유이다. 앞서 천국은 밭에 감추인 보화와 같다고 했지만 지금 여기에서 천국은 장사꾼과 같다는 것이다.

[마 13:45-46] 또 천국은 마치 좋은 진주를 구하는 장사와 같으니 극히 값진

진주 하나를 발견하매 가서 자기의 소유를 다 팔아 그 진주를 사느니라

"천국은 마치 좋은 진주를 구하는 장사와 같으니" : 천국이 장사하는 사람과 같다면 장사꾼(천국)이 진주를 찾고 있다는 것이다. 그 당시 진주는 가장 희귀하고 값비싼 것이었다.

"극히 값진 진주 하나를 발견하매" : 하나님께서는 인간을 통해서 자신의 통치권과 영광을 드러내기를 원하신다. 하나님께서는 자녀에게 이 땅을 다스리는 권세를 주셨기 때문에(그러나 마귀의 속임에 의해서 인간이 타락하고 그 통치권을 마귀에게 넘겨주었기 때문에) 다시 자신의 몸을 통하여 하나님께서 나타나게 할 자, 하나님이 보시기에 희귀하지만 소중한 진주(하나님의 자녀)를 찾는 것이다. 하나님나라의 주권이 하나님께 있다는 것을 비유적으로 말씀하신 것이다.

[대하 16:9] 여호와의 눈은 온 땅을 두루 감찰하사 전심으로 자기에게 향하는 자들을 위하여 능력을 베푸시나니

[마 7:13-14] 좁은 문으로 들어가라 멸망으로 인도하는 문은 크고 그 길이 넓어 그리로 들어가는 자가 많고 생명으로 인도하는 문은 좁고 길이 협착하여 찾는 자가 적음이라

성령님이 오셔서 죄에 대해서, 의에 대해서, 심판에 대해서 세상을 책망하실 것을 알고(요 16:8), 예수 그리스도만이 길이요 진리요 생명이라는(요 14:6) 사실을 아는 자를 하나님께서는 가장 귀한 진주로 보신다.

"가서 자기의 소유를 다 팔아 그 진주를 사느니라" : 하나님에게 가장 소중한 자신의 아들을 이 땅에 보내시고 십자가를 지게 하심으로써 자신의 자녀로 삼는 것이다.

우리는 하나님께서 그토록 사랑하사 자신의 모든 것을 다 팔아 산 하나님의 진주이다. 우리가 예수 그리스도 안에 거하고자 할 때 세상의 모든 사람이 나를 하찮게 여겨도, 나를 멸시한다 해도, 하나님의 눈 앞에는 가장 값진 진주로 발견되는 것이다. 마태복음 13장 44절에도, 46절에도 동일하게 "자기의 소유를 다 팔아" 전자는 밭을 사고, 후자는 진주를 산다고 말한다. 동일한 의미인 것 같지만 사실은 정반대의 뜻을 나타낸다. 즉 우리가 천국을 발견하고 자신의 모든 것을 팔아 보화를 얻기 위해서 밭을 사는 것처럼, 하나님 아버지께서는 하나님을 향하는 인간이 진주와 같이 소중하기 때문에 당신의 아들을 팔아 우리를 사신 것이다.

[마 16:24] 이에 예수께서 제자들에게 이르시되 누구든지 나를 따라오려거든 자기를 부인하고 자기 십자가를 지고 나를 따를 것이니라

[롬 5:8] 우리가 아직 죄인 되었을 때에 그리스도께서 우리를 위하여 죽으심으로 하나님께서 우리에 대한 자기의 사랑을 확증하셨느니라

하나님께서는 지금도 성도들 중 자기를 부인하고 자기 십자가를 지고 그의 나라와 의를 이룰 자녀를 찾고 계신다. 즉 하나님나라의 관점에서 볼 때는 자유의지를 가진 혼이 자신의 몸의 종노릇하는 데서 벗어나 하나님의 영 안에 거함으로써 하나님의 통치 안에서 하나님의 뜻을

이룰 자녀를 찾고 있다는 것이다.

[약 4:8] 하나님을 가까이하라 그리하면 너희를 가까이하시리라 죄인들아 손을 깨끗이 하라 두 마음(헬, 딥쉬코스 : 두 혼)을 품은 자들아 마음(헬, 카르디아 : 심중)을 성결하게 하라

결론

예수님이 전하신 하나님나라의 모든 비유는 영적세계에서 하나님의 통치에 따른 보이지 않는 세계와 보이는 세계의 차원에 대한 설명이지, 이 땅에서 이루어지는 물리적·심리적 현상에 대해서 이야기하는 것이 아니다. 예수님께서는 하나님의 생명이 없는 자들에게는 그것을 “네 믿은 대로 될지어다”라는 두 차원의 세계에 대해서 말씀하시고(왜냐하면 예수님께서 그들 앞에 계시기 때문에), 물과 성령으로 거듭난 하나님의 자녀들에게는 “나라가 임하시오며 뜻이 하늘에서 이루어진 것같이 땅에서도 이루어지이다”라는 세 차원에 대해서 가르치셨다. 이것은 오늘날 발견한 양자역학의 관찰자 효과와 양자 얽힘에 따른 비국소성이 증거하고 있다.

그런데 우리는 지금까지 예수님께서 전하신 이 하나님나라의 비밀을 그 비유에 나온 언어나 상황을 풍유적으로 또는 문자적으로, 이 땅에 대한 것으로 해석하고자 했다. 그렇게 함으로써 우리가 하나님의 자녀로서 온전한 신앙생활은 고사하고, 시공간에 제한된 관점으로 세상을 바라봄으로써 오히려 마귀의 속박에 묶인 채 여전히 하나님나라를 비밀로 남겨 두었던 것이다. 그러나 이제 예수 그리스도 안에서 새로운

피조물로서 성령 하나님의 계시를 받는 자에게는 하나님나라가 더 이상 비밀이 될 수 없다. 이제는 땅에서 하늘을 올려다보는 것이 아니라 영적 세계에서 하늘(보이지 않는 세계)을 내려다보는 새로운 패러다임의 차원적인 삶을 살아내어야 한다.

하나님의 자녀인 우리는 하나님의 영으로 거듭난 자로서 하나님의 통치 안에서(즉 우리의 혼이 하나님의 영 안에 거함으로써) 주의 말씀대로 이루어진 생각을 보이지 않는 세계에, 그리고 심중에 심음으로써 실체의 근본이 되는 실상을 붙들어야 한다. 그럴 때 하나님의 뜻에 따라 그 실상에 따른 실체가 보이는 세계에 나타나거나 만들어지고, 보이는 세상을 변화시킨다는 것을 알아야 한다.

적용

이번 장에서 깨달은 하나님나라 비유의 비밀 코드를 푸는 차원의 관점으로 다음의 주기도문을 하나님나라의 관점에서 다시 묵상해보라.

(전반부)
하늘에 계신 우리 아버지여
이름이 거룩히 여김을 받으시오며
나라가 임하시오며
뜻이 하늘에서 이루어진 것같이
땅에서도 이루어지이다

(후반부)

오늘 우리에게 일용할 양식을 주시옵고

우리가 우리에게 죄지은 자를 사하여 준 것같이

우리 죄를 사하여 주시옵고

우리를 시험에 들게 하지 마시옵고

다만 악에서 구하시옵소서

나라와 권세와 영광이 아버지께

영원히 있사옵나이다 아멘

우리는 하나님을 영화롭게 하기 위해서 살아가는 자녀들이다. 그 일을 위해서는 우리가 먼저 하나님나라로 침노해야 하고, 그 결과로 이제는 혼이 더 이상 몸의 종노릇하는 것이 아니라 하나님의 영 안에 거해야 한다. 그럴 때 우리는 하나님의 통치 안에서 뜻이 하늘에서 이루어진 것같이 땅에서도 이루어지는 데 쓰임 받을 수 있다. 이것을 가르쳐주신 것이 바로 주기도문의 전반부이다.

그렇다면 어떻게 그렇게 살 수 있는지를 나타내주는 후반부를 보자. 하나님의 뜻을 이 땅에 나타내는 차원적인 삶을 살기 위해서는 무엇보다 먼저 말씀을 먹어야 한다. 이때 가장 중요한 것은 거짓자아인 내가 말씀을 먹는 것이 아니라 하나님의 자녀로서 말씀을 먹어야 한다는 것이다. 왜냐하면 전자는 지식과 정보를 먹는 것인 반면에 후자는 영이요 생명인 말씀을 먹는 것이기 때문이다. 진리의 말씀이 영이요 생명이 되어야 말씀대로 생각하고 느끼게 되어 보이지 않는 세계에 실상을 만들 수 있기 때문이다.

그런 삶을 살기 위해서는 먼저 세상 신과 세상 풍조와 초등학문 그리고 인간의 유전으로 생겨난 생각과 감정으로 만들어진 실상으로 가득찬 심중을 청소해야 한다. 그것이 바로 회개와 용서이다. 하지만 그렇게만 한다고 우리가 하나님나라의 삶을 온전히 살 수 있는 것은 아니다. 왜냐하면 마귀가 우는 사자처럼 두루 다니며 우리가 실체에 묶인 삶을 살도록 하기 때문이다. 하나님께서 창조하신 에덴동산에서도 아담과 하와는 마귀의 시험 가운데 있었고, 예수님께서 살아계시는 동안 늘 마귀의 시험 가운데 계신 것처럼 오늘날의 우리도 늘 마귀의 시험 가운데 살아가고 있는 것이다. 그 말은 우리가 구원을 받았다고 해서 모든 것이 끝난 것이 아니라 구원받았기 때문에 자유의지를 가진 혼으로(하와처럼이 아닌 예수 그리스도 안에서 예수 그리스도처럼) 구원을 이루어가야 한다는 것이다. '…때문에 힘들고, 고통스럽고, 두려운' 자신의 생각과 감정을 생각해보라. 그것이 바로 마귀의 계략이라는 것을 깨달아야 한다. 생각과 감정은 그냥 생각과 감정일 뿐 진리도 아니고(내 경험과 지식에 기초한 것이기 때문에), 실재도 아니고(내 마음속에서 만든 관념일 뿐이기 때문에), 힘도 없다(대상에 대한 믿음만큼 대상이 힘을 가지기 때문에). 결국 생각과 감정은 결코 나의 정체성이 될 수 없다. 그것을 깨달을 때 시험에 들지 않고 악에서 구함을 받는 것이다.

06

하나님의 통치를 새로운 관점에서 보라

신구약을 관통하여 흐르는 감추인 하나님의 비밀의 경륜과 차원의 관점으로 하나님나라 비유의 비밀 코드를 해독했다면, 이제는 세 차원의 세계(하늘들)와 하나님나라의 복음을 새로운 관점에서 봄으로써 그리스도 안에서 풀리는 하나님나라의 비밀을 깨닫고 체험해보도록 하자. 이 비밀을 깨닫고 체험할 때 그동안 마귀에게 속아 사용하지 못했던 하나님 자녀로서의 위임된 통치권을 회복할 수 있다. 이 통치권으로 우리는 마귀에게 빼앗긴 영토를 되찾아야 한다.

세 차원의 세계(하늘들)

인간이 타락한 후 가지게 된 이원성은 기독교 암흑기인 중세시대를 거치면서 인간 중심적이고 환원적인 헬라적 사고방식으로 온 인류에게 계승되었다. 오늘날도 인간은 모든 것을 이원론적으로 보는 것에 익숙하고 그것을 당연하게 여긴다. 예를 들어 세상을 보이는 세계[현상계 :

가시계(可視界)]와 보이지 않는 세계[이데아계 : 가지계(可知界)]로 나누는 것이다. 그래서 우리는 지금도 세상을 자연계와 초자연계로 나누고, 자연계는 물질세계, 초자연계는 영적 세계로 이원론적으로 인식한다.

하지만 과학자들은 차원에 관한 다양한 연구를 통해 우리가 인지하지 못할 뿐 그 이상의 차원이 존재한다고 믿는다. 차원(dimension)은 과학적으로 0차원은 점, 1차원은 직선, 2차원은 평면, 3차원은 공간으로 정의된다. 하지만 지난 장에서 차원의 관점에 대해 살펴본 것처럼 성경은 차원을 단순히 시공간적인 요소로 나누지 않는다. 성경은 차원을 하나님의 창조섭리에 따라 지어진 하나님의 피조세계, 즉 '보이는 세계'와 '보이지 않는 세계' 그리고 '영적세계'라는 '세 차원의 세계'(하늘들)로 제시한다.

창세기 1장 1절은 인류 역사의 시작을 다음과 같이 말씀한다.

[창 1:1] 태초에 하나님이 천지를 창조하시니라

창세기 1장 1절은 믿지 않는 자들도 알 만큼 널리 알려진 성경 구절이다. 하지만 이 짧은 구절 안에는 우주의 근원의 놀라운 비밀이 숨겨져 있다.[38]

그것은 하나님께서 천지를 창조하실 때 복수의 하늘(heavens)을 창조하셨다는 사실이다. 성경에서 '하늘'을 뜻하는 히브리어 원어 단어인 '샤마임'과 헬라어 원어 단어인 '우라노스'는 대부분의 경우 단수가 아닌 복수로 사용되고 있다. 따라서 우리는 하늘이 단지 보이는 세계의

38 창세기를 쓴 모세를 생각해보라. 하나님의 계시에 의하지 않고서 어떻게 눈으로 보이는 하늘 외에 또 다른 하늘이 있다고 생각할 수 있었겠는가?

물리적 하늘(sky)만 있는 것이 아니라는 사실을 깨달아야 한다. 다음 성경 구절들은 하늘(sky) 외에도 다른 하늘들이 있음을 보여준다.

[왕상 8:27] 하나님이 참으로 땅에 거하시리이까 하늘과 하늘들의 하늘(heaven of heavens)이라도 주를 용납하지 못하겠거든 하물며 내가 건축한 이 성전이오리이까

[신 10:14] 하늘과 모든 하늘의 하늘(heaven of heavens)과 땅과 그 위의 만물은 본래 네 하나님 여호와께 속한 것이로되

[고후 12:2] 내가 그리스도 안에 있는 한 사람을 아노니 그는 십사 년 전에 셋째 하늘(the third heaven)에 이끌려 간 자라 (그가 몸 안에 있었는지 몸 밖에 있었는지 나는 모르거니와 하나님은 아시느니라)

신명기 10장 14절의 모세와 열왕기상 8장 27절의 솔로몬의 고백은 구약의 사람들이 하늘을 어떻게 보는지를 알려 주고 있다. '하늘과 하늘들의 하늘'이고 표현할 때 '하늘'은 바로 비와 구름이 있는 대기권 하늘(sky)이고, '하늘들의'는 수많은 별로 이루어진 우주 하늘(space)을 표현한 것이다. 마지막으로 '하늘들의 하늘'에서 '하늘'은 하나님의 처소(heaven)라고 볼 수 있다. 그렇기에 전통적으로 삼층천은 대기권 하늘, 우주 하늘, 천상 하늘이라고 보는 것이다. 그러나 이미 5장에서 언급한 바와 같이 이것에 기초하여 하늘을 차원적으로 나눌 수는 없다.

첫째 하늘이 우리가 보고 있는 물질세계인 대기권 하늘과 우주 하늘을 포함한 것이라면, 둘째 하늘은 어떤 하늘을 의미하는 것일까? 여기

에 대해 넌지시 암시해주는 사건이 다니엘서 10장에 나온다. 바사(페르시아) 왕 고레스 제 삼 년에 다니엘이 세 이레 동안 기도하였을 때 가브리엘 천사가 하나님으로부터 기도 응답을 가지고 다니엘을 찾아오는 장면이 나온다. 그때 가브리엘 천사가 놀라운 이야기를 하는데, '바사(페르시아) 왕국의 군주'가 자기를 21일 동안 막았고 천사장 미가엘이 와서 자신을 도와주고 난 후에야 다니엘에게 올 수 있었다고 말한 것이다.

> [단 10:13] 그런데 바사 왕국의 군주가 이십일 일 동안 나를 막았으므로 내가 거기 바사 왕국의 왕들과 함께 머물러 있더니 가장 높은 군주 중 하나인 미가엘이 와서 나를 도와 주므로

> [단 10:13 새번역] 그러나 페르시아 왕국의 천사장이 스무하루 동안 내 앞을 막았다. 내가 페르시아에 홀로 남아 있었으므로, 천사장 가운데 하나인 미가엘이 나를 도와주었다.

지상에 있는 존재 중에 천사를 막을 수 있는 존재가 없기 때문에 '바사(페르시아) 왕국의 군주'는 지상의 존재(고레스)가 아닌 천상의 존재임을 알 수 있으며, 이러한 이유로 새번역에서는 해당 표현을 '페르시아 왕국의 천사장'으로 번역하였다. 이 일은 첫째 하늘이 아닌 둘째 하늘에서 일어난 일임을 암시하는 것이다. 즉 지상에 '보이는 바사 왕국'이 있는 동시에 천상에 '보이지 않는 바사 왕국'이 있었고 보이는 세계와 보이지 않는 세계 모두가 실존하고 있다는 것을 보여준다. 둘째 하늘은 보이지 않는 세계로 보이는 세계에 직간접적인 영향을 끼치는 초양

자장이다. 2장에서 살펴본 것처럼 오늘날 과학의 발달로 인해 우리가 보지 못하는 공간은 '진공' 상태가 아닌 '양자 정보 에너지장'으로 가득 차 있으며 인간의 심중(잠재의식)과 연결되어 있어 서로 영향을 주고받는다는 놀라운 사실이 밝혀졌다.

세 차원의 세계(하늘들)를 정리해보면 첫 번째 차원의 세계는 첫째 하늘, 보이는 세계, 물질세계로 인간이 몸을 입고 이 땅에 사는 동안 오감으로 교류하며 살아가는 세계이다. 두 번째 차원의 세계는 둘째 하늘, 보이지 않는 세계, 비물질세계로 성경에서 '이 세상의 신' 또는 '공중의 권세 잡은 자'라고 표현하는 사탄과 그를 따르는 타락한 천상의 존재들이 다스리는 세계이다. 보이지 않는 세계와 인간의 심중은 서로 연결되어 있어 영향을 주고받는다. 세 번째 차원의 세계인 셋째 하늘, 영적 세계는 하나님께서 통치하시는 세계로 말씀의 세계, 그리스도의 세계, 하나님나라이다. 이처럼 성경에는 세 가지의 하늘이 등장하며 하늘이라는 단어는 히브리어, 헬라어 문맥에 따라 각기 다른 하늘을 지칭한다는 것을 알아야 한다.

예수 그리스도를 통한 만물의 창조와 통치하심

예수님께서는 보이지 않는 하나님의 형상이시고 만물을 창조하신 분이다. 그분을 통해서 '세 차원의 세계'(하늘들)를 포함한 만물이 창조되었고, 그분에 의해서 지금도 유지되고 있다. 이를 보여주는 골로새서 1장 16-17절의 말씀을 살펴보자.

[골 1:16-17] 만물이 그에게서 창조되되 하늘(heavens)과 땅(earth)에서 보이는

것들과 보이지 않는 것들과 혹은 왕권들이나 주권들이나 통치자들이나 권세들이나 만물이 다 그로 말미암고 그를 위하여 창조되었고 또한 그가 만물보다 먼저 계시고 만물이 그 안에 함께 섰느니라

"만물이" : 하나님께서 창조하신 우주 전체와 모든 피조물을 의미한다.

"하늘과 땅에서" : 창세기 1장 1절의 "천지"를 히브리어 원어적 표현으로 직역하면 "하늘들(복수)과 땅(단수)"인데, 이 구절의 헬라어 원어적 표현 역시 하늘을 복수로 사용하고 있다.

"보이는 것들과 보이지 않는 것들" : 물질세계와 비물질세계뿐만 아니라 두 세계에 존재하는 왕권들(보좌들), 주권들(주관들), 통치자들(정사들), 권세들 등도 포함된다.

"만물이 그 안에 함께 섰느니라" : "함께 섰느니라"는 헬라어로 '쉬네스테켄'이며 "함께 놓다", "함께 두다"라는 뜻으로 어느 하나를 다른 것과 같이 놓아 결합시키는 것을 말한다. 영어로는 붙들고 있다는 의미의 'hold together'로 번역했으며 현재 완료형을 써서 "지금도 계속 붙들고 계신다"라는 의미를 나타냈다. 우주의 모든 것들이 제자리를 차지하고 지금도 질서정연하게 운행되는 것은 바로 예수님께서 말씀으로 붙들고 계시기 때문이다.

예수님은 하나님의 본체로서 지금도 그 입에서 나오는 살아있는 말

씀으로 만물(보이는 세계와 보이지 않는 세계의 모든 형상과 피조물)을 다스리고 계신다.

[히 1:3] 이는 하나님의 영광의 광채시요 그 본체(헬, 휘포스타시스)의 형상이시라 그의 능력의 말씀(헬, 레마)으로 만물을 붙드시며

이 말씀을 통해 우리가 하나님의 자녀로서 새롭게 보아야 할 가장 중요한 사실은 하나님께서 천지만물을 창조하실 때, 물질세계(보이는 세계)만 창조하신 것이 아니라 비물질세계(보이지 않는 세계)도 창조하셨다는 것이다. 하나님께서 영이요 생명이신 말씀을 보이지 않는 세계에 선포하심으로써 보이는 세계에 그 말씀에 따른 실체가 나타나도록 하셨다. 따라서 세 가지 사실을 깨달아야 한다. 첫째, 하나님께서는 보이지 않는 비물질세계와 보이는 물질세계를 모두 통치하신다. 둘째, 따라서 비물질세계가 하나님나라는 아니다. 하나님나라는 비물질세계를 통치하시는 영의 세계이다. 셋째, 우리가 흔히들 현실 또는 실재(reality)라고 할 때는 단지 보이는 물질세계뿐만 아니라 보이지 않는 비물질세계도 포함한다는 것을 알아야 한다.

하나님나라의 본래 뜻은 하나님의 통치를 의미하며 부차적으로 영역적 의미도 지닌다. 우리는 흔히 하나님나라가 이 땅에 임했다고 말하지만, 그 말의 참뜻은 예수 그리스도께서 인자로 오셔서 하나님의 통치를 보여주셨다는 것이며, 그 통치가 우리를 통하여 이루어지도록 하나님나라의 복음을 전하신 것이다. 실제 하나님의 통치는 예수 그리스도 안에 있는 하나님의 자녀를 통해서 이루어진다(눅 17:20-21). 하나님나라가 우리 안에 임했다는 것은 우리의 혼이 하나님의 영 안에 거할

때 우리의 몸이 하나님의 통치함을 받는다는 뜻이다. 또한 그 몸을 통하여 하나님의 영광이 나타나는 곳도 영역적으로 하나님의 통치가 이루어진다고 볼 수 있다. 따라서 우리를 통한 하나님의 통치와 그에 따른 영역을 생각할 때, 그 영역은 우리가 알고 있는 보이는 세계(물질세계)뿐만 아니라 보이지 않는 세계(초양자장, 비물질세계)도 포함한다는 것을 알아야 한다.

다양한 관점에서의 하나님나라의 실체

하나님나라는 하나님의 통치를 의미하며, 하나님의 본질인 영을 통한 통치를 의미한다. 그것은 하나님께서 인간을 창조하셨을 때부터 계획하셨던 일이다. 즉 하나님께서는 인간을 하나님의 형상을 따라 모양대로 지으셨다. 그 말은 흙으로 지은 인간에게 하나님의 생명을 불어넣으심으로써 생혼이 되게 하신 것이다. 즉 혼(의식)으로 하나님의 생명을 나타내는 영적 존재가 되게 하신 것이다. 타락 전 인간이 이 땅에서의 하나님의 현현이라고 하는 것은 하나님의 생명 안에 거하는 혼이 영이요 생명인 말씀대로 생각함으로써 보이지 않는 세계에 실상을 가지고 보이는 세계에 그 말씀의 실체를 나타내도록 하기 때문이다. 그것이 바로 예수님께서 보여주고 전하신 하나님나라 복음의 실체이다.[39]

하나님나라는 말에 있지 않고 능력에 있다는 말씀(고전 4:20)의 진정한 의미는 하나님나라는 언어로 표현되는 관념이 아니라 하나님의 영이 체험되어지고 그 생명이 나타나는 데 있다는 것이다. 따라서 하나

39 이 부분에 대한 더 자세한 설명은 3부 7장을 참고하라.

님나라는 이해의 대상이 아니라 체험의 대상이다. 또한 진정한 체험은 진정한 앎을 기초로 하기 때문에 하나님나라를 더 정확히 이해하고 깨닫기 위해서는 다양한 관점에서 볼 필요가 있다. 하나님나라를 다음 네 가지 관점(시간, 통치, 차원, 영역)에서 살펴봄으로써 하나님나라의 비밀을 풀고 체험해보도록 하자.

1 하나님나라의 시간적 관점

오늘날 하나님나라를 바라보는 가장 보편적인 관점은 '이미 그러나 아직'(already but not yet)이라는 시간적 관점이다. 그것은 예수님께서 하나님나라의 복음을 전하실 때 초림으로 이루어지는 하나님나라(이미)와 재림으로 이루어지는 하나님나라(아직)를 포함해서 이중적으로 말씀하셨기 때문이다. 신학자들은 전자를 현재적 하나님나라로, 후자를 미래적 하나님나라로 표현한다. 이 관점의 핵심은 현재적 하나님나라는 이미 도래했지만 아직 완성되지 않았으며 예수님께서 재림하실 때 완전한 미래적 하나님나라가 도래한다는 것이다.

이러한 시간적 관점은 하나님나라를 이해하는 데 중요한 통찰력을 주었다. 특별히 이 개념에 기초하여 구원의 서정을 볼 때 예수 그리스도의 구원사역으로 영혼몸 전부가 법적으로는(라틴어 : de jure) 구원을 얻었지만, 현실적으로는(라틴어 : de facto) 하나님의 영만이 우리 안에 임하신 것이다. 따라서 우리가 새로운 피조물이 되었음에도 불구하고 우리의 혼과 몸은 여전히 구습 가운데서 살아간다는 것이다. 따라서 우리는 매일 혼과 몸이 구원을 이루어가는 삶을 살아야 한다. 그러나 이 놀라운 진리에 대한 깨달음에도 불구하고 우리는 이 진리를 성령의 인도함 없이 거짓자아의 관점에서만 보고 차원적인 관점에서 보지 못했기 때문에 현재적 하나님나라의 삶을 구체적으로 어떻게 살아야 하는지 깨닫지 못했고, 그 결과 그런 삶을 실제적으로 누리지 못하고 있다.

[롬 8:10-11] 또 그리스도께서 너희 안에 계시면 몸은 죄로 말미암아 죽은 것이나 영은 의로 말미암아 살아 있는 것이니라 예수를 죽은 자 가운데서 살리신 이의 영이 너희 안에 거하시면 그리스도 예수를 죽은 자 가운데서 살리신 이가 너희 안에 거하시는 그의 영으로 말미암아 너희 죽을 몸도 살리시리라

[롬 8:13-14] 너희가 육신대로 살면 반드시 죽을 것이로되 영으로써 몸의 행실을 죽이면 살리니 무릇 하나님의 영으로 인도함을 받는 사람은 곧 하나님의 아들이라

2 하나님나라의 통치적 관점

예수님께서 전하신 하나님나라의 복음은 마귀의 통치를 전제로 하고 있다. 하나님께서 통치하신다는 소식이 '좋은 소식'이 될 수 있는 것은 타락 이후로 인류가 마귀의 통치 아래에서 엄청난 고통과 압제를 받아왔기 때문이다. 하나님께서 하나님의 자녀인 인간을 자신의 모양과 형상대로 지으시고 이 땅을 다스릴 수 있는 통치권을 위임해주셨다. 하지만 인간이 마귀에게 속아 죄를 짓고 타락함으로써 하나님의 영이 인간을 떠나게 되었고, 그 결과로 하나님 자녀에게 위임된 통치권(하나님의 생명인 말씀으로 보이지 않는 세계의 실상을 통하여 보이는 세계에 말씀의 실체를 나타내는 것)을 마귀에게 넘겨주게 되어버렸다. 또한 영적 눈이

닫히고 육적 눈이 밝아져서 보이지 않는 세계를 더 이상 볼 수 없게 되었고, 그 결과 보이는 세상이 전부라고 생각하게 되었다.

모든 인간은 알든 모르든 두 차원의 세계 모두를 경험하며 살고 있다. 그런데 타락 후 마귀가 인간을 속임으로써 인간은 그것을 알지 못하고 보이는 세상만이 전부인 것처럼 살고 있다. 마귀는 끊임없이 우리로 하여금 이 물질세계에서 일어나는 일과 사건에 대한 생각과 감정을 가지고 거기에서 벗어나지 못하도록 한다. 그렇게 함으로써 인간이 자신이 누구인지 모른 채 거짓자아로 살아가게 만들고, 거짓자아로 만든 실상에 기초한 삶을 살아가도록 하는 것이다. 바로 마귀가 우리를 자신들의 통치 안에 가두어 놓기 위해서 속이는 전략이다.

마귀는 삶의 필수 요소인 일, 만남, 시간, 재정, 건강을 가지고 늘 우리를 유혹하고 시험하고 거짓말하고 참소한다. 타락한 혼이 세상에 대한 생각과 감정을 선택함으로써 몸의 종노릇에서 벗어나지 못하게 하고, 낮은 차원의 믿음의 법칙에서 벗어나지 못하게 하는 것이다. 그들은 우리로 하여금 거짓자아로 보이는 세계가 전부라고 믿게 하고, 시공간 안에 있는 인과법칙에 가두어 두기를 원한다. 즉 하나님의 자녀로서의 차원적인 삶을 살지 못하게 하는 것이다. 그래야만 자신들의 통치권을 유지할 수 있기 때문이다. 인간은 어리석게도 보이는 세계의 실체에 대한 자기방식대로의 실상만을 가지게 되고, 그 결과로 그에 따른 현실을 만들고 그 현실을 경험하며 살아가는 것이다.[40]

예수님께서 성육신하신 이유는 바로 이 마귀의 일을 멸하시고 빼앗겼던 통치권을 되찾아 우리에게 주심으로써 우리로 하여금 다시 하나

40 이 부분에 대한 더 자세한 내용은 3부 7장을 참고하라.

님의 영 안에서 하나님을 나타내는 존재로 살도록 하기 위한 것이다.

[요일 3:8] 죄를 짓는 자는 마귀에게 속하나니 마귀는 처음부터 범죄함이라 하나님의 아들이 나타나신 것은 마귀의 일을 멸하려 하심이라

[골 1:13] 그가 우리를 흑암의 권세에서 건져내사 그의 사랑의 아들의 나라로 옮기셨으니

그렇게 될 때 하나님의 통치가 자녀인 우리를 통하여 회복되는 것이다. 그 말은 우리가 하나님의 생명을 나타내는 영적 존재가 되어 다시 위임된 통치권으로 보이지 않는 세계를 통하여 보이는 세계를 다스리게 된다는 것이다.

3 하나님나라의 차원적 관점

역사적으로 볼 때 인간은 오랜 세월 동안 하나님의 통치를 시공간으로 제한된 인간의 이성으로만 생각해왔다. 보이지 않는 세계를 신비한 것으로 여기고 그곳을 통치하는 타락한 천상의 존재들을 우상으로 숭배해왔다(사 26:13).[41] 그리고 인간은 인간의 힘으로 자신들이 원하는 것을 이루기 힘든 경우 그들이 숭배하는 신들이 그들을 대신하여 이루어주기를 바랐다. 이것이 바로 이스라엘 구약의 역사이다. 그래서 율법의 핵심이 하나님 외에 다른 신을 섬기지 말라는 것이다(출 20:3).

---

41 이 부분에 대한 더 자세한 내용은 《하나님나라 관점에서 신구약 관통하기》(HTM)를 참고하라.

[출 20:3] 너는 나 외에는 다른 신들을 네게 두지 말라

[사 26:13] 여호와 우리 하나님이시여 주 외에 다른 주들이 우리를 관할하였사오나 우리는 주만 의지하고 주의 이름을 부르리이다

그런데 안타깝게도 우리는 지금도 성경을 이러한 관점에서 보고 있다. 예수님께서 놀라운 하나님나라의 비밀을 알려주셨지만 우리는 성령님을 통하여 그 하나님나라를 침노하여 체험하기보다는 여전히 하나님나라 밖에서 우리의 이성으로 하나님나라를 이해하려고만 한다. 그 결과 하나님의 통치(영적 세계)가 보이지 않는 세계를 통해 보이는 세계에 이루어진다는 차원적 관점으로 현실을 보지 못하고 있다. 그 결과로 우리는 하나님나라의 실체를 경험하지 못하고 있는 것이다.

시공간을 초월한 세계는 과거, 현재, 미래가 동시에 존재하는 현존세계이다. 그러나 시공간에 속한 세상에서는 과거, 현재, 미래가 시간의 흐름(비가역적인 엔트로피의 증가)과 삼차원의 공간 속에서 일과 사건을 통해서 측정되어진다. 하늘에서는 동시적이지만 이 땅에서는 그것이 일과 사건으로 나타나는 것이다. 보이는 세계에서의 시간은 일과 사건의 원인과 결과를 통해서 측정되어지는 것이지, 시간 자체가 존재하는 것이 아니다.[42]

이제는 하나님의 통치와 그 역사를 성령님 안에서 차원적 측면에서 시간적 관점으로 볼 줄 알아야 한다. 이렇게 볼 때 비로소 하나님나라

42 오늘날에도 여전히 과학계에서는 '시간'에 대한 정확한 정의를 내리지 못하고 있다. 또한 아인슈타인의 상대성이론을 통해 시간과 공간은 '절대적'이 아니라 '상대적'이라는 것이 이미 밝혀졌다.

의 비밀이 무엇인지를 깨닫고 누릴 수 있다.

4 하나님나라의 영역적 관점

오늘날 예수 그리스도로 말미암아 구원받은 우리는 어떤 세계에서 살아야 하는가? 지난 장들에서 실재세계는 보이는 세계인 물질세계와 보이지 않는 세계인 비물질세계(초양자장) 둘 다를 포함한다는 것을 여러 차례 강조하였다. 이를 바탕으로 영역적인 관점에서 볼 때, 두 부류의 그리스도인을 생각해볼 수 있다. 첫째 부류의 그리스도인은 예수님을 믿고 열심히 신앙생활을 하지만 하나님나라로 침노하지 않는 자들로서(즉 예수 그리스도 안에 거하지 않고 여전히 예수 그리스도 밖에서 예수 그리스도를 믿는 자) '신자'라고 할 수 있다. 그들은 하나님을 믿는다고 하지만 여전히 거짓자아(자유의지를 가진 혼이 몸의 종노릇하는)로 마귀의 통치 계략에 속아서 보이는 세계(영토)가 전부라고 생각하며 거짓자아가 주체가 되어 하나님을 위해서 살아간다(주권). 두 번째 부류의 그리스도인은 하나님나라로 침노하여 자녀의 삶을 사는 자들이며 '킹덤빌더'라고 볼 수 있다. 그들은 그리스도 안에 거하는 자이며 자기를 부인하고 자기 십자가를 짐으로써 혼이 하나님의 영 안에 있는 자들(친백성)이다. 예수 그리스도 안에 있는 믿음으로 보이지 않는 세계(영토)에서 말씀대로 생각하고 느낌으로써 이룬 실상을 보이는 세계(영토)에서 실체로 나타내는 삶을 살아간다. 즉 내가 주를 위해서 사는 삶이 아니라 주님께서 나를 통해서 나타나는 삶을 살아가는 것이다(주권). 킹덤빌더는 그리스도 안에서 날마다 보이지 않는 세계(죄로 인하여 잃어버렸던 본래 하나님의 영토)를 수복(收復 : 잃어버린 땅이나 권리를 되찾는 것)하는 삶을 사는 자이다.

[고후 4:18] 우리가 주목하는 것은 보이는 것이 아니요 보이지 않는 것이니 보이는 것은 잠깐이요 보이지 않는 것은 영원함이라

[골 3:1-2] 그러므로 너희가 그리스도와 함께 다시 살리심을 받았으면 위의 것을 찾으라 거기는 그리스도께서 하나님 우편에 앉아 계시느니라 위의 것을 생각하고 땅의 것을 생각하지 말라

위임된 통치권을 회복한 킹덤빌더의 삶이란?

하나님께서 천지만물을 창조하시고 6일째 이 세상을 통치할 수 있는 자녀를 창조하셨다. 가장 놀라운 신비는 인간을 창조하시되 자신의 형상(생명을 가진 자로서)을 따라 모양대로(생혼을 통하여 각자 하나님을 나타내도록) 지으셨다는 것이다(창 1:26-27, 2:7-8). 그 말은 하나님의 자녀로 하여금 보이지 않는 세계에 영이요 생명인 말씀대로 이루어진 실상을 봄으로써 보이는 세계의 실체를 통치하도록(보고, 변화시키고, 만들도록) 하셨다는 것이다. 이때 하나님 자녀의 믿음은 실체에 기초를 둔 거짓자아의 믿음이 아니라 예수 그리스도 안에 있는 믿음으로 보이지 않는 세계에 실상을 이미 이루어진 것으로 붙드는 것이다(막 11:24). 우리는 이 놀라운 비밀을 다음 구절들을 통해서 알 수 있다.

[히 10:16] 주께서 이르시되 그 날 후로는 그들과 맺을 언약이 이것이라 하시고 내 법을 그들의 마음(헬, 심중 : heart)에 두고 그들의 생각에 기록하리라 하신 후에

[겔 11:19-20] 내가 그들에게 한 마음을 주고 그 속에 새 영을 주며 그 몸에서 돌 같은 마음을 제거하고 살처럼 부드러운 마음을 주어 내 율례를 따르며 내 규례를 지켜 행하게 하리니 그들은 내 백성이 되고 나는 그들의 하나님이 되리라

[막 11:24] 그러므로 내가 너희에게 말하노니 무엇이든지 기도하고 구하는 것은 받은 줄로 믿으라 그리하면 너희에게 그대로 되리라

이것은 하나님께서 그분의 섭리와 경륜에 그분께서 지으신 자녀를 참여시키는 것이기도 하다. 하나님께서는 그분의 자녀를 통하여 그분의 통치권을 나타내시는 것이다. 하나님의 자녀가 하나님의 생명 안에서 하나님의 뜻대로 생각하고 느끼고 말함으로써(순종함으로써) 그분의 영광을 나타내도록 하신 것이다. 얼마나 큰 사랑이고 놀라운 은혜인가!

결론

하나님나라의 복음은 바로 하나님께서 통치하신다는 좋은 소식이다. 그것은 하나님의 통치를 나타내시는 예수 그리스도를 통하여 우리의 죄를 사하시고 우리 안에 다시 하나님의 영이 임하게 하심으로써 우리가 다시 하나님의 형상을 따라 모양대로 지음을 받게 하셔서, 하나님께서 예수 그리스도 안에 있는 우리를 통하여 그분의 뜻을 이루시는 것이다.

이제 우리는 예수 그리스도 안에서 우리 몸(생각, 감정, 신체)이 하나님

의 통치를 경험하고 그 통치를 나타내는 모양대로의 존재로 살아야 한다. 하나님의 형상을 따라 이 땅을 다스리는 것은 바로 우리의 혼이 하나님의 영 안에서 주의 말씀대로 생각하고 느낌으로써 보이지 않는 세계에 이미 이루어진 실상을 붙들고 예수 그리스도의 이름으로 그 실상을 보이는 세계에 선포함으로써 이 땅에 그 말씀대로의 실체를 나타내는 것이었다. 예수 그리스도 안에 있는 믿음은 바로 보이지 않는 세계에 말씀대로 이루어진 생각을 붙드는 것이고 그 생각대로 이루어진 감정을 우리 심중에 심는 것이다. "네 믿은 대로 될지어다"라는 말씀을 다시 묵상해보라.

따라서 하나님 자녀의 삶을 살기 위해서는 성령 안에서 무시로 기도하며 깨어 있어야 한다. 그렇게 함으로써 우리의 혼이 항상 하나님의 영 안에 거하도록 해야 하며, 말씀대로 생각하고 느끼고 말함으로써 우리의 심중을 새롭게 하고 보이지 않는 세계에 실상을 가지고 살아야 한다. 하나님께서 나타나시는 것이 내 존재이고 삶이다. 삶이란 우리의 내면을 나타내는 거울이다. 삶이 아름다움으로 경험되어지는가, 아니면 고통으로 경험되어지는가는 지금 이 순간 하나님께서 어떻게 나타나는가에 달려 있다. 즉 우리의 심중에 영이요 생명이신 말씀이 어떻게 심겨지고 수확되는가에 달려 있다는 것이다.

거짓자아로 살아가는 자는 그 혼이 세상에 있는 실체에 대한 생각과 감정에 초점을 두지만, 그리스도 안에 살아가는 자는 그 혼이 자신의 심중에 이루어지는 실상에 관심을 두고 살아간다. 즉 거짓자아로 살아가는 자는 보이는 세계의 물질에 붙들려 살지만, 그리스도 안에서 살아가는 자는 보이지 않는 세계에 하나님께서 보여주신 실상을 만드는 삶을 살게 된다(고후 4:18). 거짓자아는 (시공간에 제한된 행위보상적 사고방식에 기초하여) 자신의 능력과 시간으로 보이는 물질세계에 영향을 미치고자 하지만 하나님의 자녀는 성령과 말씀으로 (하나님의 통치에 따른 은혜의 법칙에 기초하여) 보이지 않는 세계에 영향을 미치고자 한다.

적용

V 이번 장을 통하여 다음 내용을 묵상해보라.

(1) 하늘에서 이루어지지 않는 것이 어떻게 이 땅에서 이루어질 수 있겠는가?

(그런데 우리는 이 땅에서 자신이 필요한 실체를 찾고 있다. 이제는 먼저 보이지 않는 세계에서 실상을 구해야 한다.)

(2) 하나님나라에 거하지 않는 자가 어떻게 하늘에서 이루어진 실상을 볼 수 있겠는가?

(보이지 않는 세계에 말씀대로 이루어진 실상을 가지기 위해서는, 초월의식을 가지는 것이 아니라 우리의 혼이 하나님의 영 안에 거함으로써 그리스도의 현존의식을 가지고 하나님의 통치 안에 있어야 한다.)

(3) 자기를 부인하고 자기 십자가를 지지 않고 어떻게 하나님나라에 거할 수 있겠는가?

(거짓자아로부터 벗어나지 않고는 결코 그리스도 안에 거할 수 없다.)

V 위 말씀에 기초하여 다음 질문에 답해보라.

(1) 당신은 보이는 세계의 실체에 초점을 두는 삶을 살고 있는가, 아니면 보이지 않는 세계의 실상에 초첨을 두는 삶을 살고 있는가?

(2) 어떤 실체(대상, 사물, 사건 등)에 대한 생각과 감정에 대해서 자유로운가, 아니면 그것들에 묶여서 살고 있는가?

(3) 당신의 생각과 감정이 진리인가, 실재인가, 힘이 있는가를 묵상해 보라.

(4) 성경에서 말하는 믿음이란 무엇을 의미하는가(롬 1:17)? 당신은 자신의 믿음으로 신앙생활을 하고 있는가, 아니면 예수 그리스도 안에 있는 믿음으로 신앙생활을 하고 있는가?

PART 3

하나님나라 안에서 매일 기적의 삶을 살아라

07 현재적 하나님나라 실현의 핵심원리를 깨달아라
08 뉴에이지가 모르는 킹덤 시크릿을 적용하라
09 매일 킹덤 시크릿으로 기적을 경험하라

지금까지 하나님나라에 관한 책들은 주로 성서신학적 그리고 실천신학적 관점에서 본 내용들이며 우리의 삶에 적용한 경우에도 대부분 거짓자아가 주체가 된 윤리·도덕에 관련된 내용이었다. 그러나 이제는 예수 그리스도 안에서 성령을 통하여 하나님의 통치가 하늘에서 이루어진 것같이 땅에서도 이루어지는 실제적인 삶을 살아야 한다.

KINGDOM SECRETS

07

현재적 하나님나라 실현의 핵심원리를 깨달아라

우리가 하나님나라의 삶을 산다는 것은(즉 그의 나라와 의를 구하는 삶은) 더 이상 오감으로 감각되어지는 형상세계(보이는 세계)가 아니라 물질과 대상 이전의 세계, 즉 비물질세계(보이지 않는 세계)에 초점을 두고 살아가는 것을 말한다(골 3:1-3). 시공간 안에서 내 노력과 인과법칙에 준하는 삶이 아니라 뜻이 하늘에서 이미 이루어진 것을(영이요 생명이신 말씀이 이미 이루어진 것을) 우리 몸으로 체험하고 그 결과를 이 땅에 현상이나 사건이나 형상으로 나타내는 삶을 살아야 한다는 것이다. 우리가 하나님 자녀가 누리는 은혜와 기적의 삶을 살기 위해서는 다음 11가지의 현재적 하나님나라 실현의 핵심원리를 깨달아야 한다.

1. 거짓자아라는 실재하지 않는 허상에서 벗어나야 한다

지금 우리가 '나'라고(자신이라고) 믿고 살아가는 그 존재는 세상에 대한 생각과 감정을 자신과 동일시하는 것으로 허상일 뿐이고 존재하지 않기에 거짓자아(에고)로 불린다. 그 생각과 감정은 단지 관념일 뿐이고 실재하지 않음에도 지금 이 순간에 자신의 기억에서 떠오르는 생각과 감정을 자신과 동일시하고 있는 것이다. 거짓자아로서 여전히 내가 예수 그리스도를 믿음으로 죄사함을 받았고 구원을 얻었다는 식의 십자가 대속만을 지나치게 강조하는 복음으로 살아가는 자는 이제 깨어서 하나님나라로 들어가야 한다. 십자가 대속 그 자체는 기독교의 핵심진리이다. 그러나 그 진리를 하나님의 관점에서 보지 않고 우리의 관점에서 봄으로써 하나님과의 생명적 관계없이 단지 자아독립적 개체로서 예수 그리스도를 믿기만 하면 죄사함을 받고 구원을 얻는다고 믿는 것은 올바른 복음관이 아니다.

십자가는 우리의 죄를 사함 받는 곳일 뿐만 아니라 우리가 그분과 함께 죽어야 할 곳이다. 우리가 믿음으로 그분의 죽음에 동참하여 함께 죽을 때 그분의 부활하심에도 동참하여 새로운 피조물로 거듭나는 것이다. 물과 성령으로 거듭난 자는 예수 그리스도 안에 새로운 피조물로서 더 이상 거짓자아에 속지 말아야 하며, 날마다 자기를 부인하고 자기 십자가를 짐으로써 하나님의 통치 안에 거해야 하고, 그의 의를 구하는 삶을 살아야 한다. 그것을 다른 말로 하면, 자유의지를 가진 혼의 구원을 이루어가는 것이다(벧전 1:9). 즉 혼이 더 이상 몸의 종노릇을 하지 않고 하나님의 영 안에 거함으로써 자신의 경험과 지식에 기초하여 올라오는 생각과 감정을 더 이상 자신과 동일시하지 않는 것이다.

우리는 거짓자아의 생각은 실재도 아니고 진리도 아니고 힘도 없으며 나도 아니라는 사실을 깨달아야 한다. (1) 실재가 아니라는 것은 실재에 대한 해석인 생각이 단지 기억에서 끄집어낸 관념일 뿐이라는 것이고, (2) 진리도 아니라는 것은 우리 심중에 기록된 자신의 경험과 지식에 기초한 생각일 뿐이라는 것이고, (3) 힘도 없다는 것은 모든 대상에 대한 인식은 내 믿음대로 투사하고 인식한 것임으로 내가 믿는 만큼 힘을 가지는 것이지 그 대상 자체가 힘이 있는 것이 아니라는 것이다. (4) 내가 아니라는 것은 거짓자아는 혼과 마음이 만들어낸 허상일 뿐이지 실재하지 않는다는 것이다.

2. 거짓자아의 의식이 아닌 그리스도 의식으로 살아가야 한다

거짓자아의 실체를 아는 것과 거짓자아가 없어지는 것은 동일한 것이 아니다. 우리는 거짓자아로 살면서도 얼마든지 거짓자아의 실체가 무엇인지를 알 수 있다. 깨달은 생각으로 말이다. 그렇다면 내가 없어지면 나는 어떤 사람이 되는 것일까? 내 삶의 역동성은 무엇일까? 외부의 무엇이 나로 하여금 삶을 살아가게 할까? 사실은 이런 질문에 대한 답이 없다. 아니 거짓자아의 의식으로는 답을 알지 못한다는 것이 더 정확할 것이다. 왜냐하면 답은 우리의 생각으로 알 수 없는 하나님의 영으로부터 오는 내적 변화를 통해 경험되어지기 때문이다. 그렇지만 만약 고민 끝에 어떤 답을 스스로 찾아냈다면 그것은 거짓자아가 만들어낸 것일 것이다.

그렇기 때문에 구원을 이루어가는 과정은 거짓자아의 관점에서 볼 때는 늘 의문과 혼돈 그 자체이다. 우리에게 의문과 혼돈이 일어나는 것은 성령의 도우심으로 인한 의식의 변화가 일어날 때 거짓자아가 자신의 죽음 대신에 새로운 방향을 잡고 자신의 정체성을 유지시키고자 하는 심리적 강박을 가지기 때문이다. 그러나 그 과정 가운데서도 그리스도 의식으로 살아가는 자는 자신을 포기할 때마다 하나님의 섭리에 따른 은혜를 경험하게 된다. 그래서 은혜는 값없이 주어지기는 하지만 한편으로는 위험한 것이다. 왜냐하면 은혜는 거짓자아의 죽음으로부터 주어지기 때문이다. 이 세상에서 살아가는 동안 은혜가 없다면 그리스도 의식의 삶은 불가능할 것이다. 즉 하나님의 신성과 원복이 내 몸에 경험되어지지 않는다면 어떻게 이 세상의 삶 가운데서 평강과 기쁨을 누릴 수 있겠는가? 따라서 거짓자아의 관점에서 볼 때 의인의 삶은 늘 불확실성 속에서 하나님에 의해서 주어지는 평강과 기쁨을 누리는 믿음의 삶이다. 이러한 삶은 그리스도 의식으로 살아갈 때만 체험되어질 수 있다. 그리스도 의식으로 살아간다는 것은 자신의 경험과 지식에 기초한 생각과 감정으로 살아가는 것이 아니라 먼저 눈앞에 나타나는 모든 상황과 처지를 있는 그대로 용납하고, 영이요 생명이신 주의 말씀대로 세상을 새롭게 보고 관계한다는 뜻이다.

3. 오감으로 감각하되 거짓자아로 인지하지는 말아야 한다

인간은 오감(시각, 청각, 촉각, 후각, 미각)을 통해 물리세계의 다양한 정보를 받아들인다. 눈으로 들어오는 빛을 '이미지 신호'로 변환시켜 뇌로 전달하고, 귀로 들어오는 음파를 '소리 신호'로 변환하여 뇌로 전달한다. 피부는 피부 수용체를 통해 '촉각 신호'를 뇌로 전달하며, 코는 공기 중에 있는 화학물질을 '후각 신호'로 변환하여 뇌로 전달한다. 후각과 밀접한 연관을 가지는 미각은 코, 입, 목에 분포해 있는 특수한 세포와 혀의 미각세포(맛세포)에 의해 다소 복잡한 과정을 거쳐 '미각 신호'로 변환하여 뇌로 전송하여 맛을 식별한다.

인간의 오감은 감각기관을 자극하는 정보만을 제한적으로 받아들이기 때문에 외부의 정보를 있는 그대로 100퍼센트 정확하게 받아들이지는 못한다. 인간의 청각은 가청주파수(20~20,000Hz) 내의 소리만 받아들일 수 있고, 시각은 가시광선(400~800nm)만 받아들일 수 있다. 후각은 기체 상태의 물질만, 미각은 액체 상태의 물질만 인식할 수 있다. 가장 익숙한 예로 눈의 착시 효과가 있다. 많은 회색 직선들이 교차하는 아래 그림에는 12개의 검은 점이 있는데, 눈의 착시효과로 점 12개를 한 번에 포착할 수는 없다. 한 점을 주목해서 보면 마치 주변의 점들이 사라진 것처럼 보이지 않다가 옆으로 시선을 돌리면 옆의 점들이 나타나고 그 전의 점들은 사라지는 것처럼 보인다.

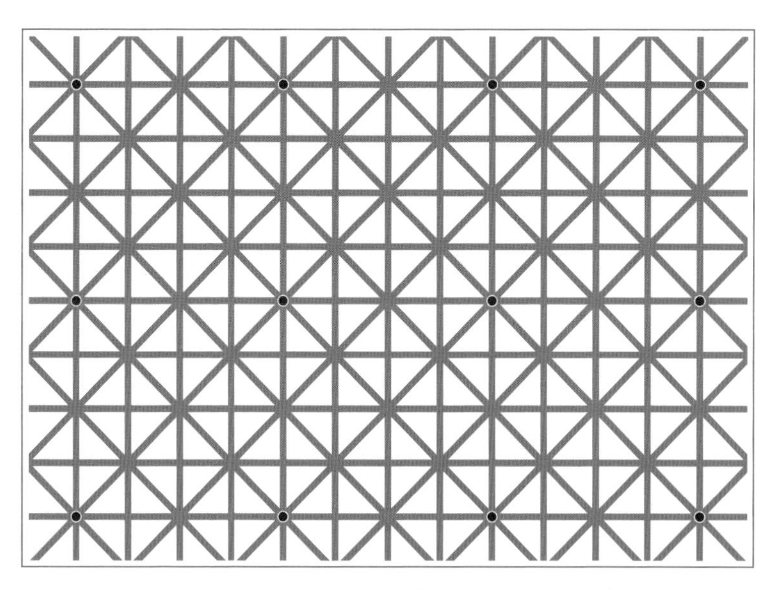

그림 1 니니오의 소멸 착시 현상(Ninio's extinction illusion)

이처럼 우리의 감각은 '외부의 정보'를 있는 그대로 100퍼센트 정확하게 인식하지 못한다. 오감을 통해 외부의 정보를 감각하는 동안에도 정보의 일부 손실 또는 왜곡이 일어나기 때문이다. 설상가상으로 이러한 감각 신호를 받은 뇌에서 과거의 경험과 학습으로 이미 형성된 신념체계와 사고체계를 바탕으로 해석하는 과정, 즉 '인지'하는 동안에도 외부 정보의 손실과 왜곡이 발생하게 된다. 이처럼 오감을 통한 감각과 뇌의 인지는 주관적이고 완전하지 않기 때문에 성경은 하나님의 자녀가 말씀을 믿음으로 행하고 보는 것으로 행하지 않아야 한다고 말씀하는 것이다.

[고후 5:7] 이는 우리가 믿음으로 행하고 보는 것으로 행하지 아니함이로라

오감을 통한 감각과 뇌의 인지 작용은 매우 짧은 시간 내에 일어나기 때문에 거의 동시에 일어난다고 볼 수 있다. 그렇기 때문에 우리는 보이는 대로 보는 것이 아니라 보고 싶은 대로 보기 십상이며 들리는 대로 듣는 것이 아니라 듣고 싶은 대로 듣게 된다. 특히 자신의 생각과 감정이 자기라고 믿는 거짓자아가 주체가 된 사람은 세상을 있는 그대로 보는 것이 아니라 보고 싶은 대로 바라보며 자신이 만든 상상의 이야기(정신세계) 속에서 살아간다. 하지만 거짓자아를 부인하고 그 혼이 하나님의 영 안에 거함으로써 성령님의 인도하심을 받는 사람은 오감을 통해 세상을 '감각'하기는 해도 거짓자아로 '인지'하지 않기 때문에 있는 그대로를 볼 수 있게 된다. 신체의 감각기관으로 '감각'하지만 거짓자아로 '인지'하지 않는 것이 훈련되면 될수록 그리스도 안에서 모든 것을 있는 그대로 볼 수 있게 된다.

4. 투사와 인식이 일어나는 두 차원의 세계를 알아야 한다

우리가 보이는 세계에 있는 물질과 대상을 인식할 때는 자신의 경험과 지식을 토대로 먼저 판단하고 믿고 난 다음 자신의 방식대로 투사하고 그 투사한 대로 인식한다. 예를 들어 페트병에 대해서 생각해보라. 만약 이전에 페트병을 한 번도 본 적이 없는 원주민이 페트병을 본다면 페트병에 대한 내면의 경험과 지식이 전무하기 때문에 그 대상을 무엇이라고 정의하거나 판단할 수 없다. 즉 페트병에 대한 과거의 경험과 지식이 없기 때문에 투사할 것이 없고 그렇기 때문에 페트병을 페트병이라고 인식할 수 없을 것이다. 그저 보이는 그대로 묘사할 수 있을 뿐이다.

그렇다면 투사하고 인식한다는 것이 무엇을 의미하는 것일까? 거울을 생각해보라. 당신이 거울에 손가락질을 하면 거울도 당신에게 손가락질을 하게 된다. 거울 속에 비친 당신이 먼저 손가락질을 한 것이 아니라 당신이 먼저 거울을 향해 손가락질을 했다는 것이다. 이처럼 우리가 어떤 것을 바라볼 때 그 사물이 그렇게 보이기 때문에 그런 것이 아니라 당신이 그 사물을 그렇게 보기 때문에 그렇게 보인 것이다. 즉 보이는 대로 믿는 것이 아니라 보는 대로 믿는 것이다.

그런데 이러한 투사와 인식은 알든 모르든 두 차원의 세계에 걸쳐서 일어난다. 어떤 실체에 대한 우리 심중의 믿음에 따른 생각은 보이지 않는 세계에 실상을 만들게 되고, 그 결과로 그 실상을 보이는 세계에 투사함으로써 그 실상에 대한 실체를 경험하게 되는 것이다. 그럴 때 우리 심중의 생각은 과거의 경험과 지식에 기초한 것이고 그 생각을 붙들 때 왜곡, 확대, 축소라는 심리적 상상을 통하여 자기 방식대로(주로 부정적으로)의 믿음을 가지게 된다. 따라서 어떤 물질이나 대상에 대한 믿음은 있는 그대로가 아니라 자기가 보고 싶고, 생각하고 싶고, 느끼고 싶은 대로의 실상을 만드는 것이다. 그리고 우리는 그 실상이 진리이고 실재이고 힘이 있는 것으로 여기고 투사하고 인식하는 것이다. 즉 보이지 않는 세계의 실상을 가지고 보이는 세계의 물질이나 대상에 투사한 대로 실체로 인식하는 것이다. 그렇기 때문에 동일한 대상인데도 각자 인식한 대로 다르게 보게 되는 것이다.

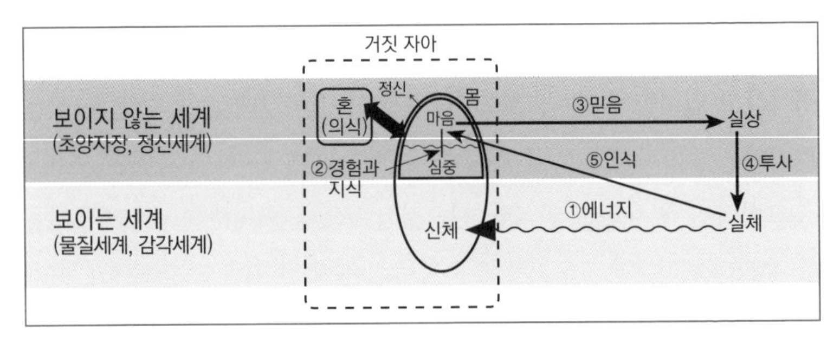

그림 2 거짓자아가 주체일 때 두 차원의 세계에서 일어나는 투사와 인식

한편 거듭난 하나님 자녀는 그 혼이 하나님의 영 안에 거하기 때문에 거짓자아로 살아가는 자들이 행하는 두 차원의 투사와 인식과 달리 세 차원에 걸친 투사와 인식을 하게 된다. 우리는 믿은 대로 투사하고 인식한다. 믿는다는 것은 보이지 않는 세계의 실상을 붙든다는 뜻이다. 그리고 투사한다는 것은 보이지 않는 세계에서의 실상으로 보이는 세계의 실체를 본다는 것이다. 그리고 인식한다는 것은 보이는 세계의 실체를 투사한 대로 경험한다는 뜻이다. 우리가 거짓자아로 살 때는 보이는 세계에 있는 실체를 자신의 내면에서 자기방식대로 판단한 실상대로 투사하고 인식한다. 거짓자아는 두 차원의 세계를 경험하는 것

이다. 그러나 우리가 그리스도 안에 거할 때는(우리의 혼이 하나님의 영 안에 거할 때는) 보이는 세계에 있는 실체를 있는 그대로 허용하게 되고, 영이요 생명인 말씀대로 보이지 않는 세계에서 이루어진 실상을 보고, 그것을 보이는 세계의 실체에 투사하고 인식하게 된다.

[히 11:3] 믿음으로 모든 세계가 하나님의 말씀으로 지어진 줄을 우리가 아나니 보이는 것은 나타난 것으로 말미암아 된 것이 아니니라

[마 6:10] 나라가 임하시오며 뜻이 하늘에서 이루어진 것 같이 땅에서도 이루어지이다

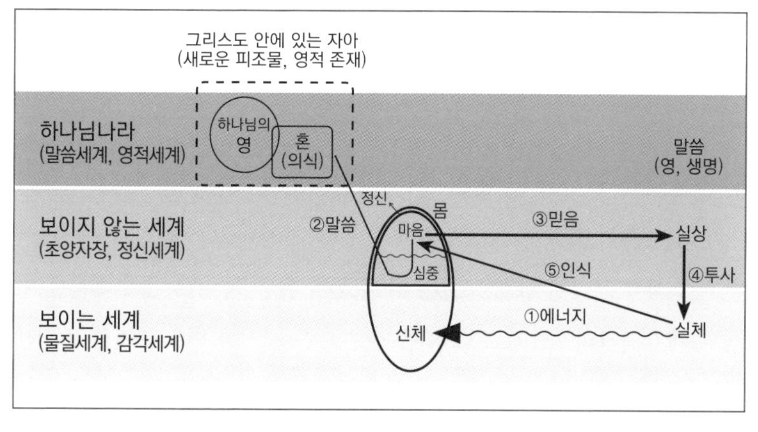

그림 3 그리스도 안에서 세 차원에 걸쳐서 일어나는 투사와 인식

거짓자아로 실체를 본다는 것은 보이지 않는 세계에서 이미 내 경험과 지식에 기초하여 이루어진 실상대로 투사하고 인식하는 것이다. 따라서 우리가 어떤 것을 볼 때 아직 변화되지 않았고 예전과 동일하다

고 생각하고 느끼는 것은 거짓자아의 생각으로 만든 이전의 실상을 투사하고 인식한 것뿐이다. 변화된 실체를 보기 위해서는 그리스도 안에서 하나님께서 말씀대로 이루신 새로운 실상을 가져야 한다. 따라서 우리가 하나님나라의 삶을 살고자 할 때는 거짓자아로 보이는 세계에서의 실체(자신의 과거 경험과 지식에 기초한 실상으로 투사한 실체)에 묶인 삶을 사는 것이 아니라 그리스도 안에서 하나님께서 보여주신 대로 보이지 않는 세계의 실상을 붙들 줄 알아야 한다. 왜냐하면 실상을 통해서 실체가 나타나기 때문이다. 그런데 마귀는 우리로 하여금 하나님께서 이루신 실상을 보지 못하게 하고 거짓자아인 내가 만든 실체에 묶이기를 원한다. 그래서 우리는 믿음의 선한 싸움을 통해 혼이 거짓자아에 묶이는 것이 아니라 그리스도 안에 늘 거함으로써 하나님께서 그려주시는 새로운 실상을 가질 수 있어야 하는 것이다.

5. 믿음으로 투사할 때 힘이 주어진다는 것을 깨달아야 한다

우리는 흔히 보이는 세계의 실체가 힘을 가진다고 생각한다. 특히 어떤 부정적이고 악한 대상, 사물, 사건 등이 힘을 가지고 있기 때문에 힘들고 괴로워한다. 그리고 그 힘을 이기거나 제거하거나 통치하기 위해서 애를 쓴다. 예를 들어 질병, 가난, 악한 사람, 고통 등을 생각해보라.

그러나 우리가 깨달아야 할 사실은 보이는 세계의 실체 자체가 힘을 가진다고 생각하는 것이 잘못된 믿음이라는 것이다. 왜냐하면 외부에 있는 실체 그 자체가 힘을 가지는 것이 아니라 그 실체에 대한 믿음만큼 그 실체가 힘을 가지게 되기 때문이다. 왜 눈에 보이는 질병이 힘들고 고통스러운가?[43] 감당할 수 없다는 믿음으로 만든 실상을 실체에 투사하고 인식하기 때문이다.

그렇다면 그렇게 믿고 투사하고 인식하는 나는 누구인가? 자신의 경험과 지식에 기초한 믿음으로 만든 실상을 실체에 투사하고 인식하는 거짓자아이다. 그렇다면 그 거짓자아가 죽으면 어떻게 되는가? 어떤 실체, 즉 사람도 사물도 사건도 힘이 없어진다. 성경적으로 볼 때 이렇게 투사하고 인식하는 것이 바로 육신의 생각이다. 육신의 생각으로는 결코 하나님의 말씀대로 생각을 할 수 없다. 단지 말씀에 대한 자신의 생각을 가질 뿐이다.

> [롬 8:6-8] 육신의 생각은 사망이요 영의 생각은 생명과 평안이니라 육신의 생각은 하나님과 원수가 되나니 이는 하나님의 법에 굴복하지 아니할 뿐 아니라 할 수도 없음이라 육신에 있는 자들은 하나님을 기쁘시게 할 수 없느니라

인간이 타락한 후에는 하나님과 분리되었다는(거짓자아 의식에 기초한) 보편적 믿음을 가지고 있다. 이 믿음은 개인적으로 무엇인가를 잘못해서 그렇게 되었다기보다는 역사 이래로 세상 신인 마귀가 우리를 속이고 통치해왔기 때문이다. 그래서 우리가 구원을 받은 후에도 여전히 하나님을 섬기기는 하지만 예수 그리스도 안에서 우리가 하나님과 하나 되어 하나님을 나타내는 존재가 되었다는 사실을 알지 못한다. 우리가 하나님과 분리될 때 거짓자아가 주체가 되고 그 결과로 나와 나,

---

43 지금 질병 자체가 없다거나 질병이 주는 통증이 없다고 말하는 것이 아니다. 그것은 있지만 그 자체로 보지 않고 그것에 대해 내 생각으로 만든 고통과 두려움을 말하는 것이다.

나와 다른 사람, 나와 세상 모두가 분리되고, 우리의 생각은 이원성을 띠며 하나님 밖에서 하나님을 바라봄으로써 선과 악을 나누게 된 것이다. 그리고 우리는 스스로 악에 대해서 힘을 주고 그 악을 대적하고자 하며 스스로 할 수 없을 때 하나님에 의지하여 그 악을 물리치고자 하는 것이다.

우리가 생각하고 느끼고 체험하는 모든 악과 부정적인 힘은 인간이 하나님의 법 밖에서 타락한 우리의 혼의 생각과 마귀의 속임에 의해서 만들어진 것이다. 마귀는 세상 신으로 우리 자신이 누구인지 자신의 정체성을 깨닫지 못하게 하고, 늘 외부 세계의 실체에 묶인 삶을 살도록 우리에게 거짓말을 하고 속이고 유혹하고 두렵게 하고 참소하는 일을 하고 있다. 또한 우리 스스로 하나님과 분리된 자아독립적 존재로 의식하게 하고, 이 세상에서 생존의식, 피해의식, 결핍의식, 투쟁의식을 가지고 진리에 기초한 실상이 아니라 보이는 실체에 기초하여 자신을 변화시켜 가도록 속이고 있는 것이다.

6. 사탄과 그 졸개들의 계략을 알아야 한다

마귀는 타락한 인간으로 하여금 스스로 하나님과 분리된 채 자아독립적 개체로 의식하게 하고 거짓자아로 이원성을 가지고 하나님 밖에서 선과 악을 판단하게 만든다. 그리고 스스로 육적 존재로 의식하게 하고 보이는 세계의 실체에만 묶인 삶을 살도록 한다. 좀 더 구체적으로 설명하자면 다음과 같다.

첫째, 마귀는 인간이 믿은 대로 투사하고 인식하는 것을 알지 못하게 하고, 자신이 믿은 대로 보는 것이 아니라 단순히 보이는 대로 믿는 것이라고 생각하게 한다. 즉 계속해서 보이는 세상에 대한 생각과 감정을 가짐으로써 거짓자아에 묶인 삶을 살도록 하는 것이다.

둘째, 마귀는 우리로 하여금 심리적 동일시, 심리적 시간과 상상을 통해서 물질과 대상에 대한 실상을 만들게 함으로써 자신의 경험과 지식에서 벗어나지 못하게 한다. 그렇기 때문에 우리는 늘 심리적 시간과 심리적 상상을 통하여[44] 지금의 상황이나 처지보다 부정적이고 더 좋지 않은 것을 투사하고 인식하게 된다. 그것이 바로 마귀의 전략이다. 우리의 심중에 죄책감, 두려움, 탐욕과 쾌락, 거짓말, 부정적 판단 등을 심음으로써 그 경험과 지식에 기초한 악하고 더럽고 파괴적이고 비상식적 생각으로 실상을 만들고 믿게 하고, 그것을 투사하고 인식하게 한다.

셋째, 마귀는 우리가 하나님나라의 차원적 측면을 보지 못하게 하고, 보이는 세계가 전부인 것처럼 여기고 보이지 않는 세계를 보지 못하게 하고 있다(고후 4:18). 즉 거짓자아로 살아가는 포로수용소로부터 벗어나지 못하게 하는 것이다. 마귀는 지금도 우는 사자처럼 두루 다니며 이 진리를 깨닫지 못하는 자를 도둑질하고 있다는 것을 알아야 한다(벧전 5:8).

넷째, 거짓자아의 믿음으로 투사한 대로 인식하게 되면, 대상 그 자체가 힘이 있는 것이 아니라 그 대상을 투사하는 자신이 그 대상에 힘을 실어주게 된다. 그런데 마귀는 인간으로 하여금 보이는 세계의 물질과 대상이 힘이 있다고 믿게 한다. 그렇게 함으로써 평생 외부 환경과 대상 때문에 힘들어하고 고통스럽게 함으로써 "…때문에" 서서히 죽어

---

44 이 부분에 대해서 더 구체적인 내용을 알기 원하면 《킹덤빌더의 영성》(규장) 141-162쪽을 참고하라.

가도록 만드는 것이다.

다섯째, 모든 인간들이 그렇게 살도록 하여 보이지 않는 세계에서 악의 실상이 점점 더 가득하게 함으로써(창 6:5) 보이는 세계의 창조질서를 무너뜨리고 사랑이 식어지게 하고 불법이 넘쳐나게 해서 이 세상을 멸망시키고자 하는 것이다.

예수님께서는 왜 하나님나라의 복음을 선포하시고 그 나라의 삶을 보여주셨는가? 그것은 바로 지금 우리가 알든 모르든 마귀의 통치 아래 있기 때문이고, 우리로 하여금 다시 하나님의 자녀가 되도록 하기 위함이다. 그런데 안타까운 사실은 예수 그리스도로 인하여 구원받은 그리스도인들 대부분이 여전히 진정한 자신이 누구인지도 그리고 마귀의 통치 아래 있다는 사실도 알지 못한 채 몰래 들어와 우리의 마음을 도둑질해 가는 마귀의 계략에 넘어가고 있다는 것이다. 이제는 마귀의 계략과 전략을 깨닫고 거짓자아에서 벗어나 하나님의 위임된 통치권을 다시 회복해야 하며 마귀의 일을 멸해야 한다.

7. 그리스도 안에 거함으로써 모든 문제로부터 자유함을 경험하라

하나님의 법 밖에서 거짓자아로 자신의 삶과 세상을 바라본다면 율법에 기초하여 선과 악, 건강과 질병, 부와 빈곤 등으로 모든 것을 이원적으로 나누게 된다. 우리는 지금까지 이러한 관점으로 인생의 문제들을 당연한 것으로 생각하고 그것을 경험하는 것이 인생이라고 믿고 살아왔다. 타락한 후의 삶은 눈에 보이는 실체에 묶인 삶을 사는 것이고, 그것은 하나님 법 밖에서 자신의 생각대로 사는 삶이다. 그것은 스스로 실체를 변화시키는 삶을 사는 것이다. 즉 이러한 문제들을 해결하기 위해서는 자신이 열심히 노력하여 해결하거나 자신의 능력 밖의 문제라면 신의 도움을 받아야 한다고 믿어 온 것이다.

그러나 여러 차례 언급한 것처럼 세상의 모든 대상과 사물과 사건 그 자체에는 힘이 없다. 거짓자아의 믿음으로 투사하는 바로 그 행위가 투사한 대상에 힘을 실어주게 되고 그 결과로 그 대상에 투사한 믿음의 정도만큼 합법적으로 힘을 가지게 되는 것이다. 우리가 어떤 일에 대해서 고통을 받고 그 일을 해결해야 하는 것은 우리가 그것이 문제라고 믿고 투사했기 때문이다. 그것이 바로 그 문제라는 실체에 힘을 주는 것이다. 우리는 어깨에 짐을 잔뜩 짊어지고 죄와 질병과 잘못된 탐욕과 외로움과 빈곤과 싸우며 살아야 한다고 생각한다. 그러나 그것은 내가 만든 힘이지 실제 힘이 아니다. 우주에 존재하는 유일무이한 힘은 창조의 능력으로 나타난 하나님의 힘밖에 없다.

우리가 예수 그리스도 안에 있으면, 즉 거짓자아의 믿음으로 그 어떤 것에도 투사하지 않는다면 우리는 맞서 싸워야 할 대상이 없다. 어떤 실체가 나에 대해 힘을 가지는 것도, 두려움을 주는 것도, 그들과 싸워야 하는 것도 거짓자아가 주체인 삶을 살기 때문이다. 우리는 스스로 그 대상을 이길 수 없다고 생각하기 때문에 하나님께 그 문제를 해결해달라고 기도한다. 그러나 그것은 이미 그 실체에 힘을 주고 그 힘에 묶여 있는 상태에서 기도하는 것이기 때문에 하나님께서는 도와주고 싶어도 도와주실 수가 없다. 게다가 우리는 문제 해결을 위해 하나님과 분리된 상태에서 어떤 헌신을 지불함으로써(또는 하나님의 요구를 들어주는 대가로) 하나님으로부터 그것을 얻어내고자 하기 때문에 자신의 잘못에 대한 죄책감과 하나님께 잘 보여야 한다는 부담감과 해결해야 할 문제로 인한 두려움으로 가득찬 상태에서 힘겨운 신앙생활을 해

나가고 있는 것이다. 이것이 바로 수고하고 무거운 짐진 자의 상태이며(마 11:28) 거짓자아가 주체가 되어 십자가 대속의 복음을 따르고 있는 기독교인의 현실이다.

하지만 우리가 그리스도 안에 거한다면 그 어떤 것도 문제가 되지 않는다. 우리는 세상의 대상, 사물, 사건 등과 싸우지 말아야 한다. 왜냐하면 세상은 있는 그대로이고 나에게 어떤 힘도 가하지 않기 때문이다. 모든 고통과 괴로움은 있는 그대로의 세상과 우리가 세상에 대해서 만든 상상의 이야기와의 괴리감[45] 때문에 생겨난 것이다. 또한 우리가 싸워 없애고자 하는 것은 우리가 만든 나의 이야기(어떤 존재, 어떤 상태, 어떤 상황이 되어야 한다는 이야기)와 나타난 실체에 대해서 내 방식대로 만든 실상과의 괴리감 때문에 만들어진 것이다. 내 생각은 진리도 아니고, 실재도 아니고, 힘도 없다. 그런데 우리가 그것들과 싸우고 있는 것이다. 이것을 깨닫게 된다면 더 이상 내가 하나님께 무엇인가를 구하지 않게 된다. 왜냐하면 거짓자아인 나를 보호하고 유지하기 위해서 싸워야 할 모든 것이 사라지기 때문이다. 그동안 자신이 하나님께 무엇인가를 구해야 했던 근본 원인이 자신의 거짓자아로 부족과 결핍에 따른 욕구와 어떤 대상에 힘을 주었기 때문이라는 것을 깨닫게 되면 오히려 거짓자아로부터 벗어나 그리스도 안에 들어감으로써 그분 안에서 모든 것을 있는 그대로 보게 되고 모든 것이 온전함(어떤 부족과 결핍도 없는 원복)을 알게 된다.

이제는 거짓자아의 죽음을 체험함으로써 자신의 진정한 존재인 그리스도 안에 있는 새로운 자아로 돌아가야 한다. 그것이 바로 예수 그리

45 괴리감(乖離感) : 서로 어그러져 동떨어져 있는 느낌

스도 안에 새로운 피조물이 되는 것이다. 하나님으로부터 나서 그리스도 예수 안에 존재하는 것이다(고전 1:30). 이제는 예수 그리스도 안에 거함으로써 세상에 어떤 힘도 존재하지 않는다는 것을 알아야 한다. 생각해보라. 내가 만든 믿음이 실체에 힘을 주지만 내가 없는데 무슨 힘이 있겠는가? 내가 있기 때문에, 내가 존재해야 하기 때문에 힘이 만들어진 것이다. 내가 죽을 때, 즉 성령님에 의해 거짓자아의 죽음이 체험될 때 그리스도 안으로 들어갈 수 있으며, 그때 그 어떤 문제도 더 이상 나에게 아무런 문제가 되지 않는 놀라운 자유와 해방감을 경험하게 된다. 그때부터 우리의 혼은 몸을 통하여 주의 뜻을 이룰 수 있게 되는 것이다.

8. 영적 세계에서 보이지 않는 세계를 새롭게 보는 비밀을 깨달아야 한다

하나님께서는 만물을 창조하셨다. 그리고 창조하신 모든 것이 보시기에 좋았다. 그렇다면 하나님께서 창조하시지 않은 것은 어떤 것도 창조된 것이 아니다. 생각해보라. 질병, 갈등, 불화, 부조화, 죽음 등을 하나님께서 창조하셨는가?[46] 그렇지 않다. 이러한 것들, 하나님이 창조하시지 않은 모든 것은 타락한 인간의 생각과 마귀의 속임수에 의해서 만들어진 것이다. 따라서 우리가 다시 하나님 안에 거할 때는 마귀의 통치로부터 벗어나서 인간의 생각으로 만든 모든 것을 제거함으로써 이 땅에 다시 주의 뜻을 이룰 수 있게 된다.

---

46 우리는 무에서 유가 된 것은 창조(create)되었다고 말하지만, 유에서 유가 된 것은 만들어졌다고(make) 말한다.

모든 부정적이고 악한 것들은 본래 있는 것이 아니라 본래 없어야 하는데, 마귀의 속임수와 타락한 인간의 생각에 의해서 만들어진 것이다. 그것들이 실체로 존재하지 않는다는 것이 아니라 없어야 할 것들이 타락한 인간의 믿음으로 만들어진 것일 뿐이라는 것이다. 따라서 그 실체에 해당되는 실상은 본래 존재하지 말아야 할 것이 존재하고 있는 셈이다. 왜냐하면 내 잘못된 믿음으로 만들어진 것이기 때문이다. 따라서 이제 우리가 그리스도 안에 있다면 보이는 세계에 나타난 실체의 근원이 되는 실상을 변화시켜야 한다. 우리가 새로운 실상을 가지는 것을 성경에서는 영의 생각이라고 말한다. 이것은 영이요 생명인 말씀이 우리의 몸(생각, 감정, 신체)을 통치하는 것이지 내(거짓자아)가 말씀을 생각하는 것이 아니다.

[롬 8:6] 육신의 생각은 사망이요 영의 생각은 생명과 평안이니라

[롬 8:12-13] 그러므로 형제들아 우리가 빚진 자로되 육신에게 져서 육신대로 살 것이 아니니라 너희가 육신대로 살면 반드시 죽을 것이로되 영으로써 몸의 행실을 죽이면 살리니

실체는 존재하지만 실상에 의해서 만들어진 것이다. 따라서 우리는 거짓자아의 실상을 가지는 것이 아닌, 우리의 혼이 하나님의 영 안에서 영의 생각으로 새로운 실상을 가져야 한다. 다시 생각해보라. 하나님 나라 안에 질병, 고통과 괴로움 그리고 죄와 죽음이 있는가, 없는가? 다시 말하자면 하나님께서 그러한 것들을 창조하셨는가? 그렇다면 그것은 어떻게 만들어졌는가? 우리가 하나님 법 밖에서 거짓자아의 생각

으로 그 실상을 만듦으로써 그에 따른 실체가 나타난 것 아닌가? 그렇다면 우리가 하나님의 통치 안에 거하는 하나님 자녀라면 어떻게 해야 하는가? 다시 한번 생각해보라. 지금 보이는 세계에서 겪는 실체가 없다고 부정하는 것이 아니다. 죄와 질병과 고통이 없다는 것이 아니다. 그 실체는 마귀의 속임에 의해서 내(혹은 인류가)가 보이지 않는 세계에서 만든 실상에 의해 나타난 것이고 만들어진 것이다. 그렇다면 우리는 다른 실상을 가져야 한다.

대부분의 그리스도인들은 여전히 거짓자아로 실체에 초점을 둔 삶을 살아간다. 그것은 바로 우리로 하여금 하나님과 분리된 존재로 살게 하는 마귀의 계략에 속고 있는 것이다. 그러나 우리가 예수 그리스도 안에 거하면 더 이상 보이는 세계의 실체에 초점을 두는 것이 아니라 말씀대로 이루어진 보이지 않는 세계의 실상에 초점을 두는 삶을 살아야 한다. 그렇게 함으로써 그동안 알지 못했던 보이지 않는 세계의 통치권을 회복시켜야 한다.

거짓자아에 의해 보이는 세계에서 이원적으로 나누어진 것은(즉 선과 악은) 하나님 통치의 관점에서 볼 때 보이지 않는 세계에서는 존재하지 않는다. 그것은 타락한 우리가 만든 것뿐이다. 본래 하나님나라에서 창조되는 실상에는 그러한 것들이 없었다. 그리스도 안에서 죄와 질병과 죽음과 고통이 없다고 말하는 것은 보이는 세계에서의 그 실체를 부정하는 것이 아니라 우리의 심중에 만들어진 실상을 부정하고(잘못 만들어낸 실상이 허상임을 깨닫고) 존재하지 않음을 의식하고 하나님의 영 안에서 말씀대로 만들어진 새로운 실상을 가진다는 뜻이다. 이를 위해 예수님께서 우리에게 주신 것이 바로 '천국 열쇠들'이다.

[마 16:19] 내가 천국 열쇠(the keys of the Kingdom of Heaven)를 네게 주리니 네가 땅에서 무엇이든지 매면 하늘에서도 매일 것이요 네가 땅에서 무엇이든지 풀면 하늘에서도 풀리리라 하시고

천국 열쇠들은 우리가 하나님의 영 안에 거할 수 있는 열쇠이고, 하나님의 의를 이룰 수 있는 열쇠이다. "매일 것이요… 풀리리라"의 헬라적 뜻은 "매여져서(하늘에서) 있을 것이요 (땅에서)풀어져서 있을 것이요"라는 뜻이다. 이것은 차원적 의미를 지닌다. 몸은 비록 땅에 있지만 그리스도 안에 있는 진정한 자아는 하나님나라인 영적 세계(셋째 하늘)에 있음을 깨닫고 보이지 않는 세계에 마귀와 타락한 인간이 만들어낸 실상을 묶고 새로운 실상을 풀 때 하나님의 말씀에 의해서 이루어진 실상에 따른 실체가 이 땅에 나타나는 것이다.

9. 하나님께서 보여주시는 대로 생각하고 느낌으로써 실상을 붙들어야 한다

우리는 "말씀을 붙들어야 한다" 또는 "믿어야 한다"라는 말은 많이 들어왔다. 그러나 "말씀대로 세상을 본다" 또는 "말씀대로 생각하고 느껴야 한다"라는 말은 생소하게 느껴진다. 이것은 '주체'의 차이다. 전자는 거짓자아로 말씀에 대한 자신의 생각을 붙드는 것이며 그것은 결국 진리에 대한 지식과 정보일 뿐이다. 그러나 후자는 그리스도 안에서 영이요 생명인 말씀 자체를 그대로 생각하고 느낌으로써 자신의 몸(생각, 감정, 신체)을 변화시키는 것이며, 그때의 말씀은 진리 그 자체이고 능력이 된다. 그러나 실제로 말씀대로 생각하고 느끼는 것은 쉬운

일이 아니다. 그것은 그리스도 안에 거할 때 성령님을 통해서 주어지는 것을 생각하고 느끼는 것이지, 내가 말씀대로 생각하고 느낄 수 있는 것이 아니기 때문이다.

하나님께서 보여주시는 대로 생각하고 보이지 않는 세계에 실상을 가지기 위해서는 예수 그리스도 안에 있는 믿음이 있어야 한다. 그 믿음은 혼이 자신의 생각과 감정을 자신과 동일시하지 않을 때 주어진다. 따라서 우리의 관점에서 볼 때 우리가 할 수 있는 유일한 것은 우리의 혼이 하나님의 영 안에 거함으로써 하나님께서 보여 주시고 행하시는 것을 허용하는 것뿐이다.[47] 말씀은 영이요 생명이다. 말씀 자체를 거짓자아인 내가 받아들이는 것이 아니라 우리의 혼이 하나님의 영 안에 거함으로써 영이요 생명인 말씀대로 이루어진 것을 보이지 않는 세계에 나타내는 것이다. 그 일은 우리가 해야 하는 것이 아니라 하나님께서 하시는 것이다. 이것을 깨닫고 누리는 것이 얼마나 중요한지를 알아야 한다.

하나님 안에서 온전한 믿음을 가지기 위해서 이해가 되지 않더라도 우리가 받아들여야 할 중요한 진리가 있다. 그것은 바로 하나님께서는 말씀이시고 그 말씀을 통해서 자신을 드러내고 계신다는 것이다. 즉 하나님께서는 하나님 자신을 스스로 나타내고 계신다는 것이다. 따라서 내가 말씀대로 생각하고 상상하고 느끼는 것이 아니라 하나님께서 보여주시는 대로 하나님의 영 안에 있는 혼이 생각하고 상상하고

---

47 인간은 의식의 주체가 '내가'가 아니면 어떤 과정이나 경험을 이해하기가 어렵다. 왜냐하면 평생 내가 모든 경험의 주체라고 여기며 살아왔기 때문이다. 그렇기 때문에 '그리스도가'를 좀 더 쉽게 깨닫도록 하기 위해서 거짓자아의 깨달은 생각으로 허용한다는 말을 사용한 것이다. 내가 주체가 된다는 뜻이 아니라 하나님께서 행하시는 것을 방해하지 않는다는 의미에서 허용한다는 말을 사용한 것이다.

느끼는 것이다.

혼은 영을 의식하고 그 영에 의해서 주어진 것을 선택하고 나타내는 존재이지 없는 것을 만들어내는 존재가 아니다. 우리의 혼이 하나님의 영 안에 거할 때 생명의 말씀이 각각 개별화된 하나님의 현현으로 몸(생각, 감정, 신체)을 통하여 이 땅에 그분을 나타낸다는 말이다. 따라서 우리가 해야 할 일은 하나님께서 하시는 일을 허용하고 받아들이는 것이지, 내가 그 일을 하는 것이 아니라는 것을 알아야 한다. 그런데 대부분의 경우 자신이 말씀대로 생각하고 느끼고자 애쓴다. 그렇게 하는 순간 우리의 혼은 다시 몸의 종노릇하게 되며, 자신의 경험과 지식에 기초하여 말씀대로 생각하고 느끼는 것이다. 그리스도 안에서 시작했지만 결국 그리스도 밖에서 자기 방식대로 행하는 것이다. 그렇기 때문에 하나님께서 주시고자 하는 온전한 실상을 제대로 가지지 못하고, 또한 자신이 믿는 실상 때문에 의심을 품게 되는 것이다. 이 사실을 제대로 깨닫기 위해서는 다음 말씀을 통해서 예수님께서 어떻게 하셨는지를 묵상해보라.

[요 5:19] 그러므로 예수께서 그들에게 이르시되 내가 진실로 진실로 너희에게 이르노니 아들이 아버지께서 하시는 일을 보지 않고는 아무 것도 스스로 할 수 없나니 아버지께서 행하시는 그것을 아들도 그와 같이 행하느니라

[요 8:28] 이에 예수께서 이르시되 너희가 인자를 든 후에 내가 그인 줄을 알고 또 내가 스스로 아무것도 하지 아니하고 오직 아버지께서 가르치신 대로 이런 것을 말하는 줄도 알리라

[요 14:10] 내가 아버지 안에 거하고 아버지는 내 안에 계신 것을 네가 믿지 아니하느냐 내가 너희에게 이르는 말은 스스로 하는 것이 아니라 아버지께서 내 안에 계셔서 그의 일을 하시는 것이라

예수님께서 "스스로 할 수 없고, 스스로 아무것도 하지 않고, 스스로 하는 것이 아니라"고 하신 것은 무엇을 뜻하는가? 예수님 스스로 생각하는 것이 아니라 아버지께서 보여주시는 대로 생각하고 말하고 행하신 것이다. 마찬가지로 우리도 예수 그리스도 안에서 하나님께서 말씀대로 보여주시는 것을 생각하고 느끼고 말할 줄 알아야 한다. 그렇다면 우리는 지금 그것을 얼마나 허용하고 있는가? 이것이 바로 보이지 않는 세계에 온전한 실상이 하나님의 뜻대로 이루어지는 비밀이다. 예수님께서는 하나님 아버지께서 자신 안에서 그분의 일을 마음껏 하시도록 온전히 아버지께 자신을 허용하는 삶을 사셨다(요 14:10). 우리 삶의 모델이 되시는 예수님께서 그렇게 사셨다면, 우리도 예수 그리스도 안에서 그렇게 해야 하지 않겠는가?

인간은 의식의 주체가 '내가'가 아니면 어떤 과정이나 경험을 이해하기가 불가능하다고 생각한다. 왜냐하면 평생토록 자신이 모든 경험의 주체라고 생각하며 살아왔기 때문이다. 지금 당장 주님께서 말씀대로 보여주시는 것을 허용한다고 생각해보라. 그러면 금방 당신의 혼의 상태를 당신의 반응을 통해 알 수 있다. 거의 대부분 '어떻게 그런 일이 일어날 수 있을까?' 그리고 '아무런 노력 없이 허용만 한다고 진짜 될까?'라는 의구심과 두려움이 들 것이다. 그것은 바로 혼이 다시 몸의 종노릇하며 거짓자아로 판단하기 때문이다. 우리는 이전에 없었던 생각이나 상상이 일어나면 '내가 이런 생각을 하다니 미친 거 아니야? 현실적

으로 힘든 일인데 정말 이런 일이 일어날 수 있을까? 내가 상상도 할 수 없었던 일이라 좋기는 한데 불가능한 거야!' 등과 같은 반응이 즉각적으로 자동적으로 올라온다.

우리는 왜 그렇게 반응할까? 바로 무의식 가운데 의구심과 두려움으로 인하여 거짓자아가 방해하고 있기 때문이다. 하나님께서 그의 일을 행하시는 것을 거짓자아가 허용하지 않는 것이다. 왜냐하면 내 경험과 지식에는 없는 일이기 때문이다. 그렇다면 그렇게 하도록 조정하는 자가 누구일까? 바로 우리의 생각이 자신의 경험과 지식에 기초한 데서 벗어나지 못하도록 함으로써 우리를 보이는 세계에 묶어두려고 하는 마귀이다. 우리는 그렇게 되는 것이 마귀의 계략이라는 것을 깨달아야 한다.

이러한 마귀의 계략을 간파하고 거짓자아에서 벗어나 그리스도 안에 거하기 위해서는 절대적으로 성령님의 도우심이 필요하다. 성령님은 진리의 영이시고, 우리의 혼이 하나님의 영 안에 거하도록 하시는 분이시고, 하나님의 말씀대로 이루어진 것을 보여주시는 분이시다. 또한 앞서 살펴본 공생애사역 동안 예수님께서 아버지 하나님께 온전히 허용하는 삶을 살 수 있었던 것도 예수님과 함께하셨던 성령님의 능력 덕분이었다. 우리도 그러한 삶을 살 수 있도록 예수님께서 우리에게 보내주신 분이 바로 성령 하나님이시다(고전 2:9-10). 이제 "거짓자아인 내가 생각하고 상상하고 느끼고 본 것을 믿습니다"가 아니라 "하나님께서 보여주신 대로 생각하고 느끼는 것을, 즉 하나님께서 이루신 것을 믿습니다"라는 것을 이해하게 되었을 것이다. 이것이 하나님 자녀의 믿음이고, 예수 그리스도 안에 있는 믿음이다.

그리스도 안에 있는 믿음으로 보이지 않는 세계에서 하나님께서 보여주신 대로 실상이 그려졌다면 그 실상에 따른 실체를 이미 하나님께서 이루신 것으로 생각하고 느낄 줄 알아야 한다. 이미 응답받은 것을 느끼고 하나님께 감사하고 영광을 올려드려야 한다. 생각해보라. 하나님을 나타내는 자녀인 우리가 가져야 할 마음의 태도는 하나님의 도움을 요청할 때 느끼는 간절함과 목마름이 아니라 이미 이루어진 것에 대해 감사하며 평강과 기쁨을 맛보는 것이다. 그럴 때 우리 마음이 동시에 불안, 불편함, 두려움을 가질 수 있다. 영에서 일어난 일이 혼을 통하여 마음에 나타날 때 처음에는 신체가 제대로 받아들이지 못해 일어나는 현상이다. 판단하지 말고 호전반응으로 생각하라. 그럴수록 이미 이루어졌음을 선포하라.

만약 지금의 현실, 대상, 상황에 대한 자신의 생각과 감정에 묶인다면, 그것은 이미 내가 소유하지 못한 것, 이루지 못한 것들을 시인하는 것과 마찬가지이다. 그 말은 생각을 자신의 혼이 선택했다는 뜻이다. 그것이 바로 마귀의 통치 아래 들어간 것과 마찬가지이다. 그것은 현재의 상태(이루지 못한 상태, 소유하지 못한 상태)에 힘을 준 것이다. 투사하고 인식하는 것을 생각해보라. 우리가 투사한 대로 인식한다는 것은 힘을 준 만큼 힘에 묶인다는 뜻이다. 어떤 일을 이루기 위해서 간청한다고 생각해보라. 치유를 간청하는 것은 질병에 힘을 넘겨주는 것이 된다. 필요를 위해 간청하는 것은 결핍에 힘을 넘겨주는 것이다. 우리가 이렇게 저렇게 해달라고 하나님께 간청하는 것은 표면적으로 볼 때는 하나님께 자신의 문제를 드리는 것 같지만, 실제로는 우리가 바꾸고자 하는 현실(상황, 대상)에 더욱 힘을 실어줄 뿐이다.

10. 하나님께서는 그분의 자녀를 통하여 말씀대로의 실상을 실체로 이루신다

[막 4:28] 땅이 스스로 열매를 맺되 처음에는 싹이요 다음에는 이삭이요 그 다음에는 이삭에 충실한 곡식이라

[막 11:24] 그러므로 내가 너희에게 말하노니 무엇이든지 기도하고 구하는 것은 받은 줄로 믿으라 그리하면 너희에게 그대로 되리라

[요 15:7] 너희가 내 안에 거하고 내 말이 너희 안에 거하면 무엇이든지 원하는 대로 구하라 그리하면 이루리라

[마 6:33] 그런즉 너희는 먼저 그의 나라와 그의 의를 구하라 그리하면 이 모든 것을 너희에게 더하시리라

이 네 구절의 말씀에서 강조한 부분을 눈여겨보라. 성경은 말씀이 어떻게 이루어진다고 말하는가? 내가 이룬다는 뜻인가? 그것대로 이루어진다는 것인가? 이 구절들에서 우리가 무엇인가를 추구해서 성취한다는 개념은 찾을 수 없다. 마치 물이 위에서 아래로 흐르는 것처럼 그렇게 된다는 것이다. 거짓자아로 살아가는 우리는 보이는 세계에서 물질과 사건에 대한 시간을 들이고 내 노력을 투입함으로써 인과법칙에 따라서 어떤 일을 이룬다는 사고방식을 가지고 있다. 사실은 보이지 않는 세계에 실상을 그리는 것인데, 우리는 보이는 세계에서 스스로 그 일을 이루고자 하는 것처럼 착각하고 있는 것이다. 그런데 이 진리

를 자신들이 가진 놀라운 비밀인 것처럼 알려주는 것이 바로 시크릿(끌어당김)과 같은 뉴에이지 사상이다. 그들은 우리가 모든 일을 행하고 이루어내는 것 같지만, 사실은 그 이면에 먼저 우리가 원하는 것을 마음에 간절히 품어야 그렇게 된다고 주장한다. 그 말이 틀린 것이 아니다. 그러나 그것은 하나님께서 만드신 믿음의 법칙의 일부일 뿐이다.

왜 이 땅에서의 일이 잘 안 풀리고 잘 안 되는가? 그것은 보이지 않는 세계에서 이루어진 실상이 진정으로 자신이 원하는 대로 심중에 심겨지지 않았기 때문이다. 즉 당신의 계획이 잘못되었거나 노력이 부족해서 이루어지지 않을 수도 있지만 더 근원적인 이유는 온전한 실상을 만들지 못했기 때문이다.

[요 16:23-24] 그 날에는 너희가 아무 것도 내게 묻지 아니하리라 내가 진실로 진실로 너희에게 이르노니 너희가 무엇이든지 아버지께 구하는 것을 내 이름으로 주시리라 지금까지는 너희가 내 이름으로 아무것도 구하지 아니하였으나 구하라 그리하면 받으리니 너희 기쁨이 충만하리라

하나님의 자녀는 이루어질 것을 구하는 것이 아니라 이미 이루어진 것(보이지 않는 세계에서 만들어진 실상)을 나타내는 자이다. 그렇지만 성경에서는 구하고 찾고 두드려야 한다고 하지 않았는가?

[마 7:7-8] 구하라 그리하면 너희에게 주실 것이요 찾으라 그리하면 찾아낼 것이요 문을 두드리라 그리하면 너희에게 열릴 것이니 구하는 이마다 받을 것이요 찾는 이는 찾아낼 것이요 두드리는 이에게는 열릴 것이니라

많은 그리스도인이 이 말씀을 잘못 이해하고 자신의 노력으로 열심히 구하고 찾고 두드림으로써 자신이 이루어내고자 한다. 그러나 우리가 하나님의 자녀라면 이 말씀을 제대로 해석해야 한다. 한마디로 이 말씀은 마치 보물찾기 같다. 이미 주어진 것을 찾는 것이지 없는 것을 만들어내는 것이 아니다. 요한복음 16장 23-24절을 다시 묵상해보라. "구하라"는 예수님의 이름으로 구하는 것이다. "찾으라"는 구했으니 찾으라는 것이다. "문을 두드리라"는 막힌 것이 있는지 살펴보라는 것이다. 그리고 열리지 않으면 두드려서 열게 하고 이 집이 아니면 저 집으로 가보라는 뜻이다. 마태복음 7장 8절에 이어서 나오는 말씀을 보면 이것이 결코 우리가 이루는 것이 아님을 알 수 있다. 연이은 말씀을 묵상해보라.

[마 7:9-11] 너희 중에 누가 아들이 떡을 달라 하는데 돌을 주며 생선을 달라 하는데 뱀을 줄 사람이 있겠느냐 너희가 악한 자라도 좋은 것으로 자식에게 줄 줄 알거든 하물며 하늘에 계신 너희 아버지께서 구하는 자에게 좋은 것으로 주시지 않겠느냐

혹자는 다음 구절을 인용하여 "성경에서 끈질기게 기도해야 한다고 말하지 않는가?"라고 반문할지도 모르겠다.

[눅 11:5-8] 또 이르시되 너희 중에 누가 벗이 있는데 밤중에 그에게 가서 말하기를 벗이여 떡 세 덩이를 내게 꾸어 달라 내 벗이 여행 중에 내게 왔으나 내가 먹일 것이 없노라 하면 그가 안에서 대답하여 이르되 나를 괴롭게 하지 말라 문이 이미 닫혔고 아이들이 나와 함께 침실에 누웠으니 일어나 네

게 줄 수가 없노라 하겠느냐 내가 너희에게 말하노니 비록 벗 됨으로 인하여서는 일어나서 주지 아니할지라도 그 간청함을 인하여 일어나 그 요구대로 주리라

대부분 이 말씀의 참뜻을 왜곡하고 있다. 본래의 뜻은 다음과 같다. "밤에 친구가 찾아와서 다른 친구를 위하여 떡을 구하는데 주지 않을 사람이 있겠는가? 설령 안 준다고 할지라도 간청함으로 받아낼 수 있지 않은가? 그런데 하물며 벗이 아니라 하나님 아버지께서 꼭 간청해야만 주신다고 생각하는가?"라는 뜻이다. 이렇게 해석하는 것이 옳다는 것을 어떻게 증명할 수 있는가? 연이은 다음 구절을 읽어보라.

[눅 11:13] 너희가 악할지라도 좋은 것을 자식에게 줄 줄 알거든 하물며 너희 하늘 아버지께서 구하는 자에게 성령을 주시지 않겠느냐 하시니라

우리가 예수 그리스도 안에 있으면 우리는 신성과 원복을 누리는 자이다.[48] 그럼에도 우리가 끈질지게 기도해야 하는 것은 하나님께서 마음을 돌리셔서 현재의 문제를 없애주시도록(혹은 결핍과 부족을 채워주시도록) 하기 위함이 아니라, 보이지 않는 세계에 말씀대로 이루어진 실상이 온전히 그려지도록 하기 위해서이다(다른 말로 거짓자아를 포기하기 위해서이다). 우리는 그리스도 안에서 하나님의 뜻을 이루는 자이지, 하나님으로부터 받아내기 위해서 그분의 마음을 돌리는 자가 아니다.

48 이 부분에 대해서 더 알기를 원하면 《킹덤빌더의 영성》(규장) 111-115 쪽을 참고하라.

[골 3:1-3] 그러므로 너희가 그리스도와 함께 다시 살리심을 받았으면 위의 것을 찾으라 거기는 그리스도께서 하나님 우편에 앉아 계시느니라 위의 것을 생각하고 땅의 것을 생각하지 말라 이는 너희가 죽었고 너희 생명이 그리스도와 함께 하나님 안에 감추어졌음이라

[벧전 4:19] 그러므로 하나님의 뜻대로 고난을 받는 자들은 또한 선을 행하는 가운데에 그 영혼(헬, 프쉬케 : 혼)을 미쁘신 창조주께 의탁할지어다

11. 하나님의 자녀는 보이는 세계로부터 벗어나 다시 그곳으로 들어가야 한다

인류는 지금 보이는 세계라는 포로수용소에서 살고 있다. 포로수용소에 둘러쳐져 있는 철책을 넘으면 죽는다고 생각하고 있다. 자신의 경험, 부모의 유전, 세상의 풍습, 초등학문 등으로 만든 포로수용소 철책 안에 스스로를 가두고 있는 것이다. 그리고 신체적, 정신적, 윤리적, 재정적인 문제를 가지고 사는 것이 당연하다고 생각한다. 그것들이 힘을 가지고 우리를 지배한다는 것이다. 그러나 사실 그것들은 전혀 힘이 없다. 그것은 마귀의 통치 아래 인간이 속고 있는 것이다.

마귀의 궤계는 인간으로 하여금 거짓자아가 주체가 되어 (1) 하나님과 분리된 채로 (2) 보이는 세상이 전부라고 믿게 하고 (3) 자신이 판단한 선악 중에 선을 택하게 하고 (4) 스스로 악을 이길 힘이 없기에 하나님을 의지하여 살게 하는 것이다. 그럴듯해 보이는가? 그렇지만 이것이 바로 마귀의 속임수라는 사실을 알아야 한다. 우리는 악을 제거하기 위해서 살아가는 존재가 아니라 하나님의 영광을 드러내는 존재로

지음 받았기 때문이다. 또한 악을 제거하는 것 역시 내가 해야 할 일이 아니라 하나님께서 나를 통해서 이루시는 일이 되어야 하기 때문이다.

예수 그리스도의 죽으심과 부활하심에 참여한 하나님의 자녀는 더 이상 포로수용소에서 사는 것이 아니라 하나님나라에 살면서 다시 포로수용소에 들어가 아직까지 그곳에 숨어 있는 적군을 쫓아내고 포로수용소를 새롭게 하는 일을 해야 한다. 그리고 그곳에서 전쟁은 이미 끝났고 우리가 승리했다는 것을 아직도 모르는 자들에게 이제 예수 그리스도께서 승리하셨다는 것을 보여주는 삶을 살아야 한다. 하나님의 자녀가 된 그리스도인들은 이제 자신들이 더 이상 하나님과 분리된 채 하나님의 법 밖에서 선악을 판단하는 자가 아니라는 것을 알아야 한다(창 3:5). 우리는 더 이상 타락한 혼이 만든 존재하지 않는 실상으로 살아가는 자가 아니다. 그리고 포로수용소의 철책은 무너졌으며 누구도 무엇도 예수 그리스도 안에 있는 우리를 제지할 수 없다. 자신들이 누구인지를 안다면 걸어 나가면 된다.

> [골 1:13] 그가 우리를 흑암의 권세에서 건져내사 그의 사랑의 아들의 나라로 옮기셨으니

포로수용소 밖으로 나간다는 것은 자기를 부인하고 자기 십자가를 짐으로써 하나님나라로 들어간다는 것이다. 그것은 문제가 자신이 만든 상상의 이야기일 뿐이라는 것을 깨닫는 것이다. 그 내용물이 무엇이든(어떤 일이든 상관없이) 거짓자아로 그 일을 해결하거나 제거하거나 대적하지 말라는 것이다. 더욱이 하나님을 의지하여 그 일을 해결하려고

하지 말라는 것이다.[49] 그 대신에 자신이 만든 상상의 이야기에서 깨어나라는 것이다.

어떤 상황이나 어떤 처지이든 먼저 그리스도 안으로 들어가야 한다. 그리고 모든 부정적이고 악한 실체에 대한 생각이 하나님나라에서는 더 이상 존재하지 않는다는 것을 깨달아야 한다. 왜냐하면 하나님께서 창조하신 것이 아니기 때문이다. 하나님나라에서는 그런 것이 존재하지 않는다. 또한 그것은 실재도 아니고 진리도 아니고 힘도 없으며 나도 아니라는 사실을 깨달아야 한다. 그리스도 의식 안에서 그것은 더 이상 존재하지 않는 것이다. 다시 말하지만 그것은 실체를 부정하는 것이 아니라 내(거짓자아의) 믿음으로 만든 실상이 단지 개념일 뿐 더 이상 존재하지 않는다는 것이다.

누가 우리를 포로수용소 안에 있도록 하는가? 누가 자신의 생각으로 만든 거짓 법을 붙들고 있게 하는가? 마귀의 전략이 아닌가? 더 이상 마귀의 통치 아래서 경험한 생각과 감정이 나를 주장하지 못하게 하라(고후 10:4-5). '나는 암 환자야, 나는 실업자야, 나는 멍청해, 나는 부족한 사람이야, 나는 … 때문에 힘들어, 죽을 것 같아, 너무 두려워' 이런 생각들은 바로 타락한 혼이 당신의 생각과 감정을 당신과 동일시함으로써 만들어진 것이다. 그러나 당신이 그리스도 안에 거한다면 그것들은 보이는 세계에 실재하지만, 내 존재에는 아무런 영향력을 미치지 못한다. 그 상태일때 당신은 그리스도 안에서 하나님의 위임된 통

---

49 거짓자아에 기초하여 만들어진 신앙체계는 이러한 삶을 살도록 독려하고 있다. 스스로 하지 말고 하나님을 의지하고 맡기라는 것이다. 언뜻 듣기에 맞는 말 같지만, 하나님께 맡기는 주체가 누구인가? 결국 거짓자아이다. 하나님나라의 복음은 내가 먼저 예수 그리스도 안에서 새로운 피조물이라는 것을 알고, 내 혼이 그분 안에 거함으로써 그분께서 우리를 통해서 그의 일을 행하시도록 하라는 것을 알려준다.

치권을 행사할 수 있게 된다.

결론

이 장에서 살펴본 하나님나라 실현의 핵심원리를 요약하면 다음과 같다.

⑴ 하나님께서 창조하시지 않은 모든 것들은 타락한 인간과 마귀의 거짓말로 만들어진 것이다.

⑵ 우리는 세상의 모든 실체에는 힘이 있고 그것 때문에 내가 힘들고 괴롭고 죽을 것 같다고 생각한다. 그러나 보이는 세계에서의 모든 것은 타락한 인간의 생각과 마귀의 거짓말로 만들어진 것이며 본래 힘이 없다는 것을 깨달아야 한다. 온 우주의 유일한 힘은 창조주 하나님께서 그의 경륜을 이끌어가시는 힘밖에 없다. 따라서 그리스도 안에서는 내가 힘든 것은 '…' 때문일 수가 없고 따라서 내가 세상의 일, 사건, 대상과 싸울 필요가 없다.

⑶ 보이는 세계의 현재 실체를 부정하는 것이 아니다. 그 실체는 내가 만든 실상에 의해서 만들어진 것이기 때문에, 우리는 다시 하나님 안에서 그런 것들에 대한 실상이 존재하지 않는다는 것을 의식해야 한다. 그리고 새로운 실상을 가져야 한다. 즉 하나님 자녀는 보이는 세계의 실체에 초점을 두는 것이 아니라 보이지 않는 세계의 새로운 실상에 초점을 두는 삶을 살아야 한다.

⑷ 우리가 예수 그리스도 안에 거하고 있다면 지금 보고 있는 부정적인 것들과 악의 실체를 부정하는 것이 아니라 보이는 세계의 실체의 근원이 되는 보이지 않는 세계의 실상이 타락한 내가 만든 개념이고 관

념일 뿐이며, 그것은 존재하지 않는 것임을 알아야 한다. 즉 우리는 항상 그리스도 안에서 눈에 보이는 실체를 부정하기보다는 지금 이 순간 여기에 있는 그대로를 온전함으로 받아들이고(거짓자아가 죽음으로), 그 실체를 만든 실상이 본래 존재하지 않는다는 것을 의식하고, 말씀대로의 새로운 실상을 만들 줄 알아야 한다. 이것이 바로 하나님나라의 비밀이고 자녀의 영적 생각이다. 지금 바로 그렇게 의식해보라.

(5) 그러나 우리가 알아야 할 더 중요한 것은 우리가 그것을 깨닫는다고 해서 보이는 세계의 실체로부터 고통받지 않는다는 것은 아니라는 사실이다. 결핍이 없어지는 것도 아니다. 악이 없어지는 것도 아니다. 우리의 몸은 세상적 실체에 따른 고통과 결핍을 경험하게 된다. 그러나 우리가 깨달아야 하는 것은 나는 하나님 자녀이며, 하나님나라에서 사는 자이며, 내(거짓자아)가 만든 실상이 더 이상 존재할 필요가 없다는 것을 아는 것이다. 그것은 타락한 내 혼과 마귀가 만든 것이라는 것을 깨닫는 것이다. 그리스도 안에서 새로운 의식을 가져야 하고, 말씀대로 보여주신 새로운 실상을 붙들 줄 알아야 한다. 그럴 때 우리는 그리스도 안에서 그 실상대로 실체에 투사할 것이며, 새로운 인식과 새로운 창조를 경험하게 된다.

적용

영적 전쟁은 거짓자아로 주님께 의지하여 내가 싸우는 그런 싸움이 아니다. 그리스도 안에서 주님을 나타내는 싸움이다. 우리는 그리스도 안에서 하나님 말씀대로 믿는 자이고, 말하는 자이고, 행동하는 자이다. 우리의 노력인가? 우리의 분투인가? 아니다. 새로운 차원의 삶이다. 그것은 실체에 묶이는 삶을 사는 것이 아니라 그리스도 안에서 말씀대로의 실상을 만드는 삶을 사는 것이다. 우리가 먼저 정복해야 할 영토는 보이는 세계가 아니라 보이지 않는 세계이다. 이곳을 통치하는 자가 되어야 한다.

지금 어떤 질병 때문에 고통받고 있다고 가정해보자. 우리가 어떤 질병에 대해 명명하고 그것을 위해서 기도하면 그것은 이미 우리 심중에 개념으로 자리 잡게 된다. 이제 우리가 예수 그리스도 안에 있다면(우리의 혼이 하나님의 영 안에 거하고 있다면) 지금까지의 생각보다 한 걸음 더 나아가야 한다. 육신의 눈으로 볼 때는 질병이 있고 고통이 있고 결핍이 있다. 그러나 우리가 하나님의 영 안에서 볼 때 그것은 존재하지 않는 환상일 뿐이다. 싸우고 대적할 필요도 없다. 그들은 우리에게 관계할 것이 없기 때문이다.

> **[벧전 2:24]** 친히 나무에 달려 그 몸으로 우리 죄를 담당하셨으니 이는 우리로 죄에 대하여 죽고 의에 대하여 살게 하려 하심이라 그가 채찍에 맞음으로 너희는 나음을 얻었나니

우리가 질병에 걸렸을 때 자신의 경험과 지식에 기초한 생각으로 만든 개념을 가지게 되면 우리는 그 질병을 어떻게 해야 한다는 생각을 가지게 된다. 즉 하나님께 의지하여 자신의 문제를 해결해야 한다고 생각한다. 그렇지만 실제로 어떤 일이 일어나는가? 그것에 대해서 어떤 질병이라는 이름을 주게 되면 자기도 모르는 사이에 그 질병에 대한 실상을 가지게 된다. 그리고 그 질병은 내게 힘을 가지게 된다. 그렇게 되면 우리는 하나님께 이 문제를 해결해달라고 요청할 수밖에 없다. 그렇지만 하나님께서 무엇을 해주실 수 있겠는가? 하나님의 법칙은 "네 믿은 대로 될지어다"일 뿐

이다.

그러나 우리가 그리스도 안에 있다면 이미 치유되었다는 말씀에 따라 그 질병에 대한 우리의 생각으로 만들어진 실상은 존재하지 않는다. 하나님께서 창조하신 것이 아니기 때문이다. 그 상태가 바로 "너희는 나음을 얻었나니"의 뜻이다. 만약 내가 질병에 대한 실상을 가지고 있다면 그것은 예수 그리스도 밖에 있는 것이고 거짓자아가 하는 일이 되는 것이다. 우리는 이 진리를 깨닫지 못해 너무나 오랜 세월 동안 하나님께서 창조하시지 않은 것을 붙들고 그것을 해결해달라고 간청해 왔던 것이다. 우리가 하나님나라 안에 있다면 이러한 신앙이 비복음적이라는 것을 깨달아야 한다. 우리가 해야 할 일은 먼저 예수 그리스도 안에 거함으로써 그분께서 나에게 주시는 온전한 것을 그려보는 것이다. 그때 하나님의 창조 능력이 우리를 통해서 나타나시는 것이다.

그리스도 안에서 말씀대로 이루어진 올바른 실상을 가져야 하지 않겠는가? 오감으로 감각되는 실체가 아닌 영으로부터 주어진 새로운 실상을 보면서 예수 그리스도의 이름으로 보이는 실체에 선포하고 명령해야 하지 않겠는가? "암종아 사라져라, 일어나 걸어라, 뼈와 근육들아, 움직여라, 온몸아, 깨끗게 되라, 혈액순환이 온전케 되라, 혈당수치 정상으로 돌아오라, 호르몬들아 균형 잡혀라." 그럴 때 그곳에 성령 하나님의 역사가 일어나지 않겠는가?

∨ 더 깊은 묵상을 위한 질문들

(1) 지금 당신은 하나님의 말씀대로 생각하고 느끼고 말하며 살아가고 있는가? 아니면 하나님의 말씀에 대하여 생각하고 느끼고 말하며 살아가고 있는가?

(2) 당신은 지금 그리스도 안에서 말씀대로 이루어진 실상을 믿고 있는가? 아니면 그리스도 밖에서 당신의 문제를 해결하기 위해서 하나님의 말씀을 의지하고 있는가?

(3) 하나님나라의 차원적 삶을 살기 위한 핵심은 먼저 거짓자아에서 벗어나 그리스도 안에 거하는 것이다. 그래서 예수님께서 자기를 부인하고 자기 십자가를 지라고 말씀하신 것이다. 그렇다면 지금 당신 앞에 문제가 있다고 가정해보라. 당신은 그 문제를 해결하기 위해서 하나님의 말씀이 필요한가? 아니면 그 문제를 해결하고자 하는 거짓자아로부터 벗어나기 위해서 말씀이 필요한가?

(4) 지금 겪고 있는 고통과 문제는 진리도 아니고, 실재도 아니고, 힘도 없으며, 나도 아니라는 사실이 정말 깨달아지는가? 그것이 단지 거짓자아가 만든 상상의 이야기일 뿐이라는 것이 정말 깨달아지는가? 당신은 지금 오직 믿음으로 그리스도 안에 있다는 것이 체험되어지는가?

(5) 마귀의 전략은 당신으로 하여금 과거의 문제(내용물)에 집착하게 하거나, 현재의 문제(내용물)을 해결하고자 하거나, 미래의 문제(내용물)에 대한 기대나 염려에 초점을 두게 한다는 것을 알고 있는가?

(6) 지금 당신은 재정적인 어려움이 있다, 질병으로 고통받고 있다, 관계가 깨어져 괴로움을 당하고 있다, 상황이 좋지 않아 두려움과 불안에 사로잡혀 있다고 가정해보자. 지금 이 시간 실제로 어떻게 할 것인가?

(7) 당신은 자신의 문제를 해결하기 위해서, 그리고 자신이 행복하기 위해서 하나님이 필요한 것이 아니라, 현실에서 직면하고 있는 그것과 상관없이, 당신이 하나님의 자녀가 되어 이 땅에 주의 뜻을 나타내기 위해서 존재하는가?

08

뉴에이지가 모르는 킹덤 시크릿을 적용하라

뉴에이지들이 주장하는 믿음의 법칙은 세상에서 시크릿, 끌어당김의 법칙, 웰씽킹(wealthinking), 잠재의식의 힘, 긍정의 힘 등 다양한 이름으로 소개되고 있다. 한편 육적인 그리스도인들이 가지는 믿음은 예수 그리스도 안에 있는 믿음이 아니라 자신의 의지를 동원한 거짓자아의 믿음이다. 이번 장에서는 뉴에이지들과 거짓자아로 열심히 신앙생활하는 그리스도인들이 신봉(信奉)하는 믿음의 법칙의 실체와 한계 그리고 문제를 하나님나라 복음의 관점에서 살펴보고자 한다.

뉴에이지 사상과 탈육신적인 신앙생활

뉴에이지들에 의하면 핵심사상이 되는 시크릿(끌어당김의 법칙)은 이미 고대로부터 내려왔으며 신비주의자나 비밀종교 또는 초월의식을 추구하는 사람들은 그것을 알고 있었는데, 오늘날 사람들이 각성하지 못해 그 법칙을 사용하지 못했다고 주장한다. 따라서 이제 그 신비를 알고 체험한 자들이 이 놀라운 비밀을 알려줌으로써 인간이 스스로 원하는 것을 소유하고 누리는 삶을 살아가야 한다는 식으로 말한다. 그런데 재미있는 사실은 뉴에이지적 사상을 주장하는 사람 중 상당수가 기독교에 대해서 잘 알거나 자신들의 주장을 입증하기 위해서 최종적으로 성경의 말씀을 주로 인용한다는 것이다. 그 말은 1부 1장에서 언급한 바와 같이 뉴에이지 사상의 출발이 마귀의 속임수에 의해 타락한 인간으로부터 시작되었기 때문에 창조주 하나님과 그분의 이야기인 성경에서 벗어날 수 없다는 것이다. 단지 미혹되어서 하나님의 영이 아닌 다른 영의 인도함을 받거나 자신의 방식대로 말씀의 일부를 차용(借用)하는 것뿐이다.

사실 이러한 뉴에이지적 사상은 어디서부터 나온 것인가? 그것은 바로 예수 그리스도를 믿든 믿지 않든, 하나님을 그 마음에 두기 싫어하는 거짓자아로서 하나님의 약속의 말씀을 누리고자 하는 욕망으로부터 나온 것이다. 이것은 하나님을 대적하고자 거짓말로 인간을 속이고 타락시켰던 마귀의 계략이다. 그들은 지금도 자신들의 목적을 포기한 적이 없으며 더 교묘히 우리를 도둑질하고 있다. 그런 측면에서 볼 때 비기독교인들이 행하는 뉴에이지적 추구나 예수 그리스도를 믿지만 여전히 하나님과 분리된 채 거짓자아로 약속의 말씀을 누리고자 하는 것이나 자신들의 목적을 달성하고자 하는 방법론에서는 같다고 볼 수 있다. 오늘날 그리스도인들은 이 사실을 정확하게 볼 줄 알아야 한다. 그래야만 뉴에이지가 어떻게 기독교의 탈을 쓰고 들어와 그리스도인들을 미혹하고 배도의 길을 걷게 하는지를 알 수 있게 되고, 또한 하나님나라 복음의 관점에서 그것을 어떻게 무력화시켜야 할지도 알 수 있게 된다.

뉴에이지적 훈련을 하는 사람들은 전체적으로 세 부류로 나누어 볼 수 있다. 첫째는 거짓자아가 주체가 되어 끌어당김의 법칙을 사용함으로써 자신의 결핍과 욕구를 채우고 문제를 해결하고자 하는 부류이다. 둘째는 자신의 마음을 비움으로써 초월의식(의식 변성)을 가지고 신과 합일되고자 하는 부류이다. 결국 그들은 '의식이 바로 창조자'라고 믿는 것이다. 셋째는 채널링을 통해서 보이지 않는 세계의 영적 가이드와 교제함으로써 영적 세계의 비밀을 알고 과거를 보는 것과 미래에 대한 계시를 받음으로써 거짓 선자자의 역할을 하고자 하는 부류이다. 그들은 영적 가이드를 보이지 않는 세계의 '집단 의식', '근원 에너지' 또는 '하나님'이라고 부르지만 그것은 타락한 천상의 존재들과 그들이 통치하는 초양자장일 뿐이다.

기독교 내에 침투한 뉴에이지 사상과 새 영성

뉴에이지 사상이 기독교 내에 들어와 속이는 것은 마치 구약적인 존재로 신약의 말씀을 누리고자 하는 것과 같다고 볼 수 있다. 구약적 존재란 예수 그리스도를 믿음으로 구원을 받았다고 하지만 여전히 자신이 누구인지를 알지 못하고(예수 그리스도 안에서 하나님을 나타내는 새로운 피조물) 하나님과 분리된 채 거짓자아인 자아독립적 개체의 정체성을 가진 자를 말한다. 좀 더 구체적으로 말해서 영의 구원을 받았음에도 불구하고(롬 8:10-11) 자유의지를 가진 혼이 하나님의 영에 인도함을 받기보다는 여전히 자신의 몸의 종노릇하는 자를 말한다(롬 8:13-14). 한편 신약의 말씀은 복음이다. 복음이란 인간의 의지와 노력으로 누릴 수 있는 것이 아니라 오직 예수 그리스도 안에서 하나님의 자녀가 되었을 때 하나님께서 나타나심으로 인하여 주어지는 것이다. 그런데 이 놀라운 약속의 말씀을 그리스도 안에서가 아니라 스스로의 각성을 통해서 누리고자 하는 것이다. 즉 예수 그리스도 안에서 성육신적인 삶을 삶으로써 주의 뜻을 이루기보다는 스스로 탈육신적인 삶을 통해서 원하는 것을 이루고자 하는 것이다.[50]

시크릿(끌어당김의 법칙)을 사용함으로써 성공을 거둔 사람들의 수는 책의 판매량과 비교했을 때 극소수이다. 이에 나름대로 최선을 다했는데도 그 법칙대로 잘되지 않는 사람들을 위한 기존의 시크릿이 모르는 '시크릿'에 대한 책들까지 많이 나와 있다. 이런 일은 기독교 코너에도 마찬가지이다. 왜 그렇게 열심히 신앙생활하는데도 말씀대로 살지 못하는가에 대한 답을 주고자 하는 수많은 책들, 이를테면 '…을 달성하는(해결하는) 비밀', '…을 위한 단계' 등이다.

모두 나름대로 비밀을 알려준다고 하지만 공통점은 거짓자아의 관점에서 보고 깨달은 생각들이라는 것이다. 즉 믿음의 대상은 다르지만 추구하는 주체와 방법론은 같다. 하나님 생명의 통치함을 받기보다는 어떻게 노력하고 훈련하거나 깨어 있으면 우주(신) 에너지 또는 하나님 생명을 누릴 수 있는가에 대한 것이다. 예수 그리스도 안에서 자기를 부인하고 자기 십자가를 짐으로써 하나님의 통치를 받는 대신에 단지 혼(의식)이 깨어나도록 해야 한다고 말한다. 죄책감, 두려움, 의심 대신에 무지에서 각성해야 한다고 말하고 우주 지성과 연결되어야 한다고

---

50 그리스도인은 성령님에 의해서 자신의 잘못된 존재에 대해 알게 된 후(요 16:8) 회개함으로(고후 7:10) 주의 죽으심과 부활하심에 연합하게 되고(롬 6:4), 그 결과 예수 그리스도 안에서 새로운 피조물이 되었다(고후 5:17). 그럼에도 불구하고 대부분이 예수 그리스도 안에서 이미 주어진 하나님의 신성과 원복을 누리는 성육신적인 신앙생활[영으로써 몸의 행실을 죽이는(롬 8:13)]보다는 지금의 자신의 존재가 온전치 못하기 때문에 자각을 이루는 훈련과 수행을 통해서 지금의 자신이 아닌 더 거룩한 신적인 존재로 변화고자 하는 탈육신적인 신앙생활(골 2:20-23)을 하고자 하는 것을 말한다.

말한다. 또한 예수 그리스도 안에서 새로운 피조물로서 하나님의 생명을 나타내는 삶에 대해서 말하기보다는 자아실현을 통하여 하나님과 하나가 되라고 말한다. 그리고 이러한 것을 성취하기 위해서 뉴에이지적 명상 등을 통한 영적 수행과 훈련을 강조한다. 기독교에서는 기도와 묵상 등과 같은 영성훈련을 해야 한다고 말한다.

세상에 하나님의 창조질서가 이루어지게 할 수 있는 유일한 곳이 교회이다. 교회가 무너지면 세상이 파멸된다. 마귀와 그 졸개들은 마지막 때 자신들이 세상을 완전히 통치하고 무너뜨리기 위해서 은밀히 교회를 공격한다. 안타깝지만 이 시대는 어느 때보다 뉴에이지적 사상과 새 영성훈련이 기독교 내에 침투하여 수많은 그리스도인을 미혹시키고 있는데도 그것을 제대로 알지도 못할 뿐만 아니라 오히려 지도자들이 앞장서서 그러한 사상과 영성훈련을 권장하고 있는 실정이다. 이는 예수님께서 선포하신 하나님나라의 복음에 대해서 알지 못하는 것이 아니라 그 복음을 체험하지 못했기 때문이다(고전 4:20 ; 딤후 3:15-17). 모두가 마지막 때라고 말하지만 진리 수호라는 미명 아래 기존에 자신들의 이념과 주장들을 포기하지 않고 있다. 정말 교회가 마귀의 계략으로부터 벗어나야 할 때이다. 500년 전 종교개혁이 어두움에서 빛으로 나오는 개혁이라면 지금 마지막 때의 개혁은 이미 들어간 하나님나라(빛의 나라)에서 세상으로 나오는 개혁이다. 그런데 자신들이 하나님나라 안에 있는지, 밖에 있는지조차 모르고 있으니 안타깝기만 하다. 지금은 더 나은 세상이 아니라 새로운 세상을 보여주어야 하는 시대이다. 이제는 예수 그리스도께서 재림하신 후에 하나님의 자녀들이 누려야 할 그 삶을 지금 보여주는 새로운 세대가 일어나야 한다. 그들이 바로 진정한 뉴에이지(예수님 재림 후에 올 완전히 새로운 세상 : the Age to

Come)를 이 땅에 도래시킬 킹덤빌더들이다.

[히 6:5] 하나님의 선한 말씀과 내세의 능력(the power of the age to come)을 맛보고도

[벧전 2:9] 그러나 너희는 택하신 족속이요 왕 같은 제사장들이요 거룩한 나라요 그의 소유가 된 백성이니 이는 너희를 어두운 데서 불러 내어 그의 기이한 빛에 들어가게 하신 이의 아름다운 덕을 선포하게 하려 하심이라

뉴에이지들이 말하는 끌어당김의 법칙이란 무엇인가?

일각에서는 "생각이 현실이 된다"라는 말을 뉴에이지적 신사상 운동(New thought movement)이라고 폄하하기도 한다. 만약 그렇다면 "네 믿은 대로 될지어다"도 신사상 운동인가? 그렇지 않다. 하나님께서 모든 인간에게 주신 믿음의 법칙이다. 성경의 "믿은 대로 될지어다"를 뉴에이지에서는 "끌어당김의 법칙(Law of attraction)"이라고 부르는 것일 뿐이다. 그러나 그들은 하나님나라의 복음의 일부만 알고 그것을 차용한다. 그렇기 때문에 주로 기술과 방법에 대해서 이야기할 뿐 그 원리에 대해서는 제대로 설명하지 못한다.

하나님께서 창조하신 믿음의 법칙을 오늘날 과학으로 보면 보이지 않는 세계에서의 에너지 동조와 공명으로 설명할 수 있다. 즉 보이지 않는 세계의 생각과 심중에 그에 따른 감정으로 만들어진 실상을 가질 때 그것은 에너지가 되고 그 에너지에 준하는 외부 에너지와 동조하고 공명하게 된다. 그 결과로 자신 안에 그 에너지를 끌어들이게 되고 그

에너지는 보이는 세계에 실체로 나타나는 것이다. 그것이 보이지 않는 세계의 실상이 어떻게 보이는 세계의 실체가 되는지를 알려주는 것이다. 이것은 하나님께서 만드신 믿음의 법칙으로 '(믿은 대로) 그대로 되리라'의 법이다.[51]

그런데 왜 이러한 믿음의 법칙이 잘 일어나지 않는 것일까? 인간은 자신이 원하지만 실제로 원하지 않는 것을 심고 있다는 것을 잘 모르기 때문이다. 그렇기 때문에 왜 원치 않는 것이 계속 경험되는지를 궁금해한다. 진리는 심은 실상대로의 실체를 거둔다. 보이는 세계가 전부라고 믿어온 인간은 인류 역사를 통해서 죄와 악한 생각으로 만들어 온 지금까지의 실체에 기초한 실상을 가짐으로써 그것에 따른 에너지의 동조와 공명을 가져왔고 그 결과로 그 에너지에 준하는 실체를 만들어 온 것이다. 이것을 깨달은 뉴에이지나 유사종교는 초월의식을 가짐으로써 지금의 실체에 기초하지 않는 실상을 만드는 것을 훈련하여 세상 사람들이 누리지 못하는 것을 누리고자 하는 것이다. 결국 그들도 믿음의 법칙을 사용하지만 주체와 목적은 정반대이다. 즉, 하나님의 영에 속한 혼(의식)이 주의 말씀을 이루는 것과 몸에서 벗어난 혼(의식)이 자신의 생각을 이루는 것 모두가 보이지 않는 세계에서 이루어진 실상을 보이는 세계의 실체로 나타내는 것이다. 그러나 하나님의 자녀는 주의 뜻을 이루는 반면 초월의식을 훈련하는 자는 자신들의 욕심을 이루는 것이다.

---

51 "그런즉 너희는 먼저 그의 나라와 그의 의를 구하라 그리하면 이 모든 것을 너희에게 더하시리라"(마 6:33). "그러므로 내가 너희에게 말하노니 무엇이든지 기도하고 구하는 것은 받은 줄로 믿으라 그리하면 너희에게 그대로 되리라"(막 11:24). "너희가 내 안에 거하고 내 말이 너희 안에 거하면 무엇이든지 원하는 대로 구하라 그리하면 이루리라"(요 15:7).

뉴에이지들이 추구하고 체험하는 것은 무엇인가?

뉴에이지들은 예수 그리스도를 통한 구원함 없이 단지 자신의 혼이 마음으로부터 깨어나면 하나님과 하나 될 수 있고 자신이 원하는 것을 이룰 수 있다고 주장한다. 우리가 하나님과 하나가 된다는 뜻은 타락으로 인하여 하나님과 분리된 존재에서 예수 그리스도 안에서 하나님을 나타내는 존재로서의 하나됨을 말하는 것이지만, 뉴에이지는 자신을 창조주의 피조물로 여기지 않고 창조주 하나님과 하나됨을 주장하는 것이다. 우리는 피조물로서 하나님의 생명 안에서 신적 능력을 나타내는 자가 되는 것이지, 결코 신적 능력을 소유하는 자가 될 수 없다는 것을 알아야 한다.

형이상학의 궁극적인 목표는 더 높은 세계와 영역을 의식함으로써 자신이 신과 하나라는 사실을 깨닫는 것이다. 어떻게 이러한 자각을 터득할 수 있는가? 뉴에이지 신앙에 의하면 이를 터득할 수 있는 최고의 직접적인 방법으로 명상(meditation)을 수행한다. 명상은 모든 형이상학의 저변에 깔린 가장 기본적인 활동이고 중요한 영적 수련 방법이다. 명상이란 정확히 무엇인가? 대부분의 사람은 명상이란 어떤 것을 계속 깊이 생각하는 것으로 알고 있다. 그러나 뉴에이지에서 명상은 그 반대이다. 마음이 정지 또는 중립의 상태로 고정되도록 하기 위해서 모든 생각을 제거하는 것을 뜻한다. 뉴에이지 명상은 생각의 활동을 멈춘 상태에서 의식 세계의 전환을 추구하는 것이다. 한편 그리스도인들이 행하는 것은 명상(모든 생각을 제거하는 것)이 아니다. 그 생각이 나라고 믿는 혼이 더 이상 생각의 종노릇을 하지 않고 하나님의 영 안에 거하도록 하는 것이다. 그럴 때 생각은 생각일 뿐이며, 내 존재와 아무런 상관이 없다는 것을 아는 것이다.

의식 변용이 일어날 때 뉴에이지들은 초자연적인 힘과 황홀경을 경험하게 된다고 말한다. 하나님과의 하나됨(신적 변환) 그리고 영적인 가이드를 받게 된다고 한다. 이것은 혼(의식)이 자신의 생각으로부터 벗어나 초양자장에 노출되었을 때 가질 수 있는 것이다. 즉 의식이 생각을 통해 제한되고 유한한 자신의 정체성을 느끼는 것이 아니라 의식 그 자체가 초양자장에 노출될 때 모든 것이지만 아무것도 아닌 상태가 되고 그때 주어지는 것이 자유와 희열과 기쁨이다. 이것은 하나님으로부터 주어지는 것이 아니라 의식 자체가 초양자장에 노출될 때 거짓자아가 가졌던 모든 불안과 고통과 두려움으로부터 벗어나게 되어 일어나는 일일 뿐이다.

각 개인이 명상을 통해서 각성될 때 소위 "더 높은 상태의 자아"가 우주의 신적 본질(divine essence)에 연결된다고 본다. 뉴에이지는 그 신적 본질이 하나님이라고 본다. 그러나 그들이 신이라고 부르는 것과 창조주 하나님은 동일하지 않다. 다시 말하지만 그들이 신이라고 부르는 것은 초양자장 자체(우주 에너지, 집단의식)를 의미하는 것이지 결코 인격적인 신일 수 없다. 그리고 그들이 만나는 영적 안내자는 타락한 천상의 존재가 자기를 광명의 천사로 가장한 것뿐이다. 예수 그리스도를 통하지 않고는 어떤 경우에도 창조주 하나님을 만날 수 없다는 것을 알아야 한다(요 14:6).

뉴에이지뿐만 아니라 육적인 그리스도인도 모르는 킹덤 시크릿

뉴에이지들이 행하는 끌어당김의 법칙은 마태복음에 나오는 주기도문의 "나라가 임하시오며 뜻이 하늘에서 이루어진 것같이 땅에서도 이루어지다"에서 '나라가 임하시오며'를 빼고 스스로 "뜻이 하늘에서 이루어진 것같이 땅에서도 이루어지이다"를 수행하고자 하는 것이다. 즉 하나님의 통치 안에서가 아니라 하나님 밖에서 하나님께서 만드신 믿음의 법칙을 도용하는 것이다. 다른 말로 예수님께서 말씀하신 "네 믿은 대로 될지어다"의 말씀에서 예수 그리스도 없이 스스로 그 말씀을 이루고자 하는 것이다.

따라서 뉴에이지는 성경적으로 볼 때 다른 신을 믿는 구약적 존재로 신약의 약속을 자기 방식대로 누리고자 하는 것이다. 그것이 바로 끌어당김의 법칙의 실체이다. 다른 신이라고 말하는 것은, 하나님의 선택을 받은 이스라엘 민족이 보이지 않는 세계에 존재하는 타락한 천상의 존재들을 지속적으로 숭배한 것처럼(출 20:3 ; 사 26:13) 뉴에이지들이 주장하는 하나님(우주, 신이라고도 함)은 창조주 하나님이 아니라 하나님께서 창조하신 초양자장의 시스템(우주) 자체이거나 그곳을 통치하는 마귀(신)를 섬기는 것이다.

또한 세상의 시크릿은 자신이 원하는 것은 무엇이든지 다 얻을 수 있다고 약속한다. 그러나 하나님나라의 시크릿은 우리가 예수 그리스도 안에, 그리고 그분의 말씀이 우리 안에 있을 때 무엇이든지 원하는 대로 이룰 수 있다고 약속하셨다. 이때 '무엇이든지'는 아버지 집에 있는 것을 우리에게 보여주고 알려주신 것을 말한다.

[요 15:7] 너희가 내 안에 거하고 내 말이 너희 안에 거하면 무엇이든지 원하는 대로 구하라 그리하면 이루리라

이제 뉴에이지들이 간절히 원하는데도 왜 이루어지지 않는가에 대해

서, 그리고 거짓자아로 신앙생활하는 그리스도인들이 열심히 기도하고 믿는데도 왜 말씀대로 살지 못하는가에 대해서 알아보자. 그것은 뉴에이지도, 거짓자아로 신앙생활하는 그리스도인들도 모르는 진짜 시크릿인 '킹덤 시크릿'이 있기 때문이다.

1 누가 간절히 원하는 것인지 제대로 알지 못하기 때문이다

가장 먼저 알아야 할 사실은 누가 믿음의 법칙을 사용하고자 하는가에 대한 것이다. 즉 거짓자아인가? 아니면 그리스도 안에 있는 자아인가? 하나님나라의 복음은 하나님께서 주의 자녀가 그리스도 안에서 말씀대로 생각하고 느낀 대로의 실상을 보이지 않는 세계와 심중에 심음으로써 실상에 따른 실체를 이루도록 하는 것이다. 그런데 뉴에이지나 육적 그리스도인은 하나님의 자녀됨 없이(물론 육적인 그리스도인들은 하나님의 자녀인 것을 믿는다고 하지만) 단지 자기가 가진 기존의 부정적인 생각과 감정에서 벗어나 긍정적인 생각을 가지면 그것이 반드시 이루어진다는 믿음을 가지고 있다. 뉴에이지는 하나님 대신에 우주 에너지가 도와준다고 말한다. 생각해보라. 하나님께서는 그분의 자녀를 통하여 그분의 뜻을 이루시기를 간절히 원하고 계시지 않는가? 이제 뉴에이지가 왜 말씀의 일부를 차용하는 것인지, 왜 아류인지를 알아야 한다.

하나님께서는 우리의 결핍과 필요를 아시지만 아무것도 행하지 않으신다. 하나님께서는 하나님의 자녀가 자신 안에 이미 모든 것이 있다는 것을 알고 흘려보내고자 할 때 행하신다. 하나님께서는 우리의 필요를 아시지만 준비되지 않은 자에게는 주실 수가 없다. 다른 말로 하나님께서는 불행한 사람을 행복하게 해주기 위해서 무엇인가를 공급하시지는 않는다. 행복을 누릴 만한 사람에게(자녀로서 주의 뜻을 이루고자 하는 갈망이 넘치는 자에게) 필요한 것을 차고 넘치게 공급하신다(엡 3:20). 다르게 말하자면 결핍이나 부족을 채우고자 하는 자에게 공급하시지 않는다. 그리스도 안에서 모든 것이 자신 안에 있는 것을 아는 자에게 공급하신다는 것이다(눅 15:31). 즉 하나님께서는 "지금 자녀에게 위임한 모든 것을 나타내기를 원하신다"라는 것을 알려주신다.[52]

2 제대로 심상화하지 못하기 때문이다

하나님을 믿든 믿지 않든, 거짓자아로 원하는 것은 결핍과 부족에 대한 욕구에 기초한다. 뉴에이지나 육적인 그리스도인들은 외부의 목적을 달성하는 데 초점을 둔다. 그러나 그 근원이 두려움이기 때문에 늘 의심을 가지게 된다. 한편 그리스도 의식으로 원하는 것은 온전함(있음)에 대한 갈망(창조)에 기초한다. 그 근원은 평온함과 확신이다. 왜냐하면 하나님을 나타내는 데 초점을 두고 있기 때문이다. 우리가 이 사실을 알면 흔히들 자신이 간절히 원하는 것인데도 제대로 상상이 잘 안 된다고 말하는 이유를 알게 된다. 그것은 자신의 심중에 이미 존재하는 의심이 그 상상을 방해하고 있기 때문이다.

[막 11:23] 내가 진실로 너희에게 이르노니 누구든지 이 산더러 들리어 바다에 던져지라 하며 그 말하는 것이 이루어질 줄 믿고 마음에 의심하지 아니하면 그대로 되리라

52 "아버지가 이르되 얘 너는 항상 나와 함께 있으니 내 것이 다 네 것이로되"(눅 15:31)를 생각해 보라. 우리가 예수 그리스도 안에 있다면 하나님의 신성과 원복을 누릴 수 있는 존재가 된 것이다.

거짓자아로 자신이 원하는 것을 추구하는 사람은 늘 무엇인가를 구할 때 "안 되면 어떡하나?" 또는 "… 때문에 안 될 거야"라는 생각을 가지게 된다. 그 생각이 든다는 것이 바로 거짓자아로 구하고 있다는 증거이다. 결과적으로 간절하면, 원하면 원할수록 진짜 원하는 것을 회피하게 된다. 왜 그렇게 되는가? 원하는 대로 되지 않는 경우 그 책임에 대한 두려움이 이미 내재하고 있기 때문이다. 그 부정적인 감정은 나중에 원하는 대로 되지 않을 경우 스스로 져야 하는 부담감을 회피할 수 있는 수단이 된다. "그럴 줄 알았어, 그래서 안 된 거야!"라는 식으로 말이다. 하나님의 자녀는 하나님께 무엇인가를 구하는 것이 아니라 하나님께서 이루시고자 하는 일에 참여하는 특권을 누리는 것이다.

왜 이런 의심이 생기는 것일까? 첫 번째 이유는 거짓자아가 현재 인과법칙에 준한 의식을 가지고 있기 때문이다. 어떤 원인 없이 결과가 나타날 수 없다는 것이다. 즉 "무엇을 하고 싶지만 무엇 때문에 안 돼, 무엇 때문에 할 수 없을 거야"라는 의식이다. 두 번째 이유는 과거에 실패한 경험들이 심중에 기록되어 있기 때문이다. 우리의 심중에는 실패한 경험도 있지만 하나님께서 은혜를 베푸신 경험도 있다. 그런데 우리는 후자보다 전자만을 기억해내는 것이다. 세 번째 이유는 하나님과의 관계에 대한 의구심을 품고 있기 때문이다. "내가 온전하지 못한데, 내가 기도하지 않았는데, 왜 그렇게 하시겠어?" 등이다. 이 땅에 나타나는 실체는 내가 하는 것이 아니라 하나님께서 하시는 것처럼 내가 원하는 만큼이 아니라 하나님께서 원하시는 만큼 이루시는 것 아닌가? 거짓자아가 주체인 자는 하나님께서 자신을 통하여 그의 뜻을 이루시고자 하는 것이 얼마나 강력한 것인지를 알지도 못하고 믿지도 못한다.

내가 예수 그리스도 안에서 지금 아버지의 집에 있다고 생각해보라.

내(거짓자아)가 이 땅에서 원하는 것을 구하는 것이 아니다. 하나님의 자녀로서 아버지께서 보여주시고 허락하신 것을 혼으로 보이지 않는 세계에 생각과 감정으로 나타내는 것이다(요 15:7). 그것이 믿음이고 실상이다(히 11:1). 즉 자식이 아버지 집에 있는 온전한 것을 이 땅에 나타내고자 하는 것이다.

3 보이지 않는 세계와 심중에서 일어나는 일들을 제대로 깨닫지 못하기 때문이다

우리가 예수 그리스도의 이름으로 아버지께 구할 때 보여주시는 것(마음판에 떠오르는 생각이나 상상)은 이미 보이는 세계에 나타나기로 되어 있는 것이다. 그러나 그것이 실제로 이루어지기 위해서는 보이지 않는 세계에 나타난 상상(생각)에 따른 가능태와 우리의 심중에 그 가능태가 온전히 이루어진 것과 그에 따른 감정을 가져야 한다. 그것을 예수 그리스도 안에 있는 믿음이라고 말하며 그럴 때 통합적으로 보이지 않는 세계에 실상이 만들어진다고 말한다. 결론적으로 보이지 않는 세계(초양자장)에 생각(상상)에 따른 가능태(초양자장의 중첩)가 만들어지고 그에 따라 심중에 이미 온전히 이루어진 것과 그에 따른 감정이 생겨날 때 그 가능태와의 동조와 공명을 통하여 내 심중에 끌어당기게 되고 그 결과로 보이는 세계에 나타날 실상이 만들어진다. 다시 말하자면 실상에 따른 실체를 얻기 위해서는 먼저 보이지 않는 세계에서 말씀대로의 상상(생각)에 따른 가능태 그리고 심중에 그 가능태가 이미 이루어진 것과 그에 따른 감정이 일치되어야 한다는 것이다.

우리가 보이지 않는 세계에 상상은 얼마든지 할 수 있지만 그것이 정말 가능태가 되도록 하기 위해서는 우리의 혼이 정확하고 구체적인 상상에 주의(attention)를 주어야 한다. 그럴 때 그 생각(상상)에 동조되고 공명되는 에너지가 가능태를 만드는 것이다. 그리고 가능태에 합당한 감정을 가지기 위해서는 스스로 질문을 해보는 것이 좋다. 예를 들어 어떤 일을 이루거나 물질을 소유하는 이유가 무엇인가? 그것들이 이미 성취되었을 때 자신이 가질 수 있는 감정(느낌)이 무엇인지를 알고 느낄 줄 알아야 한다는 것이다.

예수 그리스도 안에서 주의 뜻을 이룰 때는 거짓자아가 아니라 창조주 하나님께서 이루시는 관점으로 행하는 것이다. 그럴 때 하나님께서 우리의 생각과 감정을 통해서 만들어내는 것은 늘 긍정적이고 현재적이다. 그러나 거짓자아가 행한다면 늘 하나님의 법 밖에서 안을 바라보는 관점이기 때문에 온전함을 미래적으로 바라는 관점이지, 그 온전함을 현재적으로 누리는 관점이 될 수 없다. 우리가 그리스도 안에 있다면 부정적인 생각도 감정도 언어도 없다는 것을 알아야 한다.[53] 주의 뜻을 이루는 데 무슨 부정적인 생각이나 감정이나 말이 있을 수 있겠는가?

이것을 좀 더 정확히 이해하기 위해서 예수 그리스도 안에 있는 믿음이 아니라 거짓자아의 믿음으로 자신이 원하는 것을 이루고자 하는 예를 생각해보자. 거짓자아로 무엇인가를 이루고자 할 때는 보이지 않는 세계에 생각으로 만든 상상과 그에 따른 가능태 그리고 심중에 그 가능태가 이미 이루어졌다는 것과 그에 따른 감정이 일치하지 않을 때가 너무 많다.

---

53 하나님께서는 "하지 말라"는 십계명도 주셨는데, 무슨 말이냐고 의문을 가질지도 모르겠다. 이스라엘 백성은 선택된 민족이지만 하나님의 생명이 없어 하나님의 법 밖에서 살기 때문에 법 안으로 들어오도록 하기 위해서 법 밖의 행동을 "하지 말라"고 말씀하신 것이다. 그러나 우리가 그리스도 안에 있으면 우리는 법 안에 있는 것이다. 따라서 우리는 하나님께서 하라는 것을 행하는 자가 되어야 한다.

그것이 뉴에이지나 육적인 그리스도인들이 그렇게 간절히 원하는데도 이루어지지 않는 이유이다. 일치하지 않는 이유는 우리의 심중이 부정문을 인지하지 못하기 때문이다. 예를 들어 "주님, 이 일이 일어나지 않기를 원합니다"라고 생각하고 기도한다고 가정해보라. 그렇지만 우리의 심중에는 "이 일이 일어나지 않기를 원합니다"가 아니라 '그 일이' 현재적으로 기록되어지는 것이다. 그래서 뉴에이지는 심중에 가능태를 만들 때 긍정문으로 바꾸어서 생각(상상)하고자 한다. 즉 "이 일이 일어나지 않기를 원합니다"가 아니라 "그 일이 '어떻게' 이루어졌습니다"로 말이다. "… 을(를) 하지 말라. …가 아니다. …을(를) 하지 않다. …가 싫어. …을(를) 하고 싶지 않아"라고 생각하고 말하면 우리의 심중에는 부정 구문의 뜻이 아니라 그 부정 구문의 대상이 심겨지게 된다.

그런데 또 다른 문제는 우리의 생각에 따른 소원을 가지고 긍정적으로 생각하고 말하더라도, 현실이 그렇지 않으면 우리는 부정적인 감정을 가지게 된다는 것이다. 즉 긍정문도 부정적인 감정을 만들어낼 수 있다는 것이다. 예를 들어 내가 현재 몸에 질병이 있다고 생각해보라. "나는 지금 온전하고 깨끗해"라고 생각(상상)하고 말했어도 우리가 그리스도 밖에 있다면(즉 거짓자아가 주체라면) 우리의 생각에 따른 가능태와 지금 내 육신이 체감하는 감정은 동일하지 않게 되고, 결국은 부정적인 감정이 우리의 심중에 만들어지게 된다는 것이다. 실제 상황과 맞지 않는 내용을 긍정적으로 생각하거나 말하면 부정적인 감정이 생겨나는 것이다. 즉 의심을 불러일으킨다. 조금의 의심만 있어도 초양자장의 중첩과 우리의 심중은 하나가 되지 않는다. 그러나 우리의 혼이 온전히 하나님의 영 안에 거한다면 거짓자아의 의식이 없기 때문에 이 원성에 의해 나타나는 의심 자체가 없을 것이다.

4 자유의지를 가진 혼이 두 마음을 품기 때문이다

우리가 하나님의 자녀라면 우리는 세상에 주님의 뜻을 이루는 자이지, 외부 환경에 수동적으로 반응하는 자가 아니다. 그런데 안타깝게도 대부분 우리는 거짓자아가 주체가 되어 성령에 민감하지 못하고, 우리의 구습과 마귀의 계략에 의해 주의 뜻을 이루기보다는 환경이 결정하도록 허락하고 반응하는 삶을 살아간다. 간절히 원하거나 소망하지만 실제로는 결정하지 못하고 상황, 처지, 환경에 반응할 뿐이다. 설령 하나님의 뜻에 순종하더라도 자유의지를 가진 혼은 항상 두 가지 상태에서 왔다갔다한다. 즉 혼이 몸의 종노릇을 하든지, 아니면 하나님의 영 안에 거하든지 말이다.

> [약 1:6-8] 오직 믿음으로 구하고 조금도 의심하지 말라 의심하는 자는 마치 바람에 밀려 요동하는 바다 물결 같으니 이런 사람은 무엇이든지 주께 얻기를 생각하지 말라 두 마음(헬, 딥쉬코스 : 두 혼)을 품어 모든 일에 정함이 없는 자로다"

두 마음을 품지 않기 위해서는 어떻게 해야 하는가? 뉴에이지는 우주의 에너지를 믿어야 한다고 말한다. 우리는 우주와 하나이며 우주의 에너지는 모든 곳에 충만하기 때문에 그 우주의 에너지가 흐르는 것을 믿어야 하고 그 에너지와 연결되기 위한 훈련을 해야 한다고 가르친다. 그러나 성경에서는 어떻게 말하고 있는가? 늘 성령에 민감하고 충만한 삶을 살아야 한다고 말한다. 즉 하나님의 영으로부터 흐르는 생명이 내 몸을 통치하도록 하는 것이다.

[요 7:38] 나를 믿는 자는 성경에 이름과 같이 그 배에서 생수의 강이 흘러나오리라 하시니

[갈 5:16] 내가 이르노니 너희는 성령을 따라 행하라 그리하면 육체의 욕심을 이루지 아니하리라

만약 성령충만하지 못하면 어떻게 되는가? 마귀가 내 혼에 부정적인 영향력을 미침으로써 우리의 혼은 다시 몸의 종노릇을 하게 될 것이다. 이는 마치 전구의 불을 밝히는 건전지가 새롭게 충전되어야 하는데, 그렇지 못하면 에너지가 떨어지는 만큼 전구의 불도 어두워지는 것과 같다. 그렇게 되면 내 심중에 이미 들어 있는 부정적인 감정이 그에 해당하는 생각을 불러일으키게 된다. 지금 세상은 캄캄한 어두움에 처해 있다. 우리가 하나님과 생명적으로 연결될 때 우리는 빛을 내게 된다. 그러나 우리가 하나님과 생명적 관계가 이루어지지 않으면, 결국 우리도 어두움 속에 거하게 되는 것이다.

[고후 4:6-7] 어두운 데에 빛이 비치라 말씀하셨던 그 하나님께서 예수 그리스도의 얼굴에 있는 하나님의 영광을 아는 빛을 우리 마음에 비추셨느니라 우리가 이 보배를 질그릇에 가졌으니 이는 심히 큰 능력은 하나님께 있고 우리에게 있지 아니함을 알게 하려 함이라

우리는 흔히 '내 인생은 왜 이럴까?'라고 생각한다. 우리가 우리 자신의 믿음대로 현실을 만들고 그 만든 현실을 경험하며 살아가고 있다는 것을 알지 못하기 때문이다. 사실 이것을 깨닫지 못해서 생기는 고

통이 가장 힘든 고통이다. 원인을 모르는 고통이기 때문이다. 모든 고통과 괴로움은 지금 이 순간 있는 그대로의 현실과 자신이 만든 상상의 이야기와의 괴리 때문에 생긴 것이다. 거짓자아의 기도는 자신의 결핍과 부족을 채우기 위한 기도이다. 그러나 자신의 생각과 감정으로 만들어진 거짓자아가 없어지면 지금 이 순간 여기에 모든 것이 있는 그대로이고 온전하다는 것을 알게 된다. 하나님의 자녀인 우리가 지금 이 순간 여기에서 기도하는 것은 그리스도 안에서 하나님의 온전함을 나타내기 위해서 하는 것이지, 지금 이 순간 여기에 없는 것을 얻어내기 위한 것이 아니다.

뉴에이지도 지금의 상황과 처지에 묶이지 말고 있는 그대로 보라고 말한다. 그것을 의식의 깨어남이라고 말한다. 그리고 원하는 것을 상상하라고 말한다. 그렇지만 여기에는 그들도 알지 못하는 속임이 있다. 즉 의식이 깨어남으로써 자신의 생각과 감정의 묶임에서 벗어났지만, 그들이 원하고 바라는 것은 무엇이며 어디에서부터 온 것인가? 그것은 거짓자아가 필요로 한 것이며 거짓자아로부터 나온 것이다. 그러나 하나님의 자녀는 자신이 원하는 것이 아니라 하나님께서 이루시고자 하는 것을 원하게 된다. 이 차이가 무엇인지를 깨달아야 한다. 하나님나라의 관점에서 보았을 때 천국과 지옥만큼 차이가 나기 때문이다. 그리스도를 나타내는 의식이란 다른 사람이나 환경을 탓하거나 죄책감, 두려움, 정죄감을 느끼지 않고, 부족함이나 결핍감이 없으며 나타날 결과에 대한 의심 없이 주님의 온전하심을 나타내고자 하는 의식이다.

5 공급의 법칙을 제대로 알지 못하기 때문이다

하나님나라의 믿음의 법칙과 더불어 공급의 법칙을 알아야 한다. 특별히 공급에 있어 방향성을 제대로 깨닫는 것은 매우 중요하다. 세상적인 사람은 주는 만큼 받는 것이고 받는 만큼 주는 것이라고 생각한다(give & take). 그러나 실제는 그렇지 못한 경우가 많아 서로 좋지 않은 감정을 가지기도 한다. 한편 세상에 속한 육적인 그리스도인들은 하나님께서 주시는 만큼 흘려보낼 수 있다고 생각한다. 그러나 하나님나라에 속한 영적 그리스도인들은 먼저 흘려보낼 때마다 주님께서 차고 넘치게 채워주신다는(공급하신다는) 것을 아는 자이다.

모든 공급의 근원은 창조주 하나님이시다. 그리고 하나님의 공급하심은 무한대이다. 우리가 공급받는다고 할 때는 늘 하나님과의 분리된 자아 정체성을 가지고 내가 하나님으로부터 무엇인가를 얻어내는 것으로 생각하지만, 사실은 우리 안에 계신 하나님께서 무한히 공급하시는 것을 내가 흘려보내거나, 나누거나, 베풂으로써 하나님으로부터 계속적으로 공급을 받는 것이다. 즉 우리가 수도꼭지이고 수도관의 물이 하나님께서 공급하시는 것이라고 생각해보라. 꼭지를 틀면 물이 나오고 계속해서 물의 공급이 이루어진다. 이것이 흔히 말하는 "주는 것이 받는 것이다"라는 의미이다. 모든 것은 하나님의 것이며 하나님으로부터 나온다. 우리가 하나님나라의 자녀라면 하나님으로부터 공급받는 이 비밀을 알아야 한다. 거짓자아로 하나님께 필요한 것을 구하는 것이 아니라 그리스도 안에 있는 자신에게 이미 있다는 것을 알고 그것을 흘려보내야 한다는 것이다.

[눅 15:31] 아버지가 이르되 얘 너는 항상 나와 함께 있으니 내 것이 다 네 것

이로되

[갈 6:7] 스스로 속이지 말라 하나님은 업신여김을 받지 아니하시나니 사람이 무엇으로 심든지 그대로 거두리라

그런데 우리는 이것을 세상적인 관점으로 모든 공급은 환경으로부터 또는 다른 사람으로부터 주어지는 것으로 생각하기 때문에 "주었기 때문에 받았다"라고 착각하는 것이다. 하지만 그렇지 않다. 모든 공급의 근원은 하나님이시다. 외부로부터, 혹은 다른 사람으로부터 주어지는 것도 궁극적으로 내가 흘려보냈기 때문에 하나님께서 외부환경 혹은 그 사람을 통해서 공급해주시는 것이다.

[마 7:12] 그러므로 무엇이든지 남에게 대접을 받고자 하는 대로 너희도 남을 대접하라 이것이 율법이요 선지자니라

그렇다면 "지금 당장 내가 가진 것이 없는데 어떻게 흘려보내야 하는가?"라고 질문하는 사람이 있을 것이다. 하지만 진정으로 거듭나 그리스도 안에 있는 자라면 이러한 질문 자체가 하나님나라 복음에 기초하지 않는다는 것을 알아야 한다. 물론 지금 이 땅에서 결핍과 부족이 있어 보일 수는 있지만, 우리 안에 있는 하나님나라에는 이미 모든 것이 다 있다. 따라서 하나님나라 복음에 기초한 공급의 법칙을 깨닫기 위해서는 첫째, 이미 내 안에 하나님의 모든 것이 있다는 원복을 깨달아야 한다. 둘째, 보이는 세계에 실체라고 할 만한 것이 없을지라도 찾아봐야 한다. 없는 것에 초점을 두지 말고 있는 것에 초점을 두라. 열

매에 해당되는 것이 아니라 씨에 해당되는 것이라도 찾아보라. 셋째, 그리스도 안에서 흘려보낼 온전한 실상을 만들고 그 실상대로 보이는 세계에 지금 있는 실체에 투사하고 인식해야 한다. 그럴 때 공급자이신 하나님께서 보이지 않는 세계에 심은 대로 차고 넘치도록 당신을 통해서든지, 다른 사람을 통해서든지, 또는 환경을 통해서든지 우리가 생각할 수 없는 방법으로 공급되게 하신다. 이것은 너무나 중요한 하나님나라의 법칙이다. 이 법칙에 대한 이야기는 열왕기하 4장 1-7절 말씀에 잘 나와 있다.[54] 이때 추수의 법칙 중 배가(倍加)의 법칙이 일어난다. 즉 주는 대로만(흘려보내는 대로만) 받는 것이 아니라 주는 것보다 차고 넘치게 공급받는 것이다. 예수님께서 행하신 오병이어의 기적을 생각해 보라(마 14:14-21).

> [눅 6:38] 주라 그리하면 너희에게 줄 것이니 곧 후히 되어 누르고 흔들어 넘치도록 하여 너희에게 안겨 주리라 너희가 헤아리는 그 헤아림으로 너희도 헤아림을 도로 받을 것이니라

---

54 "선지자의 제자들의 아내 중의 한 여인이 엘리사에게 부르짖어 이르되 당신의 종 나의 남편이 이미 죽었는데 당신의 종이 여호와를 경외한 줄은 당신이 아시는 바니이다 이제 빚 준 사람이 와서 나의 두 아이를 데려가 그의 종을 삼고자 하나이다 하니 엘리사가 그에게 이르되 내가 너를 위하여 어떻게 하랴 네 집에 무엇이 있는지 내게 말하라 그가 이르되 계집종의 집에 기름 한 그릇 외에는 아무것도 없나이다 하니 이르되 너는 밖에 나가서 모든 이웃에게 그릇을 빌리라 빈 그릇을 빌리되 조금 빌리지 말고 너는 네 두 아들과 함께 들어가서 문을 닫고 그 모든 그릇에 기름을 부어서 차는 대로 옮겨 놓으라 하니라 여인이 물러가서 그의 두 아들과 함께 문을 닫은 후에 그들은 그릇을 그에게로 가져오고 그는 부었더니 그릇에 다 찬지라 여인이 아들에게 이르되 또 그릇을 내게로 가져오라 하니 아들이 이르되 다른 그릇이 없나이다 하니 기름이 곧 그쳤더라 그 여인이 하나님의 사람에게 나아가서 말하니 그가 이르되 너는 가서 기름을 팔아 빚을 갚고 남은 것으로 너와 네 두 아들이 생활하라 하였더라"(왕하 4:1-7).

이에 해당하는 또 다른 구약의 말씀은 전도서 11장 1절의 말씀이다. 이 구절은 수수께끼와 같아 다양한 해석들이 있다.

[전 11:1] 너는 네 떡을 물 위에 던져라 여러 날 후에 도로 찾으리라

이 말씀을 하나님나라의 복음적 관점으로 해석해보면 "네 떡을 물 위에 던져라"라는 것은 지금 네게 있는 것이 자신의 것이 아니라 하나님의 것임을 알고 흘려보내라는 것이다. 그러면 어떻게 될까? 물속에 있는 물고기들이 그것을 먹고 살게 될 것이다. 그 결과 나중에는 물고기를 얻게 될 수 있다는 뜻으로도 해석할 수 있다. 이 모든 것은 누가 주관하시는가? 바로 공급자이신 하나님이시다.

거짓자아의 마음에는 부족과 결핍에 기초하여 원하고 기대하고 소망하고 요구하는 것들이 가득 차 있다. 그래서 정작 우리가 흘려보내야 할 것에 대해서는 생각해본 적도 없었다. 이 놀라운 공급의 법칙을 알지 못하기 때문에 우리 인생에서 기대하고 원하고 소망하고 요구하는 것을 자신에게 줄 수 없었던 것이다. 자신이 원하는 것, 남들에게 받고 싶은 것이 있는가? 기꺼이 흘려보내라. 왜 흘려보내는가? 흘려보내야 주님으로부터 공급받기 때문이다. 받기 위해서 주는 것이 아니라 모든 것이 하나님의 것이고 하나님의 것을 흘려보내는 것이 하나님 자녀의 삶의 방식이기 때문이다. 피상적으로 볼 때는 주었기 때문에 받는다고 생각하지만 그렇지 않다. 모든 공급의 근원은 하나님이시다. 우리는 하나님으로부터 주어지는 것을 사람이나 환경으로부터 받을 뿐이다. 당신이 하나님의 자녀라면 이 놀라운 비밀을 깨닫고 누려야 한다. 없어도 주어야 하는가? 아니다. 있기 때문에 주는 것이다. 없어서

구하는 것인가? 아니다. 다 있기 때문에 구하는 것이다. 구하거나 주는 것은 보이지 않는 세계에 이미 존재하는 것을 보이는 세계에 나타내는 것뿐이다. 모든 것의 공급원은 오직 하나님 한 분이시다.

끌어당김은 거짓자아로 믿음의 법칙을 사용함으로써 자신이 원하는 것을 외부로부터 자신에게 오게 하는 것을 의미하며, 더 많은 소유와 만족을 그 목적으로 한다. 그러나 하나님의 공급의 법칙은 그리스도 안에서 하나님의 소유를 나타냄으로써(즉 공급하고 흘려보내고 나누고 내어줌으로써) 하나님의 것이 더 많이 공급되는 것을 의미한다. 그 목적은 하나님의 뜻을 행하는 것이고 그 결과로 주어지는 것은 이 땅에서의 소유와 만족이다.

결론

마지막이 가까이 오면 올수록 더 교묘한 영적 전쟁을 겪게 될 것이다. 그것은 단순히 보이는 세계에 나타난 반기독교적 정치, 경제, 문화 등과의 싸움이 아니라 더 높은 차원의 전쟁이다. 그것은 바로 마귀가 자신을 드러내지 않은 채 성경의 말씀을 부정하지 않지만 하나님 중심의 신앙을 인간 중심의 신앙으로 변질시킴으로써 새로운 기독교를 만들고자 하는 것을 대적해야 하는 전쟁이다. 세상에서 일어나는 비기독교적 상황에 어떻게 대처해야 하느냐보다 더 중요하게 직면해야 하는 문제는 내부에서 다른 복음을 전하는 적들을 어떻게 분별하고 대처하느냐이다.

[갈 1:6-7] 그리스도의 은혜로 너희를 부르신 이를 이같이 속히 떠나 다른 복

음을 따르는 것을 내가 이상하게 여기노라 다른 복음은 없나니 다만 어떤 사람들이 너희를 교란하여 그리스도의 복음을 변하게 하려 함이라

[고후 11:4] 만일 누가 가서 우리가 전파하지 아니한 다른 예수를 전파하거나 혹은 너희가 받지 아니한 다른 영을 받게 하거나 혹은 너희가 받지 아니한 다른 복음을 받게 할 때에는 너희가 잘 용납하는구나

뉴에이지들은 보이지 않는 세계의 일부를 약간 알고 경험함으로써 자신들이 신이 될 수 있는 것처럼 떠벌이고 하나님을 대적하고 있다. 하나님께서 이것을 너무나 가소롭고 우습게 생각하시지 않겠는가? 하나님의 영이 없는 사람들조차도 새 영성을 추구하고 믿음의 법칙으로 자신들이 원하는 것을 얻어 그것으로 자신의 인생을 바꾸려고 하는데 구원받은 하나님의 자녀들은 오히려 하나님의 통치 안에서 뜻이 하늘에서 이루어진 것같이 땅에서도 이루어지도록 하는 것이 무엇인지조차 모른다는 것은 참으로 안타까운 일이다.

그리스도인이면서도 여전히 거짓자아가 주체인 사람은 살아가면서 상황과 처지에 따라 낮은 자존감, 열등의식, 피해의식, 패배의식을 가지는 것이 당연하다. 자신의 존재가 온전치 못함을 느끼기 때문에 내면의 문제점을 바꾸고자 애쓴다. 실제로 내적 치유와 축사 관련 세미나 동영상이 다른 것에 비해 훨씬 많은 사람의 관심을 받는 이유도 그 때문이다. 그러나 그렇게 해서 자신을 변화시킬 수 있을까? 불가능하다. 왜냐하면 자신의 생각과 감정으로 만들어진 거짓자아가 그 생각과 감정을 바꾼다는 것은 있을 수 없기 때문이다. 그러나 혼이 하나님의 영 안에 거할 때 주어지는 그리스도 의식을 가진다면 삶의 내용물에

대한 생각과 감정에 빠지는 것이 아니라 있는 그대로 용납하게 된다. 거짓자아가 없다면 모든 것이 있는 그대로 온전하기 때문이다(이러한 일은 거짓자아로서는 결코 경험할 수 없다. 자신의 생각과 감정을 자신과 동일시하는 거짓자아는 이미 존재하는 현실에 대한 생각과 감정으로 자신의 정체성을 유지하기 때문이다). 새로운 심중은 거짓자아가 허상이라는 것을 알고 자기를 부인하고 자기 십자가를 진 자가 그리스도 안에서 먼저 그의 나라와 의를 구할 때만 가능한 일이다.

적용

V 다음 질문을 묵상하고 답해보라.

(1) 뉴에이지의 사상과 영성에는 다양한 종교적 내용을 포함하고 있지만, 결정적인 주장에 대해서는 늘 성경의 말씀을 인용한다. 왜 그런가 생각해보라.

(2) 구약적 존재로 신약의 약속의 말씀을 누리고자 할 때 어떤 일이 일어나는지에 대해서 생각해보라.

(3) 혼(의식)이 자신의 과거의 생각과 감정에 묶이지 않는 채 자신이 원하는 것을 상상하고 느끼며 실상을 만들지만, 그 실상이 이루어지지 않는 이유는 무엇인가?

(심중에 이루어진 믿음과 감정이 연합한 실상의 관점에서, 주체의 관점에서, 의심의 관점에서)

(4) 우리는 늘 '주는 대로 받는다 혹은 받은 대로 준다'라고 생각한다. 그것은 세속적인 규약일 뿐이다. 모든 공급의 근원은 하나님이시다. 그 하나님께서 자녀를 통해서 공급하기를 원하신다. "심은 대로 거둔다",

"주는 것이 받는 것이다"에 대해서 당신이 배운 것을 토대로 스스로 납득할 수 있도록 설명해보라.

(5) 지금 당신의 삶에 '…' 이 부족하다. 어떻게 할 것인가?

09

매일 킹덤 시크릿으로 기적을 경험하라

지난 장들에서 하나님나라의 실현을 위한 핵심진리와 더불어 뉴에이지 혹은 육적 그리스도인들이 가지는 믿음의 법칙의 한계 그리고 더 깊은 킹덤 시크릿에 대해서 알아보았다. 지금까지의 내용들이 단순히 지식적으로 습득된 것이 아니라 성령 하나님에 의해 심중으로부터 체험되었다면 이제는 하나님의 자녀로서 두려움이나 의심 없이 일상에서 하나님의 통치를 나타내는 삶을 실제로 살아낼 수 있다. 하나님나라의 삶은 단지 영혼구원과 질병치유에 국한되지 않는다. 신앙과 삶은 분리될 수 없는 것처럼 킹덤 시크릿은 삶의 모든 영역에서 적용되어야 한다. 이제 일상의 삶에서 하나님나라의 법칙을 적용함으로써 새로운 라이프스타일을 훈련해보자.

1. 만약 내가 제주도에 가고 싶다면 어떻게 해야 하는가?

일반적으로 우리는 이 일을 어떻게 처리하는가? 대부분이 자신의 경험과 지식에 기초하여 여행을 계획하고 실행한다. 그러나 어떤 일을 추진할 때는 여러 제약이 따르기 마련이다. 실제로 제주도에 가려면 우선 돈이 있어야 하고, 항공권을 구해야 하고, 가서 지낼 곳이 있어야 한다고 생각한다. 우리는 그것을 구하기 위해서 동분서주할 것이다. 만약 여행 경비가 충분하지 않거나, 돈은 있는데 항공권을 구할 수 없거나, 항공권은 있는데 지낼 곳이 없다면 갈 수 없다고 생각한다. 그러나 이 모든 것은 이 세상(물질세계)에서의 경험과 지식에 기초한 인과적 사고 방식이다. 즉 시간, 공간, 노력, 물질 등이 어우러진 속에서, 그리고 거짓자아인 내가 기준으로 삼는 인과법칙에 따라 모든 것이 진행된다고 생각하는 것이다. 실제 우리는 모든 일을 이렇게 생각하고 계획하면서 살고 있다. 즉 내가 모든 것을 알고 계획해야 하며, 또한 그 일련의 과정들이 인과법칙에 맞아떨어져야 안심하는 것이다.

[잠 16:9] 사람이 마음으로 자기의 길을 계획할지라도 그의 걸음을 인도하시는 이는 여호와시니라

그렇다면 세상 방식으로 살지 않고 하나님나라와 의를 구하는 사람은 어떻게 해야 할까? 다음 말씀을 묵상해보자. 하나님의 생명 안에 거하지 않는 자는 다음 말씀을 읽고 적용한다고 해도 이해되지도 않을 뿐더러 심지어 황당하게 여길 것이다.

[골 3:1-3] 그러므로 너희가 그리스도와 함께 다시 살리심을 받았으면 위의 것을 찾으라 거기는 그리스도께서 하나님 우편에 앉아 계시느니라 위의 것을 생각하고 땅의 것을 생각하지 말라 이는 너희가 죽었고 너희 생명이 그

리스도와 함께 하나님 안에 감추어졌음이라

[히 11:1] 믿음은 바라는 것들의 실상이요 보이지 않는 것들의 증거니

[마 6:10] 나라가 임하시오며 뜻이 하늘에서 이루어진 것 같이 땅에서도 이루어지이다

[요 15:7] 너희가 내 안에 거하고 내 말이 너희 안에 거하면 무엇이든지 원하는 대로 구하라 그리하면 이루리라

그러나 지금까지 거짓자아에 묶여 이 말씀을 체험하지 못했다면 지금부터는 이 말씀이 성령님 안에서 체험되어지는 것을 경험해야 한다. 이를 통해 우리는 세상 사람들과는 다르게 말씀대로 이루어지는 삶을 살아내야 한다. 그것은 하나님나라 안에 거하는 자가 보이지 않는 세계의 실상을 통해 이 땅에 실체를 이루는 삶이다. 이 말씀들을 각각이 아닌 전체로 통합해서 성령님의 조명하심 가운데 묵상해보라. 먼저 깨달아야 할 사실은 지금 이 현실에서 생각하고 느끼고 보고 있는 모든 것은(한마디로 경험하고 있는 모든 것은) 보이지 않는 내 심중에 지금까지 심은 실상의 결과물이라는 것이다.

그렇다면 우리가 예수 그리스도 안에서 이 땅에 하나님의 통치가 이루어지도록 하려면 어떻게 해야 할까? 먼저 보이는 세계의 창조주이시며 근원이 되시는 하나님 안에서 보이지 않는 세계에서의 실상이 보이는 세계에 나타나기 전에 이미 이루어진 것을 체험할 줄 알아야 한다. 우리의 몸은 보이는 세상에서 살지만, 우리의 혼은 보이지 않는 세상에

서 실체의 근원이 실상임을 깨닫고 실상을 통해 실체를 변화시키는 삶을 살 줄 알아야 한다. 이것이 바로 하나님나라의 삶이다. 그럴 때 뜻이 하늘에서 이루어진 것같이 땅에서도 이루어지게 된다(히 11:1,3).

다시 제주도 이야기로 돌아오면, 먼저 우리가 해야 할 일은 그리스도 안에서 주님께 구하는 것을 올려드리는 것이다. '주님께서 가지 말라고 하면 어떡하지? 과연 내가 제주도에 갈 자격이 있을까?' 등의 생각을 한다면 당신은 하나님께서 하실 일을 판단하고 있는 것이다. 우리는 거짓자아로 자신을 판단한 후 하나님의 선처를 생각한다. 우선 누가복음 15장의 돌아온 탕자의 비유를 생각해보라. 왜 아버지께서 당신에게 좋은 것을 주시지 않겠는가? 만약 당신의 마음 안에 제주도가 그려지고 기대하게 된다면 시작하라. 당신이 제주도에 가서 해변가에 발을 담그고 즐거운 시간을 보내는 것을 상상하고, 심중에 실제로 일어난 것을 느끼는 것이다. 시공간을 초월한 선제적 믿음을 가져라. 그 실상이 믿어진다면 예수 그리스도의 이름으로 선포하라. 그리하면 마침내 보이는 형상 세계에 그 실체가 나타나는 것을 경험하게 될 것이다. 즉 길이 열리는 기적을 경험하게 된다는 것이다.

지금 이 글을 읽고 의심이 들거나 '이것은 하나님의 뜻을 무시하거나 뉴에이지적 방식이 아닌가?'라는 생각이 든다면 지금 그렇게 생각하는 자체가 거짓자아의 이원성에 기초한 생각이라는 것을 깨달아야 한다. 왜 하나님께서 당신에게 좋은 것을, 기쁜 일을 주시지 않는다고 판단하는가? 제주도에 가는 것도, 당신이 즐거워하는 것도, 당신 일이 아니라 하나님을 나타내는 일이라는 것을 깨달아야 한다. 그리스도 안에 있다면 '내 일'과 '하나님의 일'이라는 이원성이 사라지기 때문이다.

그리스도 안에서 선제적 믿음을 통한 실상을 그리고 선포하는 것,

즉 실상의 실체화는 소위 세상 사람들의 눈에는 '기적'처럼 보인다. 우리가 이렇게 할 때 없는 돈이 생기고, 항공권이 구해지고, 지낼 장소가 생기기 때문이다. 내가(거짓자아로) 삶을 살아가는 것이 아니라 내 안에 계신 그리스도가 사시는 삶이 살아지는 것이다. 이것이 바로 불확실성 속에서 은혜와 기쁨을 누리는 믿음의 삶이다. 하나님의 인도하심에 따른 삶을 사는 것이다. 내가 계획하고 내 방식대로 생각하고 느끼고 살아가는 삶이 아니라, 하나님께서 주시는 생각과 감정에 순종하는 삶을 사는 것이다.

혹자는 다른 측면에서 불편함을 느낄지도 모르겠다. "없는 돈이 어떻게 생기는가? 없던 비행기표가 어떻게 생길 수 있는가? 그러면 계획도 없이 그저 하늘만 쳐다보고 살라는 뜻인가?" 등의 수많은 질문을 할 것이다. 그러나 그것은 한마디로 거짓자아로 환경에 대한 자신의 판단을 믿고 있는 것이지, 그리스도 안에서 하나님의 말씀을 말씀대로 믿지 못하고 있다는 증거이다. 시공간에 제한된 사고방식에 사로잡혀 인과법칙에서 벗어나는 것은 있을 수 없다고 믿고 있는 것이다. 이제는 "나라가 임하시오며 뜻이 하늘에서 이루어진 것같이 땅에서도 이루어지이다"(마 6:10)라는 차원적인 삶을 알고 누리는 것을 체험해보라.

[잠 19:21] 사람의 마음에는 많은 계획이 있어도 오직 여호와의 뜻만이 완전히 서리라

그렇다고 계획도 하지 말고 노력도 하지 말라는 뜻이 아니다. 목적을 가지고 계획도 세워라. 그리고 구하고 찾고 두드리라. 그러나 그것을 이루고자 할 때는 항상 내가 이루어야 할 그 무엇이 아니라 하나님

께서 이루시는 그 무엇이 되어야 함을 명심하라. 내가 주체가 되어서 눈앞에 있는 일을 행하는 것이 아니라 내 안에 계신 하나님께서 그 일을 이루시도록 하나님께서 말씀대로 보여주신 것을 생각하고 느끼고 말하고 행동하라는 것이다. 킹덤빌더는 더 이상 보이는 세계에서의 선형적 시간이라는 축상에서 인과법칙에 따라 삶을 사는 것이 아니라 영원한 현존이신 하나님 안에서 하늘과 땅이라는 차원적인 축상에서 은혜법칙에 따라 삶을 사는 자이다.

2. 내가 어떤 물건을 구입하고자 한다면 어떻게 해야 하는가?

일반적으로 어떤 물건을 구입하기(어떤 일을 추진하고자) 위해서는 먼저 잡지나 인터넷이나 SNS를 통해서 물건을 찾아볼 것이다. 또한 실물로 보기 위해서 여기저기 찾아다닐 것이다. 그러나 우리가 정말 먼저 해야 할 일은 그 실체를 소유하기 위해서 찾고 돌아다니는 것이 아니라 우리 안에 하나님께서 이미 주신 것을 알고 그 실상을 보는 일이다(물론 이미 주신 것을 심중에 심기 위해서 어떤 것을 찾아볼 수는 있다).

[요 15:7] 너희가 내 안에 거하고 내 말이 너희 안에 거하면 무엇이든지 원하는 대로 구하라 그리하면 이루리라

[막 11:24] 그러므로 내가 너희에게 말하노니 무엇이든지 기도하고 구하는 것은 받은 줄로 믿으라 그리하면 너희에게 그대로 되리라

막연하게 이루어질 것을 기대하고 찾는 것이 아니라 내가 이미 얻은

것으로 믿어야 한다. 기대하고 바라보는 것은 표면의식에 속하지만 이미 얻은 것은 잠재의식에 속한 것이다. 즉 후자는 자신의 심중에 기록한 것이다. 그럴 때 말씀대로 보이지 않는 세계에 이미 주어진 것이 보이는 세계에 표출되기를 기다리고 있게 된다. 영이요 생명인 말씀은 모든 것이 가능한 보이지 않는 세계를 통치한다. 그 세계는 영원한 현존이다. 즉 과거, 현재, 미래 그리고 원인과 결과가 함께 있는 곳이다. 그곳에서 이루어진 것이 이 땅에 형상으로 나타나기 위해서는 우리가 먼저 하나님의 영 안에 거해야 하고, 그 영의 말씀대로 이루어진 것이 우리 심중에 먼저 경험되어져야 한다.

거짓자아의 관점에서 볼 때 주의 말씀을 믿어야 한다고 생각하지만 그렇게 되면 말씀이라는 지식을 가질 수밖에 없다. 그러나 우리의 혼이 하나님의 영 안에 거할 때는 영이요 생명인 말씀대로 이루어진 것이 보이지 않는 세계에 나타난 것이고, 그에 따른 감정이 심중에 생겨서 이미 얻은 줄로 믿어진다는 것이다. 보이는 세계에서는 아직 일어나지 않았지만 보이지 않는 세계에 이미 이루어진 것으로 심은 것이다. 그것은 마치 미래 기억을 가지는 것과 같으며 선제적 믿음이다.[55]

그 결과 어떤 일이 일어나는가? 어떤 식으로든 우리는 우리가 원하는 것이 있는 곳으로 이끌리게 되거나 찾던 것이 기다리고 있는 것을 발견하게 될 것이다. 또는 우리가 원하던 그것이 우리를 찾아오기도 할 것이다. 우연이라고 생각했든 아니든 이미 그러한 일들을 한두 번은 경험해보았을 것이다. 그리고 이런 일이 어떻게 자신에게 일어났는지에 대해 놀라워했던 기억들이 있을 것이다. 그러한 일들이 상식이 되

55 미래 기억 또는 선제적 믿음에 대한 구체적인 내용은 《킹덤빌더의 라이프스타일》(규장) 129-137쪽을 참고하라.

는 세상이 바로 하나님나라의 삶이다.

[엡 3:20-21] 우리 가운데서 역사하시는 능력대로 우리가 구하거나 생각하는 모든 것에 더 넘치도록 능히 하실 이에게 교회 안에서와 그리스도 예수 안에서 영광이 대대로 영원무궁하기를 원하노라 아멘

모든 것이 내 안에 계신 하나님 안에 있다는 것을 진정으로 깨닫고 체험하지 못하면서 이 땅에서 당신의 생각으로 무엇을 추구하는 것은 아무런 의미가 없다. 세상에 당신의 마음을 팔아서는 안 된다. 다른 말로 세상에, 다른 사람에게, 물건에, 당신의 생각과 감정, 신체가 묶여서는 안 된다. 왜냐하면 우리가 구하고 이루고자 하는 모든 것들이 하나님 안에 있고, 하나님께서 모든 것의 공급자가 되시기 때문이다. 하나님께서 주신 것이 먼저 당신의 생각과 감정으로 나타나야 한다. 그럴 때 보이는 세계에서 그 실체가 나타나거나 이루어지게 되기 때문이다. 당신이 보이는 세계에서 구하고자 하는 모든 것을 먼저 보이지 않는 세계에서 말씀대로 이루어진 실상으로 보고 당신의 몸에 경험되어질 때 비로소 보이는 세계에서 당신은 자연스럽게 인도함을 받게 되거나 그것들이 당신 앞에 나타나게 된다.

[마 7:7] 구하라 그리하면 너희에게 주실 것이요 찾으라 그리하면 찾아낼 것이요 문을 두드리라 그리하면 너희에게 열릴 것이니

다시 이 말씀을 묵상해보자. 우리는 이 말씀을 읽을 때 내가 열심히 구하고 찾고 두드리면 하나님도 감동하셔서 그렇게 해주실 것이라고

생각하지만 결코 그렇지 않다. 모든 일은 하나님나라의 법칙에 따라 이루어지는 것이지, 내 헌신과 간절함으로 이루어지는 것이 아니다. 만약 그렇다면 성황당에 물 떠놓고 비는 것과 무슨 차이가 있겠는가? 우리가 흔히 믿고 있는 것처럼 하나님께서는 우리의 간절함과 열심에 반응하시지 않는다. 하나님께서는 스스로 정하신 법(말씀)대로 행하신다. 우리 안에 하나님나라가 먼저 이루어지고 말씀대로 이루어진 것이 우리 마음에 경험되어졌을 때 비로소 그 말씀대로의 현실이 나타나는 것이다. 모든 것이 내 생각으로 만든 계획대로 이루어진다고 생각하지만 그 생각에서 벗어나서 그리스도 안에서 자신의 삶을 자세히 관찰해 보라. 모든 것이 하나님의 은혜로 이루어지는 것이지, 결코 내 생각과 노력으로 이루어지는 것이 아님을 알 수 있다.

3. 질병을 위해서 어떻게 기도하면 좋을까?

예를 들어 지금 내가 암에 걸려 있다고 치자. 흔히들 주님 앞에 나와 "암이 치유되기를 원합니다"라고 말한다. 그것은 이미 암이라는 것을 자신의 심중에 심고(그 말은 보이지 않는 세계에 암이라는 실상을 그리고) 자신의 몸에 나타난 암이 치유되기를 기대하고 소망하는 것이다. 기대와 소망은 믿음과 다르다는 것을 알아야 한다. 우리가 예수 그리스도 안에 있다면(우리의 혼이 하나님의 영 안에 거하고 있다면) 지금까지의 생각보다 한 걸음 더 나아가야 한다.

거짓자아의 의식으로 살게 되면 우리는 보이는 세계의 실체에 기초해서 보이지 않는 세계의 실상을 바라보지만 땅에서 하늘을 바라보는 삶을 살 수밖에 없다. 그러나 그리스도 의식으로 살게 되면 우리는 보이지 않는 세계의 실상에 기초해서 보이는 세계의 실체를 보게 된다. 즉 하늘에서 땅을 바라보는 삶을 살게 된다. 우리가 하나님의 자녀라면 실체에 기초한 실상을 바라보는 것이 아니라 하나님의 말씀에 따른 실상에 기초하여 실체를 바라볼 줄 알아야 한다. 다음 말씀을 실제에 적용해보자.

> [벧전 2:24] 친히 나무에 달려 그 몸으로 우리 죄를 담당하셨으니 이는 우리로 죄에 대하여 죽고 의에 대하여 살게 하려 하심이라 그가 채찍에 맞음으로 너희는 나음을 얻었나니

이 말씀에 따르면 우리가 이미 치유함을 받았는데 "나음을 얻었나니"(과거) 말씀을 말씀 그대로가 아닌 말씀에 대한 자신의 경험과 지식에 기초한 생각으로 만든 개념을 가지게 되면 우리는 나음을 얻기 위해 무엇을 어떻게 해야 한다는 생각을 가지게 된다. 즉 하나님께 의지하여 자신의 문제를 해결해야 한다고 생각한다. 그렇지만 실제로는 어떤 일이 일어나는가? 지금의 상황이나 상태에 대해서 어떤 질병이라는 관념을 가지게 되면 자기도 모르는 사이에 그 질병에 대한 실상을 가지게 되고, 그 결과로 그 질병이 나에게 힘을 가지게 된다. 그렇게 되면 우리는 하나님께 이 문제를 해결해달라고 요청할 수밖에 없다. 그렇지만 하나님께서 무엇을 해주실 수 있겠는가? 하나님께서 정하신 믿음의 법칙은 예수 그리스도 안에서 "네 믿은 대로 될지어다"일 뿐이다.

그러나 우리가 그리스도 안에 있다면 그 질병에 대한 생각으로 만들어진 실상을 가질 수 없다. 그 실상은 하나님나라에서는 존재하지 않는 것이기 때문이다. 하나님께서 창조하신 것이 아니기 때문이다. 만

약 내가 그 실상을 붙들게 되면 그것은 내가 예수 그리스도 밖에 있는 것이고 거짓자아가 하는 일이 되는 것이다. 우리가 이 진리를 깨닫지 못해 그동안 당연시해왔던 것처럼 하나님께서 창조하시지 않은 것을 붙들고 그것을 해결해달라고 말하는 것은 하나님나라의 복음적 적용이 아니라는 것을 깨달아야 한다. 우리가 해야 할 일은 먼저 하나님 안으로 들어가서 그분께서 우리에게 주신 실상을 붙듦으로써 그분의 창조 능력이 나타나시도록 하는 것이다. 아버지 집에는 우리의 삶에 필요한 모든 것들이 온전한 상태로 존재한다.[56]

우리가 그리스도 안에 거한다면 보이지 않는 세계의 실상에는 죄, 병, 고통, 결핍이 없다는 것을 깨달아야 한다. 그리스도 안에서 보이지 않는 세계를 보면 생명력, 창조의 힘, 온전함, 절대선이 충만하다. 그리스도 의식을 가져야 한다.[57] 우리의 혼이 하나님의 영 안에 거한다면(즉 그리스도 안에 있다면) 보이는 세계에서 그 실체가 없다고(혹은 그렇지 않다고) 부정하는 것이 아니라 지금 이 순간 여기에 있는 그대로 볼(허용할) 줄 알아야 한다. 그럴 때 내 혼은 그 어떤 자신의 마음의 생각이나 감정 그리고 감각에도 반응하지 않게 된다. 왜냐하면 지금 내 혼은 더 이상 생각과 감정으로 자신의 존재를 유지하지 않기 때문이다. 그리스도 안에서는 보이는 세계에 나타난 실체(내용물)가 무엇이든 그것은 단지 의식에 나타난 경험일 뿐이라는 것을 아는 것이다.

따라서 그리스도 안에 있을 때는 어떤 질병에 대한 실상이 환상이라는 것을 깨닫기 때문에 더 이상 어떻게 해야 한다(혹은 어떻게 되어야 한

---

56 이 말씀이 제대로 이해되지 않는다면 7장 '현재적 하나님나라 실현의 핵심원리를 깨달아라'로 돌아가서 다시 묵상해보라.

57 이 부분에 대한 더 자세한 내용은 《킹덤빌더의 영성》(규장) 234-263쪽을 참고하라.

다)는 것이 없어진다. 하나님의 자녀라면 이제 말씀에 따라 온전한 몸에 대한 실상을 가지고 "예수 그리스도의 이름으로 건강과 온전함을 주셔서 감사합니다"라고 말할 줄 알아야 한다(요삼 1:2). 그럴 때 주님께서 그분의 능력으로 온전하심과 충만한 생명을 우리의 몸을 통해서 나타내신다. 그분은 창조주이시고 자녀를 통하여 말씀을 이루시는 분이다. 우리가 그리스도 의식 안에서 창조의 능력을 갈망하는 만큼 그분은 우리 몸을 통하여 그의 일을 행하시게 된다.

지금 설명한 내용을 이해한다고 하더라도 여전히 암에 대한 두려움이 있다면 다음 두 가지 이유 중 하나에 해당되기 때문이다. 첫째는 당신이 지금 그리스도 밖에 있기 때문이다.

[딤후 1:7] 하나님이 우리에게 주신 것은 두려워하는 마음이 아니요 오직 능력과 사랑과 절제하는 마음이니

[히 2:14-15] 자녀들은 혈과 육에 속하였으매 그도 또한 같은 모양으로 혈과 육을 함께 지니심은 죽음을 통하여 죽음의 세력을 잡은 자 곧 마귀를 멸하시며 또 죽기를 무서워하므로 한평생 매여 종 노릇 하는 모든 자들을 놓아 주려 하심이니

즉 말씀대로 이루어지지 않는 것은 말씀이 잘못된 것이 아니라 당신의 혼이 하나님 안에 거하지 않기 때문이다. 자신의 상태를 점검해보라. 우리가 정말 그리스도 안에 거하고 있다면 현재의 상태(상황)가 아무리 힘들고 괴롭더라도(지금 일어난 현실을 부정하는 것이 아니다) 그것은 단지 내 의식 안에 들어온 하나의 경험(좋은 경험이든, 좋지 않은 경험이든)

일 뿐 그 이상도 그 이하도 아니다. 그냥 내가 영화관에서 의자에 앉아 있다는 의식으로 영화를 감상하는 것과 같다.[58] 그 내용이 어떠하든 상관없이 영화는 단지 영화일 뿐이다.

둘째는 마귀의 계략에 속고 있기 때문이다. 지금도 마귀는 역사하고 있다. 우리는 흔히 마귀는 말씀을 못 보게, 말씀대로 살지 못하게, 열심을 내지 못하게, 죄를 짓게, 거룩한 삶을 살지 못하게, 두려움을 가지도록, 염려와 걱정을 하도록, 주의 사랑이 없도록 공격한다고 생각하지만 그렇지 않다. 그것은 모두 진실을 감추기 위한 속임수이다. 그들이 원하는 것은 우리가 하나님과 분리된 존재로서 하나님의 법 밖에서 스스로 선과 악을 나누고 악에게 힘을 주고 그 악을 대항하도록 하는 것이다. 그렇게 함으로써 마귀의 계략을 알지 못하게 하고, 하나님 대신에 자신의 힘으로 싸우도록 하고, 하나님의 뜻을 이루지 못하는 것을 우리의 무능과 죄로 돌리게 한다.

또한 기도할 때 우리가 가장 많이 범하는 실수는 그리스도 안에서 믿음으로 실상을 구하다가 그리스도 밖에서(거짓자아로) 실체를 확인하는 일을 한다는 것이다. 예를 들면, 기도하고 난 다음 자신의 몸이 변화되었는지 살펴보고 그렇게 되지 않으면 실망하거나 자신을 정죄하게 된다. 그렇게 하지 말아야 한다. 그렇게 하면 다시 거짓자아로 돌아가는 것이기 때문에 지금까지 보이지 않는 세계에서 이루어진 실상을 없애버리는 것과 같다. 우리가 보이지 않는 세계에서 이루어진 실상대로 보이는 세계에 있는 지금의 실체에 투사할 때 하나님의 역사가 일어나는 것이다. 그것이 바로 예수 그리스도의 이름으로 행하는 선포기도다.[59] 현

58 이 부에 대한 자세한 내용은《킹덤빌더의 영성》(규장) 167-173쪽을 참고하라.

59 예수 그리스도의 이름에 대한 내용은 이 책에서 다루기에는 너무 방대한 분량의 주제이기 때문

재의 실체가 변하지 않았기 때문에 새로운 실상으로 투사하는 것이지 변화된 실체를 확인하기 위해서 투사하는 것이 아니다. 그렇게 하면 다시 거짓자아로 지금의 실체를 만든 실상을 가질 수밖에 없게 된다.

[고후 5:7] 이는 우리가 믿음으로 행하고 보는 것으로 행하지 아니함이로라

4. 일을 어떻게 대해야 하는가?

많은 경우에 우리는 일을 할 때 스트레스를 경험한다. 해야 할 일이 힘들고 괴롭기 때문일 것이다. 그래서 차일피일 미루다가 결국 하지 않을 때 당하는 고통이 할 때의 고통보다 클 때 어쩔 수 없이 시작하게 되고 스트레스 속에서 탁월함이나 기쁨도 없이 일을 해나가는 것이 대부분이다. 그러나 하나님나라 실현의 핵심원리에 기초해서 성찰해보면 어떤 일을 할 때 즐거움과 탁월함으로 할 것이냐, 반대로 저항감과 산만함으로 할 것이냐를 결정하는 것은 업무량의 많고 적음이나, 업무를 추진하는 데 있어서 마주하는 실제적인 어려움의 경중이나, 일에 대한 자신의 적성과 흥미의 유무에 달린 것이 아니다. 그것은 바로 일에 대한 과거의 경험과 지식에 따른 심중의 태도에 달려 있음을 깨닫게 된다.

어떤 일 그 자체가 어렵고 힘든 것이 아니라 우리의 심중에서 그렇게 판단하고 믿은 대로의 실상을 그 일에 투사했기 때문에 그렇게 인식한 것일 뿐이다. 어떤 일에 대한 자신의 심중의 판단을 심리적 상상을 거쳐 믿은 대로 보이지 않는 세계에 실상을 만들고 그것을 보이는 세계에 투사하여 그에 따른 실체를 인식한 것이다. 결국 우리는 자신의 믿

에 관심이 있는 독자는 《하나님나라에서 예수 그리스도의 이름으로 사는 자》(규장)를 읽어 보라.

음대로 현실을 만들고 그 만든 현실을 경험하며 살고 있는 것이다. 우리의 생각과 감정은 실재도 아니고 진리도 아니고 힘도 없다는 것을 생각해보라. 일을 미루고 하고 싶지 않은 것(일이 가지는 힘)은 내 생각이나 감정이 만든 것이지 그 일 자체가 나에게 준 것이 아니다. 그런데 우리는 늘 일 때문에 힘들고 괴롭다고 생각한다. 그것은 자신의 마음과 마귀의 계략에 놀아나고 있는 것임을 깨달아야 한다.

우리가 깨어 있으면, 우리의 혼이 하나님의 영 안에 거하면, 언제나 자신이 일을 행하기에 앞서 어떤 생각을 하기 전에 먼저 그리스도 안에서 그 일을 보게 된다. 우리가 지금 이 순간 여기에 존재하고, 하나님께서 나타나시고 계신다는 것을 의식하며 어떤 일을 맞이하게 된다. 그럴 때 우리 스스로 인식하는 일의 종류나 어려움이나 시간의 소요 그리고 하기 싫음, 귀찮음 등이 실재도 아니고 진리도 아니고 힘도 없다는 것을 깨닫게 된다. 즉 그리스도 안에 있을 때는 그 일에 대한 생각과 감정에 지배를 받지 않게 됨으로써 일은 내가 해내야 할 목적이 아니라 지금 하나님을 나타내는 수단이 되는 것이다.

우리의 혼이 하나님의 영 안에서 해야 할 일을 보면 내 존재가 미래에 있는 것(미래에 대한 지금의 생각에 묶이는 것)이 아니라 지금 이 순간 여기에 거하게 된다. 그 일을 잘해야 하고 끝내야 한다는 스트레스에 시달리는 것이 아니라 지금 이 순간 하나님께서 나타나는 즐거움을 누리는 것이다. 그 일을 위해 없는 것을 짜내는 것이 아니라 내 생각을 비울수록 그분의 놀라운 지혜와 탁월함이 내 생각을 통해서 나타나게 된다. 계획도 하고 목표도 정하지만 그 일은 내가 이루어야 할 그 무엇이 아니라 그리스도 안에서 주의 말씀대로 이미 이루어진 실상을 붙듦으로써 하나님께서 이루실 그 무엇이 되도록 하는 것이다.

5. 하나님의 자녀가 누리는 동시성이라는 은혜와 호의란 무엇인가?

우리가 그리스도 안에 거하고 그의 나라와 의를 구하면 하늘에서 이루어진 것이 이 땅에 곧바로 이루어지는 차원적인 은혜를 더 많이 경험하게 된다. 그것을 동시성(simultaneity)이라고 부르는데 이 땅에서의 시공간에 속한 인과법칙에 적용되지 않는 일이 일어나는 것을 의미한다. 예를 들어 누군가에 대해서 생각할 때 그가 찾아오거나 전화가 걸려온다든지, 지금 무엇이 꼭 필요한데 그 물건을 누군가가 가져다준다든지, 어떤 것에 대한 정보가 필요한데 누군가가 그 이야기를 한다든지 등등 우리는 살면서 많든 적든 이러한 일들을 경험하게 된다. 이런 일들이 동시성인데 우리는 우연이라고 치부하는 경우가 대부분이다. 그런데 재미있는 사실은 이런 일이 일어났을 때를 기억해보면 자신이 간절히 애타게 그리지도 않았다는 것이다. 그런데도 그런 일이 일어났다. 왜 그런가? 그때는 일말의 의심 없이 단순하게 보이지 않는 세계에 이루어진 것을 자신의 심중에 심었기 때문이다.

그러나 일반적으로 이 땅에서 일어나는 일에 대해서 생각해보라. 모든 일은 어떤 공간 안에서 시간을 통해 일어나며 그 일을 이루기 위해서는 인간의 노력이나 어떤 에너지가 개입되어야 한다. 그리고 목적한 그 일이 성취되기 위해서는 그 결과를 만들어내는 원인적인 것들이 만들어지는 일련의 프로세스가 필요하다고 본다. 그냥 이루어지는 일은 있을 수 없다는 것을 너무 당연하게 여긴다. 우리의 이러한 믿음이 동시성이 나타나는 것을 방해하는 경우가 대부분이다. 이제는 세상의 인과법칙을 부인하는 것이 아니라 차원적인 은혜의 법칙도 일어난다는 것을 믿어야 한다. 믿는 만큼 우리는 동시성을 더 경험하게 될 것이다.

예를 들어 내가 어떤 물건을 구입해야 한다고 생각해보자. 그 물건을 구입하기 위해서는 돈을 벌어야 한다. 돈을 벌기 위해서는 일을 해야 한다. 이것이 우리가 가지는 시공간에 제한된 인과법칙적 사고방식이다. 그렇지만 누군가가 와서 나에게 그 물건을 살 만큼의 돈을 주었다고 가정해보라. 그것은 우리가 당연히 여기는 프로세스를 건너뛴 것이다. 우리는 이렇게 이루어지는 것을 정말 원하기는 하지만 불가능하다고 생각하고 한편으로는 이렇게 사는 것이 인간의 도리가 아니라고 생각한다. 왜냐하면 열심히 일하고 그 대가를 받는 것이 정당한 것이지 그렇게 사는 것은 공짜를 좋아하는 사기꾼이나 하는 일이라고 생각한다. 마음으로 이런 일을 기대하는 것은 마치 자신의 일을 성실하게 하지 않으면서 로또에 당첨되기만을 바라는 것에 비유한다. 얼마나 교만하고 무식한 생각인가! 우리는 하나님의 은혜를 간절히 바라면서 정작 하나님께서 은혜를 베푸시겠다면 받지 않겠다는 생각을 가지고 살아간다.

지금 열심히 일하지 말고 공짜만 바라라고 말하는 것인가? 아니다. 주의 능력 안에서 열심히 행해야 한다(골 1:29). 그러나 우리가 먼저 알아야 할 진리는 첫째, 우리가 무슨 일을 어떻게 하든지 결국 주시는 분은 하나님이시지, 내가 일한 만큼 먹고 사는 것이 아니라는 사실이다. 둘째, 우리가 열심히 일하고 땀 흘리는 것은 하나님께서 이미 주신 것을 나타내기 위해서이지, 하나님으로부터 무엇인가를 받아내기 위함이 아니라는 것이다. 생각해보라. 이러한 세속적 사고방식이 어디에서부터 왔는가? 그것은 타락 이후부터 온 것이다.

[창 3:17-19] 아담에게 이르시되 네가 네 아내의 말을 듣고 내가 네게 먹지 말라 한 나무의 열매를 먹었은즉 땅은 너로 말미암아 저주를 받고 너는 네

평생에 수고하여야 그 소산을 먹으리라 땅이 네게 가시덤불과 엉겅퀴를 낼 것이라 네가 먹을 것은 밭의 채소인즉 네가 흙으로 돌아갈 때까지 얼굴에 땀을 흘려야 먹을 것을 먹으리니 네가 그것에서 취함을 입었음이라 너는 흙이니 흙으로 돌아갈 것이니라 하시니라

당신은 지금 예수 그리스도 안에 있는가? 아니면 예수 그리스도 밖에 있는가? 다른 말로 당신은 지금 하나님나라의 삶을 사는가? 아니면 마귀의 나라의 삶을 살고 있는가? 우리가 하나님의 자녀라면 이 땅에서의 시공간에 제한된 인과법칙에서 벗어나야 한다. 모든 주권은 하나님께 있고 우리는 하나님의 친백성이며(혼이 더 이상 몸의 종노릇하지 않고 하나님의 영 안에 있는) 우리가 정복해야 할 삶터는 보이는 세계가 아니라 보이지 않는 세계이다. 영으로써 몸의 행실을 죽이는 이 땅의 삶에서 우리는 하나님의 은혜와 호의를 누릴 줄 알아야 한다. 그리스도 안에서 이 세상의 사고방식을 포기하는 삶을 살면 살수록 하나님의 더 큰 은혜와 호의를 누리게 된다. 이것이 지금까지 알지도 못하고 누리지도 못한 하나님나라의 비밀, 바로 킹덤 시크릿이다.

[고후 9:8] 하나님이 능히 모든 은혜를 너희에게 넘치게 하시나니 이는 너희로 모든 일에 항상 모든 것이 넉넉하여 모든 착한 일을 넘치게 하게 하려 하심이라

6. 다른 사람들과 어떻게 관계해야 하는가?

다른 사람들이 나를 어떻게 대하느냐에 따라 내 기분뿐만 아니라

내 삶 전체가 흔들리게 될 때가 너무 많다. 나를 적대시하거나 무례하게 구는 사람들을 어떻게 대해야 하는가는 너무나 중요한 일이다. 그런 사람들을 어떻게 대해야 하는가에 앞서 두 차원에서 일어나는 일에 대해서 먼저 알아보자.

내 생각과 감정도 에너지가 되어서 내 몸으로부터 발산되지만 다른 사람의 생각과 감정도 에너지가 되어 그 사람으로부터 나에게 영향을 미친다. 그럴 때 그 사람이 나에게 어떻게 했기 때문에 나도 이렇게 반응한다고 생각하는 것이 잘못이라는 것을 알아야 한다(첫 번째 핵심이다). 그 사람 때문이 아니라 내 안에 그 생각과 감정에 해당하는 에너지가 심중에 잠재하고 있기 때문에 그것에 대한 나의 반응이 그렇게 일어나는 것뿐이다. 다른 말로 내 심중에 상대가 방출한 생각과 감정에 해당되는 에너지가 없다면 상대방의 생각과 감정에 대한 어떤 반응도 일어나지 않는다. 모든 반응은 투사와 인식에 따른 것이다.

내게 주어진 자극에 대해 심중에 들어 있는 경험과 지식에 기초한 생각과 감정으로 투사하고 인식한다는 것은 상대방이 방출한 에너지와 동일한 내 안에 내재된 에너지가 동조하고 공명됨으로써 그것에 따른 실상을 만들고 투사하고 인식한다는 것이다. 즉 미움에는 미움으로, 분노에는 분노로, 무례함에는 무례함으로, 경멸함에는 경멸함으로 말이다. 그렇지만 대부분의 경우에 그렇게 반응하면 싸움이 일어나거나 조정할 수 없는 일이 일어날 것을 두려워하기 때문에 다르게 반응한다. 즉 내면에서 올라오는 부정적 생각에 따른 감정이 올라올 때 그 감정에 저항하거나 부정하거나 억압하거나 전가한다. 이때 만들어진 부정적 스트레스 에너지는 우리에게 큰 고통을 주게 된다. 이러한 에너지가 쌓이면 일종의 에너지장이 형성되고 그 장이 우리의 육체의 어느 부분을 감싸게 되면 그 부분은 비정상적으로 작동하게 되고 결국은 질병을 일으키게 될 것이다. 지금까지 기술한 내용은 거짓자아가 주체가 된 삶을 살 때 일반적으로 일어나는 일이다.

그러나 우리가 그리스도 안에 있다면 상대방으로부터 오는 생각과 감정이 어떻더라도 그것에 대해서 다르게 반응할 수 있다. 즉 그 내용에 대한 내면의 반응에 따라 투사하고 인식하는 것이 아니라 자기를 부인하고 자기 십자가를 짐으로써 그리스도 안에 거함으로써 새로운 상황과 관계를 가질 수 있다. 그것은 내 심중에 상대방과 동일한 생각과 감정이 있든 없든 상관이 없다(물론 없다면 더 좋겠지만 말이다). 즉 그리스도 안에서(즉 내 혼이 하나님의 영 안에서) 마음에서 올라오는 생각과 감정을 관찰할 뿐이지 그 생각과 감정을 나와 동일시하지 않는 것이다(두 번째 핵심이다). 아무리 상대방의 말이나 태도에 부정적이고 무례한 생각이나 감정이 있더라도 말이다. 상대방이 방출한 에너지에 동조하고 공명하는 것이 아니라 그것을 느낄 때마다 내 혼이 하나님의 영 안에 거하는 자유와 해방을 누리는 것이다. 즉 정신 차원에서 영의 차원으로 옮겨가는 것이다.

하나님께서 창조하시지 않은 것은 창조된 것이 아니다. 하나님의 통치 안에서는 선과 악, 좋고 나쁨이라는 이원성도 없고 판단도 없다. 오직 하나님의 성품만이 나타날 뿐이다. 사랑, 온전함, 하나됨, 절대선, 빛일 뿐이다. 우리가 깨어 있다면 그리스도 안에서 주의 성품대로 이루어지는 생각과 감정을 가짐으로써 보이지 않는 세계에 새로운 가능태를 만들고 그에 따른 감정이 심중에 생기도록 하는 것이다(세 번째 핵심이다).

모든 인간은 하나님을 믿든 믿지 않든 간에 타락 전 하나님 자녀로서 누렸던 하나님의 영광(본성, 성품)에 대한 굶주린 마음과 버림받은 마음을 가지고 있다. 본래 모든 인간은 하나님께서 지으셨기 때문에 하나님의 흔적이 그 영혼에 남아 있다. 지금 인간이 가지는 불손, 무례, 미움, 짜증, 분노, 슬픔, 우울 등과 같은 부정적 감정들은 하나님께서 창조하신 것이 아니라 타락한 인간과 마귀의 속임수에 의해 어두움 가운데서 만들어진 것이다. 그것들은 낮은 레벨의 에너지이다. 한편 하나님의 성품에 해당되는 에너지는 높은 레벨의 에너지이다. 외부에 대한 우리의 모든 반응은 자극에 대한 자기 내면의 생각과 감정에 따른 투사와 인식이다. 이것을 다시 생각해보라. 만약 상대방이 부정적 감정과 같은 낮은 레벨의 에너지를 방출했는데 동조되고 공명되는 것이 없으면 그 에너지는 더 이상 힘을 갖지 못하며 그 생각과 감정은 사라지고 만다.

우리가 그리스도 안에서 말씀에 해당되는 사랑, 용납, 기쁨, 평안, 자유 등의 높은 레벨의 에너지를 방출하고 심중에 그에 따른 감정을 심을 때 어떤 일이 일어나는가? 상대방의 심중에 있는 굶주린 마음과 버림받은 마음으로 나타나는 에너지(미움, 질투, 무례, 짜증, 거절감, 두려움, 불안 등)는 사라져버리고, 미약하지만 상대방 속에 있는 하나님의 성품에 해당되는 에너지가 동조되고 공명되는 것이다. 눈에 보이지 않지만 그 결과로 상대방은 자신도 알지 못한 채 다르게 반응한다. 그것이 바로 하나님의 자녀만이 가지는 영적 권세이고 영향력이다. 그러나 우리가 지금 제대로 하고 있는지를 알기 위해서는 자신의 반응 결과가 어떠한지를 잘 살펴보아야 한다. 만약 그리스도 안에 거하는 것이 아니라(차원적 변화가 일어나지 않고) 거짓자아로 그리스도 안에 거하는 것처럼 행한다면 그것은 금방 드러나게 된다. 스스로 말씀대로 해보려고 애쓰는 것은 안 하는 것보다 못하게 된다. 예를 들면 '상대가 나에게 화를 낸다고 내가 똑같이 생각하고 반응하면 안 되지'라고 다짐한다면 실제로 자신의 심중에 심겨지는 것은 상대방과 같은 생각과 감정이다(심중은 부정문을 이해하지 못하고 부정문의 대상을 심는다는 것을 생각해보라). 결국 상대방의 에너지에 동조하고 공명함으로써 그것대로 투사하고 인식하게 될 것이다. 받는 열매는 고통과 괴로움 그리고 심은 대로 거두는 동일한 생각과 감정뿐이다. 중요한 것은 '이 상황은 이렇게 진행되어야 해(해결되어야 해)'라는 내 판단이 없어야 한다는 것이다. 그것은 내가 선악을 판단하여 선을 추구하는 것이기 때문이다. 그런 방식으로는 어떻게 하든 보이는 세계의 현실(다른 사람과의 관계와 상황)을 변화시킬 수 없다.

우리는 보이지 않는 세계에 하나님께서 창조하시지 않은 그 어떤 것도 풀어놓지 말아야 한다. 그 영토는 하나님께서 통치하시도록 해야 하고, 마귀가 틈타지 못하도록 해야 한다. 우리의 싸움은 혈과 육에 대한 것이 아니라는 것이 바로 보이지 않는 세계에서의 전쟁이다.

> [고후 10:4-5] 우리의 싸우는 무기는 육신에 속한 것이 아니요 오직 어떤 견고한 진도 무너뜨리는 하나님의 능력이라 모든 이론을 무너뜨리며 하나님 아는 것을 대적하여 높아진 것을 다 무너뜨리고 모든 생각을 사로잡아 그리스도에게 복종하게 하니

7. 예상되는 질문들

1 우리가 구하는 것이 하나님의 뜻인지 아닌지 어떻게 알 수 있는가?

우리는 기도를 통하여 거짓자아를 버리고(자기를 부인하고 자기 십자가를 짐으로써) 하나님과 하나 되어(우리의 혼이 하나님의 영 안에 거함으로써) 하나님의 뜻을 나타낸다(보이지 않는 세계의 실상을 보이는 세계의 실체로 나타낸다). 우리가 이 진리를 깨닫는다면 하나님의 뜻은 그 뜻을 알고자 하는 거짓자아가 죽어야만 알 수 있게 된다는 것을 알아야 한다. 그런데 우리는 거짓자아의 정체성을 포기하지 않은 채 하나님의 뜻이 무엇인지 알기를 원한다. 그것은 스스로가 하나님의 뜻을 판단하는 것과 같다. 우리는 하나님을 나타내는 자이지, 하나님의 뜻을 판단하는 자가 아니다. 이것이 얼마나 중요한지를 깨달아야 한다. 기도하기 전에 하나님의 뜻을 구하는 것이 아니라 기도를 시작하며 자신을 포기함으로써 하나님의 뜻을 알아가는 것이다. 우리가 원하는 대로 상황을 변화시키기에 앞서 상황과 상관없이 우리의 존재를 변화시키는 것이 먼저여야 한다. 그것이 바로 자신을 포기하는 것이다. 우선 기도를 통하여 세상에 묶인 자신으로부터 벗어나 우리의 혼이 하나님의 영 안에 거하도록 하라. 그럴 때 주님은 내적 음성이나 환상이나 감동 등 다양한 방법으로 보이지 않는 세계에 실상을 보게 하신다. 그때 분별해보라. 지금 구하는 것이 하나님의 뜻을 이루는 것인지 아니면 내 욕심을 이루는 것인지를 말이다.

[롬 12:2] 너희는 이 세대를 본받지 말고 오직 마음을 새롭게 함으로 변화를 받아 하나님의 선하시고 기뻐하시고 온전하신 뜻이 무엇인지 분

별하도록 하라

그럴 때 주님의 뜻이면 우리의 상황이나 바람이나 능력과 상관없이 마음에 소원을 두고 행하게 하신다.

[빌 2:13] 너희 안에서 행하시는 이는 하나님이시니 자기의 기쁘신 뜻을 위하여 너희에게 소원을 두고 행하게 하시나니

만약 이렇게 계속 기도하는데도 마음에 그려지지 않고 소원이 생기지 않는다면 그것은 하나님의 뜻이 아닌 것이다. 마음에 소원이 생기면 생길수록 내면에서 올라오는 불안이나 참소는 점점 더 사라지고 요동치지 않는 깊은 평강과 기쁨이 올라오게 된다.

2 왜 모든 일이 동시성으로 일어나지 않는가?

구하는 즉시 응답되는 실상을 그리자마자 실체로 나타나는 기도를 경험해본 적이 있을 것이다. 그렇지만 대부분의 경우에는 그렇지 않다. 여러 가지 이유가 있겠지만 대표적으로는 다음 두 가지 이유를 생각해 볼 수 있다. 첫째, 말씀대로 이루어진 것을 그려보지만 자신의 심중에는 그에 따른 감정이 생기지 않기 때문이다. 그것은 기존의 심중에 들어 있는 경험과 지식이 그 실상이 만들어지는 것을 방해하고 있기 때문이다. 따라서 그리스도 의식이 더 온전해질수록 더 온전한 실상을 가지게 되며, 더 온전한 실상을 가지게 될수록 그 실상에 따른 실체가 더 빨리 보이는 세계에 나타나는 것을 경험하게 될 것이다.

[약 1:6-8] 오직 믿음으로 구하고 조금도 의심하지 말라 의심하는 자는 마치 바람에 밀려 요동하는 바다 물결 같으니 이런 사람은 무엇이든지 주께 얻기를 생각하지 말라 두 마음을 품어 모든 일에 정함이 없는 자로다

둘째, 보이지 않는 세계에서의 악한 영의 방해 때문일 수도 있다.

[단 10:12-13] 그가 내게 이르되 다니엘아 두려워하지 말라 네가 깨달으려 하여 네 하나님 앞에 스스로 겸비하게 하기로 결심하던 첫날부터 네 말이 응답 받았으므로 내가 네 말로 말미암아 왔느니라 그런데 바사 왕국의 군주가 이십일 일 동안 나를 막았으므로 내가 거기 바사 왕국의 왕들과 함께 머물러 있더니 가장 높은 군주 중 하나인 미가엘이 와서 나를 도와 주므로

성경은 분명하게 하나님의 말씀을 이루는 천사들(시 103:20)과 그것을 방해하는 타락한 천사들과 악한 영들이 존재하고 있음을 증거한다. 따라서 우리가 기도할 때는 성령의 능력 안에서 기도하는 것이 중요하다.

[엡 6:12, 18] 우리의 씨름은 혈과 육을 상대하는 것이 아니요 통치자들과 권세들과 이 어둠의 세상 주관자들과 하늘에 있는 악의 영들을 상대함이라 모든 기도와 간구를 하되 항상 성령 안에서 기도하고 이를 위하여 깨어 구하기를 항상 힘쓰며 여러 성도를 위하여 구하라

셋째, 우리는 다 알 수 없지만 모든 것을 아시는 하나님께서 그분의 지혜로 그분의 주권에 따라 우리가 원하는 때가 아니라 하나님이 생각

하시는 최고의 때에 응답하시고 실체로 나타내신다.

[롬 8:28] 우리가 알거니와 하나님을 사랑하는 자 곧 그의 뜻대로 부르심을 입은 자들에게는 모든 것이 합력하여 선을 이루느니라

3 구해도 이루어지지 않는 경우에 어떻게 해야 하는가?

우리는 지금의 형태나 상황이나 조건과 상관없이 있는 그대로 주님을 나타내는 존재이다. 우리는 자신을 온전케 하기 위해서 하나님이 필요한 것이 아니라 하나님을 나타내기 위해서 지음 받은 것이다. 지금도 하나님께서는 우리를 통하여 나타나고 계시며, 우리로 하여금 하나님을 나타내는 온전한 존재로 살게 하신다. 그런데 우리는 마귀에게 속아서 자신을 하나님과 분리된 존재로 보고 자신을 온전하게 하거나 건강하게 하거나 정상으로 만들기 위해서 하나님이 필요한 것으로 착각하고 있다. 하나님의 모든 약속은 그리스도 안에서 이루어져야 할 무엇이지 하나님과 분리된 존재로서 하나님으로부터 받아내야 할 무엇이 아니라는 것을 알아야 한다.

'왜 하나님께서 이 문제를 해결해주시지 않을까?' 혹은 '나를 치유해주시지 않을까?'라는 질문을 던지기 전에 먼저 당신이 그리스도 안에 거하고 있는지, 아니면 거짓자아로 그렇게 생각하고 있는지를 확인해보라. 그럼에도 불구하고 아무런 응답이 없다면(예를 들어 말씀대로 이루어진 것을 보여주시지 않는다면) 우리가 추론할 수 없는 하나님의 뜻이 있는 것이다. 예를 들면 사도 바울이 자기 육체의 가시를 위해서 기도했을 때를 생각해보라.

[고후 12:8-9] 이것이 내게서 떠나가게 하기 위하여 내가 세 번 주께 간구하였더니 나에게 이르시기를 내 은혜가 네게 족하도다 이는 내 능력이 약한 데서 온전하여짐이라 하신지라 그러므로 도리어 크게 기뻐함으로 나의 여러 약한 것들에 대하여 자랑하리니 이는 그리스도의 능력이 내게 머물게 하려 함이라

분명히 알아야 할 진리는 하나님께서는 우리가 우리 인생 전체를 통하여 계획하신 최고의 것(나의 나됨)을 누리기를 원하신다는 것이다. 설령 내가 그것을 알지 못하고 다른 길을 갔을지라도 하나님께서는 결코 우리를 포기하지 않으신다.[60] 모든 것이 합력하여 선을 이루게 하시는 하나님께서 계획하신 그 놀라운 신비를 누리기를 원하신다. 그리고 그것을 통하여 하나님을 영화롭게 하기를 원하신다. 우리가 하나님나라의 실제적인 삶을 배웠다고 해서 모든 것이 다 우리의 깨달음과 믿음대로 되는 것인가? 만약 그렇다면 우리가 주님 위에서 주님을 통치하는 것이고 주님은 알라딘 램프의 지니와 같게 될 것이다. 우리의 혼이 하나님의 영 안에 거한다고 해서 우리가 하나님의 마음을 온전히 다 알 수 있는 것은 아니다. 우리는 오직 성령님의 감동하심으로써 주님께서 허락하신 것을 알 뿐이다.

[고전 2:10] 오직 하나님이 성령으로 이것을 우리에게 보이셨으니 성령은 모든 것 곧 하나님의 깊은 것까지도 통달하시느니라

60 자동차의 GPS와 네비게이션을 생각해보라. 네비게이션에서 알려주는 대로 가지 않고 다른 길로 갔다 하더라도 다시 재탐색을 통해서 새로운 길을 보여준다. 마치 그것처럼 우리가 하나님의 말씀에 믿음으로 반응하지 못하고, 순종하지 않았다 하더라도 우리가 그리스도 안에 거하면 언제나 그 상태와 상황 속에서 하나님께서 뜻하시는 길로 우리를 인도하신다.

흔히 자신의 질병이나 괴로운 문제들을 해결하기 위해서 여기저기 쫓아다니며 더 놀라운 진리의 말씀을 깨닫기를 원하고 더 큰 능력을 경험하고자 하는 경우를 보게 된다. 그리고 마치 그 문제 때문에 자신이 하나님의 영광을 드러낼 수 없는 것처럼 생각하거나 아니면 그것이 꼭 해결되어야만 자신이 온전해질 수 있다고 생각한다. 내가 잘되고 온전해야 하나님께서 기뻐하시는가? 그렇지 않다. 내가 잘되고 온전해야 하는 기준과 이유가 무엇인가? 그것은 내가 판단한 것이지 하나님께서 말씀하신 것이 아니다. 자신의 문제가 하나님의 영광을 나타내거나 드리는 수단이 되고 기회가 될 수 있다. 우리는 자신의 상황이나 처지와 상관없이 하나님을 나타내는 통로로 쓰임 받아야 한다. 하나님 자녀의 삶은 모든 고통으로부터 자유함을 누리는 것이 아니라 고통 가운데서도 평강과 기쁨이 충만한 기적을 경험하는 것이다.

만약 하나님의 뜻대로 기도했음에도 불구하고 기도의 응답이 없다면, 기도하는 내용이 해결되지 않더라도 아무런 문제가 되지 않는 마음을 가지게 해달라고 기도하라. 당신의 존재와 인생을 그 문제에 팔아먹지 말라. 그것 빼고 하나님께서 주시는 더 놀라운 은혜를 발견하라. 그럴 때 지금의 문제해결로 얻을 수 있는 잠깐의 유익보다 하나님께서 나에게 베푸시고자 하는 더 놀라운 은혜를 찾을 수 있다. 기독교 역사를 돌아보면 대부분의 위대한 하나님의 사람들은 모든 것을 다 갖추어서 쓰임 받은 것이 아니다. 나에게 없고 부족한 것에 초점을 두는 것이 아니라 나를 통해서 이루시고자 하는 주님께 초점을 두고 살았기 때문이다. 우리에게 부족한 것이 내 삶을 핍절케 하거나 하나님의 영광을 가리는 것이 아니다. 오히려 해결되지 못했기 때문에 우리를 통해서 나타내고자 하시는 놀라운 하나님의 은혜를 찾아낼 수 있다.

결론

이번 장에서 살펴본 킹덤 시크릿을 매일 경험할 수 있는 핵심비결 7가지를 요약하면 다음과 같다.

(1) 지금 눈앞에 닥친 문제와 내용물에 대한 묶임으로부터 벗어나라. 떠오른 생각과 감정은 실재도 아니고 진리도 아니고 힘도 없으며 나도 아니라는 것과 구원받은 후 진정한 나는 지금 이 순간 그리스도 안에 있다는 것을 자각하라. 해석하고 판단하고 이해하고자 한다는 것은 거짓자아가 자신을 보호하기 위한 수단이다. 자신의 생각과 감정을 부인하고 거짓자아를 십자가에 못 박음으로써 혼이 하나님의 영 안에 거하도록 하라.

(2) 어떤 부정적인 일, 대상, 상황에 대해서 대적하거나 극복하거나 제거하려고 하지 말라. 또한 스스로의 노력과 계획으로 모든 일을 행하고자 애쓰지 말라. 더욱이 예수 그리스도를 의지하여 그 일을 그렇게 행하려고도 하지 말라. 왜냐하면 예수 그리스도를 의지하지만 결국 행하는 주체는 내(거짓자아)가 되기 때문이다. 아무것도 하지 말라는 뜻이 아니다. 마귀는 늘 그리스도 안에서 그분이 능력 주시는 대로 행하지 못하도록 우리를 속인다. 거짓자아가 주체가 되어 예수 그리스도를 의지하여 스스로 그렇게 하도록 부추기지만 예수 그리스도 안에서 새로운 실상을 가지지는 못하게 한다.

(3) 어떤 경우라도 눈에 보이는 세계의 실체를 변화시키려고 하지 말라. 먼저 보이지 않는 세계에 말씀대로 이루어진 실상을 가져야 한다. 보이지 않는 세계(초양자장)와 심중이 연결되어 있다는 것을 알아야 한다. 말씀대로 주어진 상상(생각), 주의(attention)를 통해서 구체적이고 정확한 가능태, 이미 이루어진 것과 그에 따른 감정이 실상을 만든다.

(4) 기억하라. 하나님께서 창조하시지 않은 것은 창조된 것이 아니다. 현재 보이는 세계에 나타난 부정적이고 악한 실체의 근원인 실상은 타락한 혼과 마귀의 속임수가 만든 것뿐이다. 우리의 혼이 하나님의 영 안에 거할 때(예수 그리스도 안에 있을 때) 그 실상들은 존재하지 않는 것이다. 그리스도 의식으로 보이지 않는 세계에 충만한 하나님에 의한 생명력, 온전함, 창조의 힘, 절대선을 느껴 보라.

(5) 그리스도 안에서 하나님께서 보여주신 것을 생각하고 상상하고 느끼고 감각해보라. 그것이 잘 안 되면 말씀대로 이루어진 것을 큰소리로 말해보라. 그리스도 안에서 듣고 그 말한 대로 이루어진 것을 느끼며 심중에 심어라. 가브리엘 천사가 "대저 하나님의 모든 말씀은 능하지 못하심이 없느니라"라고 했을 때 마리아가 "주의 여종이오니 말씀대로 내게 이루어지이다"라고 말한 것을 생각해보라. 그녀는 자신의 심중에 주의 말씀대로 이루어진 것을 심은 것이다. 심중에 심겨진 대로 믿겨지고 기쁨이 올라올 때까지 그렇게 해보라. 그것이 바로 "무엇이든지 기도하고 구하는 것은 받은 줄로 믿으라"(막 11:24)라는 말씀의 진정한 의미이다.

(6) 보이는 세계의 실체와 상관없이 보이지 않는 세계에서 이루어진 실상대로 투사하고 인식해보라. 예수 그리스도의 이름으로 그 실상이 실체로 되었음을 선포해보라. 말씀대로 선포할 때 성령님께서 능력으로 그 말씀에 나타나시는 것을 느껴보라.

(7) 실상이 이루어졌음을 감사하라. 중요한 사실은 거짓자아로 실체의 유무를 확인하기 전에 그리스도 안에서 보이지 않는 세계에서 이루어진 실상을 보며 감사하고 하나님께 영광을 올려드려야 한다는 것이다. 만약 심중에서 이루어진 그 실상을 확신하지 못하면서 기도한

대로 이루어졌는지부터 확인하고자 한다면(마귀는 그렇게 하기를 원한다) 당신은 보이지 않는 세계의 통치권을 잃어버리고 다시 거짓자아로 돌아간 것이다. 감사는 그리스도 안에서 이루어진 실상에 대한 것이다. 그런데 우리는 실체를 보아야 감사할 수 있다고 생각한다. 그렇지 않다. 하늘에서 이루어지지 않는 것이 어떻게 이 땅에 실체로 나타날 수 있겠는가?

적용

우리의 속사람이 날로 새로워진다는 것은 무엇을 의미하는가? 삶을 보이는 세계(물질세계)의 실체(내용물)의 가치와 의미에 의존하지 않고, 보이지 않는 세계(비물질세계)의 말씀대로 이루어진 실상에 의존하는 삶을 사는 것이다. 이것이 우리 인생에서 가장 중요한 부분이 되어야 한다. 속사람이 날로 새로워진다는 것은 스스로 실체에 대한 생각을 변화시키는 것이 아니라 그리스도 의식으로 새로운 실상을 가진다는 것이다. 즉 우리의 혼이 영 안에 거함으로써 하나님의 말씀대로 보여준 것을 생각하고 느끼고 말하는 삶이 더 충만해진다는 뜻이다. 그러는 가운데 하나님의 뜻이 무엇인지를 배워가야 한다. 지금도 하나님께서는 그리스도 안에 있는 우리의 생각을 통해서, 감정을 통해서, 말을 통해서, 행동을 통해서 자신을 나타내고 계신다. 각자에게 주신 계획과 목적을 통해서, 은사를 통해서, 소명을 통해서, 비전을 통해서 나타나고 계신다. 하나님의 뜻을 알고자 하는 대신에 하나님의 뜻을 나타내는 사람이 되어가라.

[고후 4:16-18] 그러므로 우리가 낙심하지 아니하노니 우리의 겉사람은 낡

아지나 우리의 속사람은 날로 새로워지도다 우리가 잠시 받는 환난의 경한 것이 지극히 크고 영원한 영광의 중한 것을 우리에게 이루게 함이니 우리가 주목하는 것은 보이는 것이 아니요 보이지 않는 것이니 보이는 것은 잠깐이요 보이지 않는 것은 영원함이라

V 지금 겉사람(거짓자아의 의식)이 아니라 속사람(그리스도 안에서 그리스도 의식)으로 산다는 것은 실제 삶에서 어떻게 경험되어져야 하는가?

(1) 과거와 미래에 묶이지 않고 지금 이 순간 여기에서의 삶을 사는 것이다.

(2) 날마다 순간마다 자신의 생각과 감정에 묶이지 않고 하나님의 원복(의, 평강, 희락)을 자신의 마음에 풀어내는 삶을 사는 것이다.

(3) 하나님으로부터 받아내는 것이 아니라 아버지 집에 있는 하나님의 것을 이 땅에 가져오는 삶을 사는 것이다.

V 다음의 사항에 대해서 지금까지 해온 방식과 다르게 배운 대로 어떻게 할 것인지를 노트에 기록해보라.

(1) 지금 당신이 어떤 일을 하고 싶다면 또는 어떤 곳에 가고 싶다면 어떻게 할 것인가?

(2) 지금 당신이 어떤 물건을 구하고자 한다면 어떻게 할 것인가?

(3) 지금 질병이 있다면 어떻게 할 것인가?

(4) 지금 힘들고 하기 싫은 일을 해야 한다면 어떻게 할 것인가?

(5) 당신이 과거에 경험한 동시성을 기억하고 어떻게 그 일이 일어났는지를 묵상해보라.

(6) 지금 어떤 사람과의 관계에 문제가 있다면 어떻게 할 것인가?

(7) 지금까지 기도했는데 이루어지지 않은 일에 대해서 어떻게 할 것인가를 묵상해보라.

PART 4

하나님나라 안에서 가장 가치 있는 인생을 살아라

10 목적추구가 아닌 지금 이 순간 여기에서의 삶을 살아라
11 가난과 탐욕에서 벗어나 하나님의 부요함을 누려라
12 휴식하기 위해 일하지 말고 안식 가운데 일하라

3부에서는 일, 상황, 문제 등에 대한 하나님의 뜻을 이 땅에 이루는 실제적이고 구체적인 방법에 대해서 알아보았다. 그러나 킹덤 시크릿을 통해 매일 기적의 삶을 살기 위해서는 하나님나라 라이프스타일이 전제되어야 한다. 새로운 라이프스타일을 위해서는 먼저 하나님과의 생명적 관계를 통한 그리스도 의식을 체험하고 그것에 기초한 새로운 신념체계, 사고체계의 변화에 따른 행동양식이 새롭게 되어야 한다. 그리고 그것에 기초해서 보이는 세계에서 가장 중요한 시간, 일 그리고 물질에 대한 새로운 관점을 가져야 한다. 그동안 이 부분에 대한 성경 말씀을 각자의 견해에 따라 해석하고 적용함으로써 많은 신학적 문제와 더불어 혼돈을 야기시켜 왔다. 그러나 이제는 하나님나라의 관점에서 말씀을 새롭게 봄으로써 혼란스러운 여러 가지 면들이 실제 삶에서 예수 그리스도 안에서 통합되어야 한다. 그럴 때 우리는 하나님나라 안에서 항상 풍성한 인생을 누릴 수 있게 될 것이다.

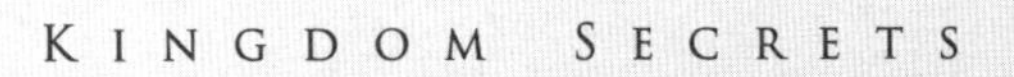
Kingdom Secrets

10

목적추구가 아닌 지금 이 순간 여기에서의 삶을 살아라

거짓자아가 주체가 되면 타락한 육체가 가지는 기본 심리인 결핍, 부족, 공허, 상실에 시달리기 때문에 이것들을 해소하기 위해 인과법칙에 기초한 행위보상적 사고방식으로 무언가를 끊임없이 추구할 수밖에 없다. 이러한 삶은 선험적 지식으로 선형적인 시간과 공간 안에서 살아가는 삶이다. 그러나 하나님나라의 비밀을 푸는 코드가 바로 '차원'이라는 것을 깨달았고 그리스도 안에서 주의 뜻을 이루는 삶을 사는 것이 바로 하나님 자녀의 삶이라는 것을 체험했다면, 이제부터는 '지금 이 순간 여기에서'라는 영원한 하나님의 현존 속에서 살아가는 새로운 라이프스타일을 훈련해야 한다. '지금 이 순간 여기에' 초점을 둔 삶을 사는 것을 다르게 표현하면 '목적을 추구하는 삶'이 아니라 '목적이 수단이 되는 삶' 또는 '수단이 목적이 되는 삶'이라고 말할 수 있다.[61] 이 삶을 살기 위해서는 주체의 변화와 더불어 차원적인 삶이 무엇

61 목적이 수단이 되는 삶이라는 표현은 목적 자체가 나를 포기하는 수단이 되어야 한다는 뜻이고, 수단이 목적이 되는 삶이라는 표현은 매일의 삶 자체(수단)가 하나님께서 나를 통해서 이루

인지를 알아야 한다. 이 삶에 대해서 예수님께서 하나님나라를 비유로 말씀하신 누가복음 15장 탕자의 이야기를 통해서 알아보도록 하자.

하나님나라에 대한 가장 놀라운 비유

누가복음 15장 11-32절에 나오는 돌아온 탕자 이야기는 예수님의 비유 중에서 잘 알려지고 특별히 기독교인들의 많은 사랑을 받은 이야기이다. 게다가 이 비유는 예수님의 비유 중 가장 긴 비유(헬라어 388개 단어)로써 하나님나라와 하나님 자녀의 정체성 그리고 아버지와 그분의 자녀인 우리의 관계에 대하여 가장 구체적인 내용을 포함하고 있기 때문에 분량 못지않게 정말 중요한 이야기이다. 이렇게 중요한 이야기를 시간의 관점으로만 읽으면 시간의 경과에 따른 상황적 변화에 초점을 두고 이해할 수밖에 없다. 하지만 하나님나라의 관점에서 이 비유를 차원적으로 보면 인간의 타락과 회개, 예수 그리스도의 구원사역, 인간의 거듭남과 새로운 정체성, 거듭난 하나님의 자녀에게 주어진 신성과 원복, 우리를 향한 하나님 아버지의 측량할 수 없는 사랑, 인과법칙에 기초한 행위보상적 사고방식이 아니라 하나님의 온전하심에 기초한 차원적인 삶 등 현재적 하나님나라의 핵심이 들어 있는 놀라운 이야기이다. 먼저 이 이야기의 핵심적인 줄거리를 간략히 살펴보자.

[눅 15:11-14] 또 이르시되 어떤 사람에게 두 아들이 있는데 그 둘째가 아버지에게 말하되 아버지여 재산 중에서 내게 돌아올 분깃을 내게 주소서 하는지라 아버지가 그 살림을 각각 나눠 주었더니 그 후 며칠이 안 되어 둘째 아

실 목적이 되어야 한다는 뜻이다.

들이 재물을 다 모아 가지고 먼 나라에 가 거기서 허랑방탕하여 그 재산을 낭비하더니 다 없앤 후 그 나라에 크게 흉년이 들어 그가 비로소 궁핍한지라

둘째 아들은 아버지의 통제에서 벗어나 아버지와 분리되어 스스로 자신이 원하는 대로 살기를 원했다. 그래서 아버지가 죽기도 전에 아버지 소유의 일부를 자신의 것으로 챙긴 다음 아버지 집을 떠나 자신이 원하는 삶을 살았다. 하나님나라의 복음적 관점에서 볼 때, 집 나간 둘째 아들은 타락한 혼이 자신의 생각과 감정 그리고 신체를 자신이라고 믿는 거짓자아로 살아가는 자를 말한다. 이것이 바로 하나님을 알지 못하는 자들이 세상에서 살아가는 방식이다. 거짓자아가 삶의 주체가 되어 자신이 보낸 시간과 노력만큼 무엇인가를 얻고자 하는 행위보상적 사고방식과 인과법칙에 기초한 삶, 즉 선험적 조건의 삶이다. 그렇게 하면 지금은 아니지만 언젠가는 자유와 행복을 누리게 될 것이라 여기고 자신이 만든 상상의 이야기를 추구하는 삶이다.

[눅 15:14-19] 다 없앤 후 그 나라에 크게 흉년이 들어 그가 비로소 궁핍한지라 가서 그 나라 백성 중 한 사람에게 붙여 사니 그가 그를 들로 보내어 돼지를 치게 하였는데 그가 돼지 먹는 쥐엄 열매로 배를 채우고자 하되 주는 자가 없는지라 이에 스스로 돌이켜 이르되 내 아버지에게는 양식이 풍족한 품꾼이 얼마나 많은가 나는 여기서 주려 죽는구나 내가 일어나 아버지께 가서 이르기를 아버지 내가 하늘과 아버지께 죄를 지었사오니 지금부터는 아버지의 아들이라 일컬음을 감당하지 못하겠나이다 나를 품꾼의 하나로 보소서 하리라 하고

둘째 아들은 아버지 집을 떠나 세상으로 나가 자기의 소유로(실제로는 아버지로부터 주어진 재물인데) 스스로 살아보았다. 그 결과 돼지가 먹는 쥐엄 열매라도 먹고 배를 채워보려고 했지만 그마저 주는 사람이 없었다. 둘째 아들은 무너진 자신의 모습을 보고 한탄하며 자신의 망가진 꼴과 아버지 집에서 행복했던 자신을 비교해보니 자신이 하늘과 아버지에게 죄를 지었다는 것을 깨닫고 집으로 돌아가기로 결심한다. 그러나 그는 아버지의 아들이 되기보다 지금 자신의 문제 해결을 위해 아버지 집으로 돌아간 것이다. 아버지 집에 가서 열심히 일하면 품꾼으로라도 쓰임 받을 수 있을 것이고 그 삶이 지금의 삶보다는 훨씬 낫기 때문에 그 생각을 가지고 아버지 집으로 돌아간 것이다.

[눅 15:20-24] 이에 일어나서 아버지께로 돌아가니라 아직도 거리가 먼데 아버지가 그를 보고 측은히 여겨 달려가 목을 안고 입을 맞추니 아들이 이르되 아버지 내가 하늘과 아버지께 죄를 지었사오니 지금부터는 아버지의 아들이라 일컬음을 감당하지 못하겠나이다 하나 아버지는 종들에게 이르되 제일 좋은 옷을 내어다가 입히고 손에 가락지를 끼우고 발에 신을 신기라 그리고 살진 송아지를 끌어다가 잡으라 우리가 먹고 즐기자 이 내 아들은 죽었다가 다시 살아났으며 내가 잃었다가 다시 얻었노라 하니 그들이 즐거워하더라

우리는 이 말씀을 통하여 두 가지 상반된 사고방식을 보게 된다. 첫째, 자신의 처지와 자신의 행위로 자신을 판단하는 둘째 아들을 보게 된다(세상적으로 볼 때 정상이다). 둘째, 무조건적인 사랑으로 용납하시는 아버지를 보게 된다(세상적으로 볼 때 비정상이다). 예수님께서 비유로 우

리에게 말씀하시고자 한 것은 단지 이러한 아버지의 선하심뿐만이 아니라 아버지께서 행하신 일로 인하여 둘째 아들이 새로운 피조물이 된 것에 초점을 두고 있다. 스스로 아버지의 아들이 된 것이 아니라 아버지께서 아들 삼아주신 것이다. 비유적으로 볼 때 아버지의 집을 떠나 아버지와 분리된 존재가 되었지만, 아버지 집으로 돌아왔을 때 아버지에 의해서 다시 아버지의 자녀가 된 것이다. 죄와 잘못에 대한 어떤 처벌이나 꾸중이 없었다. 심판한 것도 아니고 지켜야 할 율법을 준 것도 아니다. 아버지께서는 둘째 아들이 예상한 것의 정반대의 일을 행하신 것이다. 인과법칙에 기초한 행위보상적 사고방식으로는 있을 수 없는 일이 일어난 것이다.

[눅 15:25-31] 맏아들은 밭에 있다가 돌아와 집에 가까이 왔을 때에 풍악과 춤추는 소리를 듣고 한 종을 불러 이 무슨 일인가 물은대 대답하되 당신의 동생이 돌아왔으매 당신의 아버지가 건강한 그를 다시 맞아들이게 됨으로 인하여 살진 송아지를 잡았나이다 하니 그가 노하여 들어가고자 하지 아니하거늘 아버지가 나와서 권한대 아버지께 대답하여 이르되 내가 여러 해 아버지를 섬겨 명을 어김이 없거늘 내게는 염소 새끼라도 주어 나와 내 벗으로 즐기게 하신 일이 없더니 아버지의 살림을 창녀들과 함께 삼켜 버린 이 아들이 돌아오매 이를 위하여 살진 송아지를 잡으셨나이다 아버지가 이르되 얘 너는 항상 나와 함께 있으니 내 것이 다 네 것이로되

이런 이해할 수 없는 아버지의 사랑은 오랜 시간 아버지 집에서 아버지를 위해 열심히 충성한 첫째 아들의 판단에서도 완전히 벗어난 것이었다. 밭에서 열심히 일하다가 집에 돌아온 첫째 아들은 잔치 소리를

들었다. 그리고 그 잔치가 아버지의 유산을 먼 나라에 가서 다 탕진해 버린 둘째 아들이 돌아온 것을 기뻐하는 잔치임을 알았을 때 화가 머리끝까지 치밀어올랐다. 첫째 아들은 둘째 아들과 달리 아버지를 위해 여러 해 동안 충성과 봉사를 했음에도 그런 자신에게 잔치라고는 한 번도 베풀어준 적이 없는데, 아버지를 떠나 방탕한 삶을 살다 온 동생을 무조건 용납해주고 살아 돌아온 것 자체를 기뻐하시는 아버지를 도무지 이해할 수 없었던 것이다.

드디어 밝혀지는 하나님나라의 숨은 비밀

첫째 아들의 반응을 통해 알 수 있는 것은 이 아버지가 잃어버린 아들이 비단 둘째 아들만이 아니라 첫째 아들도 포함되어 있다는 것이다. 물론 첫째 아들은 아버지의 유산을 미리 받고 아버지 집을 떠나 먼 나라로 간 둘째 아들처럼 아버지 옆을 물리적으로는 떠난 적이 없지만, 마음으로는 이미 떠나 아버지의 뜻을 이루는 것과 아무런 관계가 없었기 때문이다. 그러니 첫째 아들 또한 아버지의 잃어버린 아들이었다. 누가복음 15장에 나오는 잃은 양의 비유, 한 드라크마의 비유 그리고 돌아온 탕자의 비유 모두 잃어버렸던 소중한 것을 되찾는 것에 초점이 있다는 것을 염두에 둔다면, 둘째 아들은 결국 되찾게 되었지만 첫째 아들은 잃어버린 것이다. 그들은 하나님나라로 들어가지 않는 바리새인과 서기관들을 말하고 있다.

[마 23:13] 화 있을진저 외식하는 서기관들과 바리새인들이여 너희는 천국 문을 사람들 앞에서 닫고 너희도 들어가지 않고 들어가려 하는 자도 들어가

지 못하게 하는도다

결국 집 나간 둘째 아들뿐만 아니라 집에 있는 첫째 아들도 아버지와의 온전한 생명적 관계를 갖지 못한 것을 볼 수 있다. 둘째 아들은 아버지와 분리되어(집을 나가) 자신의 삶을 살고자 했고(그리고 물질을 우상으로 삼았으며), 첫째 아들은 율법을 지키지만(성전에 있지만) 행위보상적 사고방식에서 벗어나지 못했기 때문이다.

예수님께서 하나님나라를 비유할 때 두 아들뿐만 아니라 하나님 아버지의 말할 수 없는 사랑에 대해서도 말씀하셨다(누가복음 15장 20,31절을 묵상해보라). 그런데 이 탕자 이야기에서 너무나 중요하지만 쉽게 간과될 수 있는 것이 있다. 바로 예수님께서 하나님나라를 비유로 말씀하실 때 다시 집으로 돌아온 둘째 아들에 대한 하나님의 사랑이 무엇인지에 대해서는 말씀하셨지만, 이 일이 이루어지기 위해서 예수님께서 행하신 일과 둘째 아들이 반드시 해야 하는 일에 대해서는 말씀하시지 않았다는 것이다.

[롬 5:8] 우리가 아직 죄인 되었을 때에 그리스도께서 우리를 위하여 죽으심으로 하나님께서 우리에 대한 자기의 사랑을 확증하셨느니라

[요 14:6] 예수께서 이르시되 내가 곧 길이요 진리요 생명이니 나로 말미암지 않고는 아버지께로 올 자가 없느니라

둘째 아들이 다시 집으로 돌아오는 것은 길이요 진리요 생명이신 예수 그리스도를 통해서만 가능하다. 그 말은 물과 성령으로 거듭나야

만 아버지 집으로 돌아올 수 있다는 것이다.

[요 3:3-7] 예수께서 대답하여 이르시되 진실로 진실로 네게 이르노니 사람이 거듭나지 아니하면 하나님의 나라를 볼 수 없느니라 니고데모가 이르되 사람이 늙으면 어떻게 날 수 있사옵나이까 두 번째 모태에 들어갔다가 날 수 있사옵나이까 예수께서 대답하시되 진실로 진실로 네게 이르노니 사람이 물과 성령으로 나지 아니하면 하나님의 나라에 들어갈 수 없느니라 육으로 난 것은 육이요 영으로 난 것은 영이니 내가 네게 거듭나야 하겠다 하는 말을 놀랍게 여기지 말라

우리가 이 비유에 숨겨진 진리를 제대로 파악했다면 돌아온 둘째 아들은 예수 그리스도를 믿음으로써 물과 성령으로 거듭난 자인 것이다. 즉 존재적 변화가 일어난 자라는 것이다. 아버지 집을 나간 둘째 아들은 이스라엘 백성을 예표한다고 볼 수 있다. 집 나간 둘째 아들은 죄를 짓고 타락한 삶을 살았지만, 다시 집으로 돌아왔을 때는 예수님이 그리스도이시고 살아계신 하나님의 아들이심을 믿고 하나님의 자녀가 되었다는 것을 의미한다. 물론 이것은 현재적 하나님나라의 법적인 측면에서 본 것이며, 현실적인 측면은 그렇지 않을 수도 있다.

현실은 어떤가? 집으로 돌아온 둘째 아들도 두 부류가 있을 수 있다. 첫 번째 부류는 자신이 새로운 피조물이 되었음에도 불구하고 여전히 과거와 동일하게 육체에 기초한 삶을 사는 육신에 속한 그리스도인이다.[62] 즉 영은 구원을 얻었지만, 혼과 몸은 여전히 세상에 사로잡

62 이에 대한 더 자세한 내용이 궁금하다면 《수수께끼 같던 영혼몸의 비밀이 풀린다》(규장) 197-204쪽을 참조하라.

힌 자들이다. 자유의지를 가진 혼이 하나님의 영 안에 거함으로 영이요 생명인 말씀대로 생각하고 느낌으로써 자신의 몸을 통치하고 그 결과로 이 땅에 주의 뜻을 이루는 것이 아니라 그 혼이 몸의 종노릇하는 삶을 사는 자들이다. 두 번째 부류는 예수 그리스도 안에서 정말 하나님의 자녀가 되었다는 것을 믿고 자신의 정체성과 생득권이 무엇인지 체험하고 아버지의 신성과 원복을 누리는 삶을 사는 부류일 것이다. 예수님께서 말씀하신 방탕하게 보이는 아버지의 태도는 바로 두 번째 부류의 둘째 아들에 대한 것이었다(누가복음 15장 22-24절을 묵상해보라). 첫째 아들은 어떤가? 그들은 성전에서 살며 하나님을 섬기지만 아버지와 생명적 관계가 무엇인지도 모른 채 오직 율법을 지킴으로써 의롭다 함을 얻고자 하는 삶을 사는 자이다.

결국 우리는 이 비유와 더불어 성경의 다른 말씀을 통해서 예수 그리스도를 통해 구원받지 못한 채 열심히 하나님을 섬기는 자도(첫째 아들), 예수 그리스도를 통해 구원을 받았지만 자신이 누구인지 모른 채 여전히 과거와 같이 육체에 기초한 삶을 사는 자, 즉 거짓자아로 살아가는 자(집에 돌아온 둘째 아들이기는 해도)도 하나님나라의 온전한 삶을 살 수 없다는 것을 알 수 있다.

[롬 8:13-14] 너희가 육신대로 살면 반드시 죽을 것이로되 영으로써 몸의 행실을 죽이면 살리니 무릇 하나님의 영으로 인도함을 받는 사람은 곧 하나님의 아들이라

이 비유는 주체의 변화에 따른 하나님나라에서 자녀의 삶이 무엇인지에 대해 알려주고 있지만 그것만이 전부가 아니다. 이 비유는 더 놀

라운 사실을 우리에게 알려준다. 그것은 바로 첫째 아들의 고백을 통해서이다(누가복음 15장 28-30절의 말씀을 다시 한번 묵상해보라). 하나님께서 둘째 아들에게 베풀어주신 것은 바로 우리 안에 있는 하나님나라를 경험함으로써 이 땅에서 주의 신성과 원복을 누리는 차원적인 삶이다. 그런데 첫째 아들은 보이는 세계의 선형적 시간 속에서 인과법칙에 준한 삶을 살아왔기 때문에 아버지께서 둘째 아들에게 준 새로운 하나님나라의 삶을 이해할 수가 없었다.

첫째 아들은 늘 목적을 추구하는 삶을 살아왔지만(악한 마음을 품은 것은 아니지만 아버지가 죽으면 자신이 당연히 아버지의 유업을 이어받을 것이라는 목적으로 열심히 살았을 것이다) 예수님께서 하나님의 자녀가 된 자들은 목적을 추구하는 삶이 아니라 하나님 아버지와 생명적 관계를 가짐으로써 '지금 이 순간 여기에서' 하나님을 나타내는 삶을 살 수 있다고 말씀해주셨다. 그것이 바로 "나라가 임하시오며 뜻이 하늘에서 이루어진 것같이 땅에서도 이루어지이다"의 삶이다. 그것을 어떻게 알 수 있는가? 그것은 첫째 아들의 태도와 아버지께서 첫째 아들에게 하신 말씀을 통해서 알 수 있다.

> [눅 15:29] 아버지께 대답하여 이르되 내가 여러 해 아버지를 섬겨 명을 어김이 없거늘 내게는 염소 새끼라도 주어 나와 내 벗으로 즐기게 하신 일이 없더니

> [눅 15:31] 아버지가 이르되 얘 너는 항상 나와 함께 있으니 내 것이 다 네 것이로되

아버지가 첫째 아들에게 말한 것은 “네가 누구인지를 알았다면, 즉 아버지의 생명을 나누었더라면 언제라도 내 것을 마음껏 누릴 수 있는데, 그렇지 못하고 있구나”라고 지적한 것이다.

우리는 모두 이 땅에서 몸을 가지고 살아가지만 동일한 삶을 사는 것은 아니다. 거짓자아로 살아가는 자는(불신자이든, 예수 그리스도를 믿는 자이든) 자신의 목적을 이루기 위해서 살아가는 자이다. 그러나 그리스도 안에서 그리스도 의식으로 살아가는 자는 ‘목적을 추구하는 삶’이 아니라 아버지의 뜻을 이루기 위해서(아버지의 소유를 이 땅에 마음대로 누리기 위해서) ‘목적이 수단이 되는 삶’ 또는 ‘수단이 목적이 되는 삶’을 사는 자이다.

[요 15:7] 너희가 내 안에 거하고 내 말이 너희 안에 거하면 무엇이든지 원하는 대로 구하라 그리하면 이루리라

뉴에이지적 복음에 속지 말라

만약 우리가 요한복음 3장의 비유를 알지 못한 채 단지 누가복음 15장만을 가지고 자녀가 될 수 있고 아버지의 축복을 누릴 수 있다고 한다면 그것은 그야말로 다른 복음이고 뉴에이지적 사상일 것이다. 그런데 놀랍게도 오늘날 이러한 복음이 교회에 들어와 마치 복음인 것처럼 전해지고 있다. 이러한 뉴에이지적 복음은 우리가 하나님의 자녀이고 하나님께서 모든 것을 주기 원하시기 때문에 하나님께서 주시는 형통과 축복을 누려야 한다고 주장한다. 한마디로 말하자면 그리스도 안에서 새로운 피조물이 아니라 여전히 거짓자아로서 목적을 추구하는 삶(미래에 묶인 삶)을 살게 하는 것이다. 하지만 진정으로 거듭난 하

나님의 자녀라면 그리스도 안에서 신성과 원복을 가진 자로서 그분 안에서 목적이 수단이 되는 삶 또는 수단이 목적이 되는 삶(다른 말로 지금 이 순간 여기에서의 삶)을 살 줄 알아야 한다.

하나님께서는 우리의 존재를 변화시킴으로써 주의 뜻을 이루도록 하신 분이지, 우리의 필요에 따라 하나님의 뜻을 계시하시는 분이 아니라는 사실을 알아야 한다. 뉴에이지적 복음이 제시하는 내용이 얼핏 보기에는 성경적으로 그럴 듯하게 보이지만, 그 이면을 들여다보면 거짓자아가 주체인 둘째 아들이 아버지 집에서 아버지의 모든 것을 누릴 수 있다고 가르치는 것이다. 예를 들어 인간은 하나님의 특별한 목적을 위해 지음 받았다. 따라서 우리는 그분의 목적을 깨닫고 그 목적대로 긍정적인 삶을 살아야 한다. 얼마나 올바른 말씀인가? 그렇지만 하나님께서 우리를 창조하신 목적대로 적극적으로 수행해 나가면(예배, 교제, 훈련, 사역, 전도 등) 하나님이 주시는 풍성한 복을 받을 것이고 성공적인 삶을 살 수 있게 된다고 주장하면, 결국 인간은 마음먹기에 따라서 자신의 운명과 생애를 바꿀 수 있는 것이 된다. 그 핵심은 무엇인가? '하나님'께서가 아니라 '우리'이다. 그런데 "우리가 이렇게 하면"이라는 주장이나 가르침은 하나님나라의 복음과는 아무런 상관이 없고 여전히 선험적 조건에서 거짓자아의 행위보상적 그리고 자아실현적 사고방식에 그 뿌리를 두고 있는 것이다.

결국 인간 중심적으로 하나님을 보고 우리의 자유와 행복을 위해서 무엇을 어떻게 하면 풍성한 삶을 살 수 있느냐에 대한 것이다. 하나님의 말씀에 기초하여 지금 온전하지 못한 인간이 하나님의 말씀에 기초한 상상의 이야기(목적)를 만들고 그것을 추구해 가면 행복한 삶을 살 수 있다는 것이다. 이것은 예수 그리스도로 말미암아 죄사함을 받고 하나님의 영이 우리에게 임하심으로써 하나님의 자녀로서 하나님의 지혜, 능력, 성품을 드러내는 삶을 살기보다는 하나님께서 살아계시고 도와주기를 원하시기 때문에 거짓자아의 간절한 필요를 채우기 위해 우리가 무엇을 어떻게 해야 하는가에 초점을 둔 비복음적 신앙이다.

"하나님께서 우리를 위해서 무엇을 하셨는가?", "하나님께서 우리를 통해서 어떻게 그분을 나타내시는가?"에 대한 초점이 아니라 "우리가 하나님이 주신 것을 누리기 위해서 무엇을 해야 하는가"에 초점을 맞춘 것이다. 목적을 추구하는 신앙생활에는 자기부인과 자기십자가를 지는 삶 그리고 그의 나라와 의를 구하는 것을 중요시하지 않는다. 반대로 "필요를 채워라. 적극적으로 긍정적으로 생각하고 행동하라. 하나님은 우리가 행복해지기를 원하신다"라고 주장한다. 그리고 그것을 뒷받침할 수많은 말씀을 인용한다. 하지만 결국 이 땅에서 자신이 병들지 않고 실패하지 않고 불행하지 않고 자기의 나라와 의를 구하는 것에 초점을 두는 것이다. 그야말로 선험적 조건하에서 하는 인본주의적 신앙이며, 구도자의 간절한 필요에 기초한 방법이고, 긍정적 사고방식과 교회성장론에 기초한 뉴에이지적 사상과 영성이다.

이것은 복음이라는 탈을 썼을 뿐 결코 예수님께서 우리에게 전하신 하나님나라의 복음이 아니라는 사실을 알아야 한다. 주님께서는 '내가 추구하는 삶'이 아니라 '그리스도 안에서 누리는 삶'을 살라고 말씀하셨다. 그런데 그런 말을 들을 때 수많은 사람이 "현재 이 상황에서 누릴 것 혹은 가진 것이 아무것도 없는데 어떻게 누리란 말인가?"라고 반문한다. 그러니 "지금보다 더 열심히 노력하고 추구해야 하지 않는가?"라고 생각한다. 여기에 어떤 사람에게는 '거치는 돌'이 되는 복음의 딜레마가 있고, 하나님의 자녀에게는 '구원의 반석'이 되는 복음의 비밀이 감춰져 있다.

하나님나라 삶의 전제는 자기를 부인하고 자기 십자가를 지는 것이다

예수님께서 어렵고 힘든 문제가 있을 때마다 해결 방법에 대해 가르치셨는가? 오히려 자신의 믿음으로 문제 해결에 집착하지 말라고 말씀하셨다. 왜냐하면 하나님께서 그 문제가 무엇이며 어떻게 해결해야 할지를 이미 알고 계시기 때문이라고 말씀하셨다(마 6:32). 그렇기 때문에 문제가 있더라도 그 문제를 해결하기 전에 먼저 그의 나라와 의를 구하라고 말씀하셨다(마 6:33). 나의 나라와 나의 의를 구하지 않기 위해서는 자신을 부인하고 자기 십자가를 져야 한다고 말씀하셨다(마 16:24).

거짓자아는 타락한 혼이 현실에 대한 생각과 감정을 자신과 동일시함으로써 만들어진 허상이다. 생각과 감정은 과거에 대한 집착과 현실에 대한 부정과 미래에 대한 염려와 불안 그리고 성취욕일 것이다. 우리는 심리적 시간으로 그 생각과 감정을 가지고 자신의 존재를 과거 또는 미래에 두고 있다. 그렇지만 우리가 깨달아야 할 진리는 자신이 과거와 미래에 존재하는 것처럼 여기지만 자신의 실재와 삶은 '지금 이 순간 여기에서'뿐이라는 것이다. 왜냐하면 과거와 미래는 실재하지 않으며 지금 이 순간 여기에서 내 기억 속에 존재하는 것을 끄집어낸 것뿐이기 때문이다. 더욱이 그것은 내 생각과 감정으로 만들어진 상상의 이야기일 뿐 진리도 아니고 힘도 없다.

'지금 이 순간 여기에서'의 삶을 살 때 비로소 거짓자아로부터 벗어나게 된다. 그 말은 더 이상 자신의 생각과 감정에 묶이지 않게 된다는 뜻이고, 몸의 종노릇을 하지 않게 된다는 뜻이다. 우리의 혼이 언제 우리 안에 계신 하나님의 영 안에 거할 수 있는가? 그것은 바로 지금 이 순간 여기에서다. 그럴 때 우리의 혼은 더 이상 몸의 종노릇을 하지 않고(세상에 대한 자신의 생각과 감정에 묶이지 않고) 보이는 세계에서 일어나는 모든 일을 있는 그대로 용납하고 받아들이게 된다. 그때가 바로 세상 신의 통치가 아닌 하나님의 통치 안에 거하는 것이며, 그때부터 하나님의 의를 이룰 수 있게 된다. 즉 자신의 경험과 지식에 기초한 생각으로 판단하며 사는 것이 아니라 영이요 생명이신 말씀대로의 생각으로 판단하며 살 수 있게 된다.

하나님나라의 삶은 목적을 추구하는 삶을 포기하는 것이다

우리는 우리 안에 계신 하나님을 차원적으로 드러내는 존재이지(마 6:10), 우리의 행복을 위해서 정한 목적을 시간의 축상에서 인과법칙에 따라 추구하는 삶을 사는 자가 아니다. 우리는 '목적을 추구하는 삶'이 아니라 '목적이 수단이 되는 삶'을 살아야 한다. 목적을 이루기 위해서 현재의 삶을 포기하며 미래의 자신을 위해 추구하는 삶을 사는 것이 아니라 주님께서 그 목적을 이루시도록 하기 위해서 그리스도 안에서 날마다 주님께서 더 나타나시도록 자신을 포기하는 현재의 삶(지금 이 순간 여기에서)을 살아야 한다. 목적이 매 순간 나라는 거짓자아를 포기하는 수단이 되어야 한다는 것이다.

또한 '수단이 목적이 되는 삶'을 살아야 한다. 목적을 추구하는 삶을 살면 우리의 존재는 항상 미래에 있게 되며 '지금 이 순간 여기에서'의 삶은 아무런 의미가 없다. 그렇지만 지금 이 순간 여기의 삶도 진짜 삶이고 풍성한 삶이 되어야 한다. 그런데 우리는 목적을 추구하는 삶을 살기 때문에 늘 지금 이 순간 여기는 불안하고 온전치 못하고 무언가를 추구해야 한다는 거짓자아의 강박관념에 사로잡히게 되는 것이다. 목적은 내가 이룰 무엇이 아니라 하나님께서 이루실 그 무엇이 되어야 한다. 그럴 때 우리가 살 수 있는 최고의 삶은 지금 이 순간 여기에 하나님과 생명적으로 연결되어 그분께서 내 몸을 통치하시고 나를 통해서 나타나시는 삶을 살아가는 것이다. 미래의 목적을 이룰 오늘의 수단(삶 자체가)이 바로 목적 그 자체가 되는 것이다.

거짓자아가 살아가는 영토, 보이는 세계에서의 지금 이 순간 여기는 별 볼일 없이 흘러가는 시간이지만, 하나님의 자녀가 살아가는 보이지 않는 세계에서의 지금 이 순간 여기는 우리의 인생에 있어서 가장 소중하고 풍성한 시간이다. '끝없는 지금'이라는 영원한 현재를 통해 '지금 이 순간 여기에서' 우리는 아버지의 생명을 체험하고 그분의 사랑을 통해서 주시는 의와 평강과 희락을 누리게 된다. 즉 영으로써 몸의 행실을 죽이는 시간이고, 주의 말씀대로 생각하고 느끼는 시간이고, 그분께서 우리를 통치하시는 시간인 것이다.

하나님이 약속하신 우리의 필요를 채우는 것도, 심지어 우리가 하나님과 가까워지는 것도 목적이 될 수 없다. 우리는 이미 하나님의 자녀이며 어떤 결핍도 없다. 우리 안에 모든 것의 모든 것이 되시는 예수님이 계시기 때문이다. 하나님께서 우리를 통해서 이루실 목적은 그분의 아름다운 덕을 알리는 것이고, 그 목적은 날마다 주님께서 우리를 통해서 더 나타나시도록 하기 위해서 우리 자신을 포기하는 수단이 되어야 하는 것이다. 즉 거짓자아로 살아가는 '나의 하루'가 아니라 주님께서 더 나타나시는 '하나님의 하루'를 살아가는 것이다. 이것이 바로 겉사람은 낡아지고 속사람이 날로 새로워지는 삶이다.

아버지 집으로 돌아온 둘째 아들이 정말 자신의 정체성을 깨닫고 예수님께서 말씀하신 그 아버지의 사랑을 체험했다면, 하나님의 모든 것을 누림으로써 온전하고 부족함이 없다면, 목적을 정하고 추구할 필요가 있을까? 우리는 목적을 추구함으로써 무언가 의미있고 가치있는 것을 달성한다고 믿지만 그렇지 않다. 지금 여기에서 자신을 포기하고 하나님을 더 나타내는 것이 목적이 되어야 한다. 하나님께서 지금 이 순간 여기에 나타나는 것만큼 더 가치있고 의미있는 일이 있겠는가? 목적을 추구하는 삶은 자신이 원하는 것을 얻지 못했기 때문에 목표를 정하고 달성하기 위해서 추구하는 삶을 사는 것이다.

목적을 추구하는 삶에는 늘 실패의 가능성이 내포되어 있다. 왜냐하면 최종 결과가 미리 정해져 있지 않기 때문이고, 그 결과는 나의 노력과 행위에 달려 있기 때문이다. 그러나 그리스도 안에서 수단이 목적이 되는 삶에는 실패라는 것이 없다. 왜냐하면 살아가는 순간순간 하나님을 나타내는 것 자체가 성공이며 그것은 내 존재의 능력에 달린 것이 아니라 하나님의 영원불변한 은혜로 이루어지기 때문이다. 우리는 '추구하는 삶'이 아니라 '이루고 누리는 삶'을 살아야 한다. 목적이 수단이 되는 삶은 하나님께서 나를 통해 이루실 소명을 이미 주셨기 때문에 하나님께서 나를 통해 비전에 따른 목적을 이루시도록 하기 위해서 자신을 포기하고 그분을 더 나타내는 삶을 사는 것이다. 그럴 때 목적을 달성하기 위한 매일의 수단이 하나님을 나타내는 목적이 되는 것이다. 즉 매일의 삶 자체가 내가 정한 목적을 이루기 위한 수단이 아닌 하나님께서 나를 통해서 그의 일을 행하시도록 하는 목적이 되어야 한다는 것이다.

하나님의 자녀는 지금 이 순간 여기에서의 삶을 살아야 한다

우리의 혼이 지금 이 순간 여기에 초점을 두는 것이야말로 생각과 감정으로 만들어진 거짓자아에서 벗어나는 길이며, 이미 일어난 현실을 있는 그대로 허용할 수 있는 유일한 방법이고, 하나님과 생명적으로 관계할 수 있는 유일한 수단이자 목적이 수단이 되고 동시에 수단이 목적이 되는 삶을 살 수 있게 한다. 그때 우리의 혼은 하나님의 생명 안에 거하게 되며, 뛰노는 자신의 마음을 있는 그대로 볼 수 있으며, 성령님의 인도함을 받을 수 있게 된다.

> [요 14:26] 보혜사 곧 아버지께서 내 이름으로 보내실 성령 그가 너희에게 모든 것을 가르치고 내가 너희에게 말한 모든 것을 생각나게 하리라

성령의 도우심으로 우리의 혼이 하나님의 영 안에 거할 때(그리스도 안에 거할 때) 우리는 더 이상 보이는 세계에 초점을 두는 것이 아니라 마귀가 통치하고 있는 보이지 않는 세계를 수복할 수 있게 된다. 즉 주의 통치 안에서 보이지 않는 세계에 주의 말씀대로 이루어진 것을 예수 그리스도 안에 있는 믿음으로 붙들게 되는 것이다. 보이지 않는 세계에 주의 말씀대로 이루어진 실상을 만듦으로써 보이는 세계의 실체를 변화시키는 것이 바로 하나님 자녀의 삶이며 킹덤빌더의 삶이다.

> [골 3:1-2] 그러므로 너희가 그리스도와 함께 다시 살리심을 받았으면 위의 것을 찾으라 거기는 그리스도께서 하나님 우편에 앉아 계시느니라 위의 것을 생각하고 땅의 것을 생각하지 말라

거짓자아의 삶과 그리스도 안에서 그리스도 의식으로 살아가는 삶의 차이가 무엇일까? 결국 그것은 심리적 시간으로 살아가느냐, 아니면 실재 시간으로 살아가느냐에 있다. 심리적 시간이라는 것은 내 마음이 느끼는 시간으로, 과거 혹은 미래에 묶인 삶을 살아가는 것을 말하고,

실재 시간이라는 것은 지금 이 순간 여기라는 현존으로 살아가는 것을 의미한다. 우리의 실재와 삶은 지금 이 순간 여기 밖에 없다. 따라서 선형적 시간 속에서 미래를 향해 나아가는 연속적인 삶이 아니라 지금 이 순간 여기에서 시공간을 초월하는 차원적인 삶을 살아야 한다.

—> —> —> VS ↓ ↓ ↓

그림 4 크로노스 시간(비가역적인 시계 시간)

이는 마치 영화관에서 필름을 돌려 영화를 보게 하는 것과 같다. 관객석에 앉아 영화를 볼 때 화면에는 시간 속에서 모든 일이 이루어지는 것처럼 보이지만 실제로 영화는 한 컷 한 컷의 지금이라는 수많은 필름으로 촬영되었으며, 그 필름을 돌려 영상으로 재생한 것이다. 거짓자아로 이 세상에서 살아가는 자는 오늘, 내일, 모레로 이어지는 선형적인 시간의 흐름 속에서 살아가지만, 하나님 자녀는 그리스도 안에서 차원적인 지금, 지금, 지금으로 살아가는 것이다. 그렇게 살 때 우리는 날마다 이 땅에 주님을 나타내는 영광스러운 삶을 살 수 있게 되는 것이다.

만약 필름 한 장 한 장이 온전하지 못하면 그 영화가 온전해질 수 있겠는가? 한편, 구습에 따라 거의 비슷한 한 장 한 장을 만듦으로써 보이는 세계에서 매일 동일한 삶을 사는 것이 아니라 하나님의 영의 인도함을 받아 다른 한 장 한 장을 만들어낸다면 보이는 세계의 삶을 이전과 다르게 변화시킬 수 있게 된다. 우리는 지금 이 순간 여기에서 하나님의 사랑과 말씀이 우리의 몸을 통치하는 것을 경험하는 삶을 살아야 한다. 그것이 바로 진정한 행복이고 즐거움이요 부요함이다. 주님께서 우리를 통해 나타나시는 그 자체가 바로 세상 그 무엇과도 바꿀 수 없는 평강이고 기쁨인 것이다. 그리스도 안에서 말씀대로 이루어진 것을 보이지 않는 세계에, 그리고 우리의 심중에 심는 차원적인 삶을 살 때 보이는 세계에 우리의 삶은 풍성하게 되는 것이다(히 11:1 ; 마 6:10).

우리가 시간적인 삶이 아니라 차원적인 삶을 살아야 하는 것에 대한 아래의 말씀을 보라. 하나님께서는 이미 지나갔고 존재하지 않은 과거에 집착하지 말라고 말씀하셨고, 예수님께서는 아직 오지도 않은, 그리고 실재도 아닌 미래의 염려에 묶이지 말라고 말씀하시지 않는가? 그날이 오면 어떻게 된다고 말씀하시는가? 바로 하나님의 통치 안에서 뜻이 하늘에서 이루어진 것같이 땅에서도 이루어지는 삶을 살아야 한다고 말씀하지 않는가?

> [사 43:18-19 공동번역] 지나간 일을 생각하지 마라. 흘러간 일에 마음을 묶어두지 마라. 보아라, 내가 이제 새 일을 시작하였다. 이미 싹이 돋았는데 그것이 보이지 않느냐? 내가 사막에 큰 길을 내리라. 광야에 한길들을 트리라.

> [마 6:33-34] 그러므로 내일 일을 위하여 염려하지 말라 내일 일은 내일이 염려할 것이요 한 날의 괴로움은 그 날로 족하니라 그런즉 너희는 먼저 그의 나라와 그의 의를 구하라 그리하면 이 모든 것을 너희에게 더하시리라

혹자는 "그렇다면 미래에 대한 계획이나 목적도 없이 그냥 하루하루 살아야 한다는 말인가?"라고 반문할지 모르겠다. 이에 대한 답변은 "그렇지 않다"이다. 계획도 하고 목적도 세우고 열심히 일해야 한다.

그러나 다음 두 가지 사실만은 명심해야 한다.

첫째, 계획이나 목적에 초점을 두고 그것을 스스로 추구하지 말아야 한다. 당신이 계획하고 목적을 가지더라도 당신의 혼(의식)은 매 순간 미래의 목적이 아니라 지금 당신의 생각과 감정을 새롭게 하시는 주님께 초점을 두어야 한다. 결국 내 경험과 지식에 기초한 생각대로 하는 것이 아니라 성령의 인도함으로 당신의 생각과 감정을 주의 말씀에 일치시키도록 해야 한다는 것이다.

[잠 16:9] 사람이 마음으로 자기의 길을 계획할지라도 그의 걸음을 인도하시는 이는 여호와시니라

[잠 19:21] 사람의 마음에는 많은 계획이 있어도 오직 여호와의 뜻만이 완전히 서리라

둘째, 자신의 욕심을 이루기 위한 미래의 계획이나 목적을 만들지 말라는 것이다. 자신의 결핍과 필요를 위한 미래를 만들지 말라는 것이다. 하나님의 뜻을 이루기 위한 미래의 계획이나 목적을 가져야 한다.

[눅 12:16-21] 또 비유로 그들에게 말하여 이르시되 한 부자가 그 밭에 소출이 풍성하매 심중에 생각하여 이르되 내가 곡식 쌓아 둘 곳이 없으니 어찌할까 하고 또 이르되 내가 이렇게 하리라 내 곳간을 헐고 더 크게 짓고 내 모든 곡식과 물건을 거기 쌓아 두리라

이것이 자신의 욕심을 이루기 위한 계획이다. 그러나 주님께서 말씀

하시는 하나님나라의 삶은 무엇인가?

> [눅 12:19-21] 또 내가 내 영혼에게 이르되 영혼아 여러 해 쓸 물건을 많이 쌓아 두었으니 평안히 쉬고 먹고 마시고 즐거워하자 하리라 하되 하나님은 이르시되 어리석은 자여 오늘 밤에 네 영혼을 도로 찾으리니 그러면 네 준비한 것이 누구의 것이 되겠느냐 하셨으니 자기를 위하여 재물을 쌓아 두고 하나님께 대하여 부요하지 못한 자가 이와 같으니라

자기를 위한 삶은 언제나 불안하고 온전치 못하다. 왜냐하면 자기 영혼의 온전한 구원 없이 세상의 물질에 기초한 계획은 미래가 보장되지 않기 때문이다. 그리고 그 미래는 세상 신에 의해서 좌우되기 때문이다. 정말 중요하게 여겨야 하는 것은 자신이 세상에서 목적을 추구하는 삶보다 먼저 그 자신이 온전해야 한다는 것이다. 오직 그리스도 안에 있을 때, 그리고 그분의 뜻을 이루기 위한 목적을 계획할 때 우리는 언제나 '지금 이 순간 여기에서' 풍성한 삶을 살 수 있게 된다.

결론

누가복음 15장에서 예수님이 비유로 말씀하신 하나님나라의 비밀을 온전히 이해하기 위해서는 요한복음 3장에서 예수님이 말씀하신 하나님나라의 비유를 함께 보아야 한다. 그럴 때 우리는 하나님나라의 삶을 위한 세 가지 사실을 분명히 깨닫게 된다. 하나님에 대한 회개와 예수 그리스도의 십자가와 성령을 통한 대속과 새생명 그리고 그 결과로 인한 예수 그리스도 안에 새로운 피조물로서의 삶이다. 이것을 깨

닫지 못하고 누가복음의 신성과 원복을 받아들이게 되면 뉴에이지적 사상과 영성을 가지게 되는 것이다. 그들은 다음과 같은 교묘한 거짓말로 우리를 속이려고 한다.

(1) 죄와 대속은 존재하지 않으며 무지가 바로 죄이다. 그 무리에서 깨어나는 것이 구원이다. 따라서 우리를 창조하신 아버지께 돌아가면 자녀가 될 수 있다.
(2) 우리가 아버지 집으로 가기만 하면 아버지께서 모든 것을 다 누릴 수 있게 해주신다. 따라서 그것을 깨닫고 누려야 한다.
(3) 하나님께서 우리에게 주신 목적을 받아들이고 행하지 않으면 하나님께서는 결코 기뻐하지 않으신다.

결국 예수 그리스도 안에서 새로운 피조물이 아니고, 단지 깨달은 생각을 가진 거짓자아로서 하나님께서 약속하신 모든 것을 누리고자 하는 것이 바로 뉴에이적 사상과 영성인 것이다. 그럴 때 하나님 자녀(나라가 임하시오며)만이 누릴 수 있는 보이지 않는 세계의 삶(뜻이 하늘에서 이루어진 것같이)을 말하기보다는 거짓자아로 이 세상에서 눈물 없는 삶, 고통 없는 삶, 고난 없는 영광의 삶(땅에서도 이루어지이다)을 살 수 있다고 말하는 것과 같다. 물론 기독교적 뉴에이지는 자신들이 예수 그리스도를 부정하는 것이 아니며 믿는다고 말한다. 그렇지만 우리가 알아야 할 진리는 하나님의 신성과 원복을 누리는 것은 단지 예수 그리스도를 믿는 거짓자아로는 불가능하다는 것이다. 거짓자아가 죽고 예수 그리스도 안에 새로운 피조물이 된 자녀만이 누릴 수 있는 것이다.

우리가 거짓자아에서 벗어나 그리스도 안에서 차원적인 삶을 살기 위해서는 선형적 시간을 기초로 목적을 추구하거나 이루는 삶이 아니라 지금 이 순간 여기에서 목적이 수단이 되는 삶 또는 수단이 목적이 되는 삶을 살아야 한다. 그럴 때 우리는 영원히 현존하시는 하나님과 생명적으로 연결되어 보이는 세계의 실체를 있는 그대로 보게 되고, 그리스도 안에서 보이지 않는 세계에 말씀대로 이루어진 실상을 가질 수 있게 된다.

하나님의 자녀가 온전한 것을 누린다는 것은 하나님의 말씀대로 이루어지는 보이지 않는 세계를 말하는 것이지, 지금 보이는 세계에서 하나님께서 약속하신 모든 것을 다 누릴 수 있는 것이 아니라는 것을 알아야 한다. 우리는 하나님의 자녀로서 보이지 않는 세계에 주의 말씀대로 이루어진 온전한 실상을 가짐으로써 마귀의 세력을 무력화시키는 삶을 살아가지만, 그럼에도 불구하고 보이는 세계에서는 마귀가 여전히 통치하고 있기 때문에 삶 가운데 고통과 질병과 죽음을 경험하는 것이다. 이것이 바로 현재적 하나님나라의 속성이다.

적용

목적을 추구하는 삶은 선형적 시간의 축상에서 에너지 투여와 인과법칙에 기초한 삶이다. 우리가 하나님나라의 삶을 살기 위해서는 영원히 현존하시는 하나님과 생명적으로 연결되어 그분을 나타내는 '지금 이 순간 여기에서의 삶'을 살아야 한다. 하나님의 자녀라면 어떤 일, 즉 목적은 하나님께서 이루실 그 무엇이 되어야 한다. 그리고 일하는 과정 그 자체가 목적이 되어야 한다. 지금 하고 있는 일에 하나님께서 나타나시도록 하는 것이 목적이 되어야 한다는 것이다. 그럴 때 우리에게 허락하신 목적은 하나님께서 이루시게 된다.

그 일이 이루어지기 위해서 하나님께서 내 몸을 통하여 더 나타나셔야 하고, '내가'라는 자신을 부인해야 하고, 내 생각과 감정보다 주께서 주시는 지혜와 능력 안에서 최선을 다하는 것을 경험해 나가야 한다. 이것은 주를 더 나타내기 위해서 최선을 다하는 것이지, 목적을 추구하는 삶처럼 내가 무언가를 성취하기 위해서 최선을 다하는 것이 아니다. 수단이 목적이 되는 삶을 살 때 그의 나라와 의를 구하게 되고, 점점 더 하나님의 지혜와 탁월함이 나타나게 되며, 진정한 존재(그리스도 안에 있는 나)를 나타내는 즐거움 가운데 살아가게 된다. 거짓자아로는 내가 삶을 살아가는 것이지만, 그리스도 안에서는 삶이 살아지는 것이다.

∨ 다음의 그리스도 의식을 훈련해보라.

(1) 지금 하나님께서 나를 통해서 나타나신다는 의식을 가지고 일해보라. 즉 생각, 감정, 말, 태도, 행동에 하나님께서 나타나시고 계심을 의식하는 것이다.

(2) "미래에 성취하기 위해서 지금 추구해야 한다"에서 "이미 하늘에서 이루어진 것을 지금 이 땅에 나타낸다"는 의식을 가져보라.

(3) 내 혼이 보이는 실체에 대한 생각과 감정에 묶이는 것이 아니라 그리스도 안에서 말씀대로 이루어진 것을 생각하고 느낌으로써 새로운 실상을 경험하고 만들어낸다는 의식을 가져보라.

∨ 그리스도 의식 안에서 심중에 새로운 믿음체계를 만들어라.

(1) 우리 삶의 궁극적인 이유는 그리스도 의식의 실현이고, 그리스도 안에서 하나님의 영광을 나타내는 것이다.

(2) 우리는 더 이상 이 세상에서 시간적 인과응보의 법 아래 있는 것이

아니라 하나님의 통치 안에서 차원적 은혜의 법칙을 누리는 자이다.

(3) 은혜의 삶이란 아무것도 하지 않는 삶이 아니다. 우리는 살기 위해서 생각하고 느끼고 말하고 행동하는 것이 아니라 하나님을 나타내기 위해서 그렇게 한다. 전자는 괴로움을 낳고 후자는 기쁨을 준다.

(4) 내가 계획한 목적을 미래에 달성하는 삶이 아니라 하나님께서 이미 이루신 목적을 지금 나타내는 삶을 살아가야 한다.

(5) 음악가, 미술가, 조각가, 일하는 자 모두 스스로 창조하는 것이 아니라 모든 것의 창조주이시고 공급자가 되시는 하나님께서 자신에게 준 것을 나타내는 것뿐이다. 인간은 하나님의 창조의 능력을 각자의 방식대로 표현하는 통로이고 수단일 뿐이다.

(6) 나의 것(존재, 상태, 처지, 관계)을 규정하고 옳다고 판단한 것(하나님 밖에서 하나님을 보며)을 이루고자 기도하지 말라. 우리 자신을 포함한 모든 것이 하나님의 것이며, 하나님의 생명(본질, 성품, 능력)이 나타나도록 기도하라.

(7) 우리는 세상의 기준으로 성공과 실패를 판단한다. 그러나 하나님 나라에서는 성공과 실패가 없다. 그리스도 안에서 모든 것이 하나일 뿐이다. 문제는 그리스도 안에서 하나님을 나타내느냐, 그리스도 밖에서 하나님께서 이루시도록 하느냐의 문제일 뿐이다.

(8) 보이는 세계의 고통과 괴로움은 우리가 늘 맞이하는 현실이다. 그렇지만 우리는 하나님나라에서 보이지 않는 세계에 하나님의 뜻을 이룸으로써 보이는 세계에 그 뜻이 나타나도록 하는 삶을 살아가야 한다.

(9) 아무것도 하지 않는(거짓자아로서는 불안하게 느껴지는) 지금 이 순간 여기에서 진정한 자유와 하나님의 통치로 인한 사랑과 평강과 기쁨을 누릴 줄 알아야 한다.

11

가난과 탐욕에서 벗어나 하나님의 부요함을 누려라

우리는 매일 살아가면서 물질과 관계하며 살아간다. 실제로 우리가 일하는 것도, 사람을 만나는 것도, 시간을 보내는 것도 결국은 물질과 관련되어 있다. 오늘날 뉴에이지적 사상과 가르침이 많은 사람의 관심과 흥미를 끄는 이유는 그들의 가르침을 따르면 부와 성공을 얻을 수 있다고 선전하기 때문이다. 물질은 살아가는 데 있어서 가장 필요한 것이지만 우리의 믿음 중에서 가장 취약한 부분이기도 하다. 현재 우리는 청빈신앙 혹은 번영신앙이라는 갈등 속에서 살고 있다. 따라서 킹덤빌더로 살아가기 위해서는 무엇보다도 물질에 대한 올바른 영성을 가져야 한다. 이번 장에서는 맘몬의 영과 뉴에이지적 사상과 가르침에 휩쓸리지 않으면서도 하나님의 부요함을 누리는 삶에 대해서 알아보자.

물질에 대한 올바른 태도를 가지기 위해서 먼저 해야 하는 일은 무엇인가?

우리는 일반적으로 혼의 평강과 기쁨보다 자신의 몸(생각, 감정, 신체)의 편안과 만족에 관심을 가진다. 예수 그리스도 안에서 혼이 소생될 때 모든 것이 해결되는데 거짓자아로 세상에서 자신의 몸의 풍성함을 위해서 애쓴다는 것이다(요삼 1:2). 즉 몸의 편안과 만족을 통해서 혼의 평강과 희락을 누리고자 하는 것이다. 그렇지만 그것은 불가능할 뿐만 아니라 그렇게 살면 결코 온전함을 누릴 수 없다고 예수님께서 말씀하셨다.

> [마 6:25] 그러므로 내가 너희에게 이르노니 목숨(헬, 프쉬케)을 위하여 무엇을 먹을까 무엇을 마실까 몸을 위하여 무엇을 입을까 염려하지 말라 목숨이 음식보다 중하지 아니하며 몸이 의복보다 중하지 아니하냐

우리는 이 말씀을 잘못 해석해서 자신의 목숨(육신)을 위하여 무엇을 먹을까 무엇을 마실까 염려하지 말라고 생각한다. 그렇지만 뒤의 문장을 보면 뭔가 해석이 잘못되었음을 알 수 있다. 그다음 구절에 동일하게 몸을 위하여 무엇을 입을까 염려하지 말라고 나오기 때문이다. 앞의 구절을 '목숨'으로 해석하면 뒤의 '몸'과 동일한 말이 된다. "목숨이 음식보다 중하지 아니하며 몸이 의복보다 중하지 아니하냐"라는 것은 목숨과 몸이 대비되는 것이지 동일한 말이 아니라는 것이다. 따라서 여기에서 목숨이 몸의 의미가 아니라 '혼'(헬, 프쉬케)일 때 올바른 해석이

가능해진다.[63]

지금 이 말씀은 혼과 음식을 비교하거나 몸과 옷을 비교하는 것이 아니라 혼과 무엇을 먹을까에 대해 염려하는 것, 몸과 무엇을 입을까에 대해 염려하는 것을 비교하고 있다. 즉 물질에 대해 염려하는 생각을 말하는 것이다. 혼이 있기 때문에 음식이 필요한 것이고 몸이 있기 때문에 의복이 필요한 것이지, 먹고 마시기 위해서 혼이 있고 옷을 입기 위해서 몸이 있는 것이 아니라는 것이다. 따라서 자신의 생각과 감정에 묶이지 말라는 것이다. 평상시 우리는 자신도 모르는 가운데 마음의 생각과 감정이 자아의식체인 혼과 신체의 주인 노릇을 한다. 즉 진정한 내(하나님의 영 안에 있는 혼이)가 생각과 감정을 통치해야 하는데 거꾸로 생각과 감정이 나(거짓자아)를 통치하는 삶을 살고 있다는 것이다.

"그러므로 내가 너희에게 이르노니"(25절)는 앞의 말씀에 대한 설명이다. 앞의 구절이 무엇인가?

> [마 6:24] 한 사람이 두 주인을 섬기지 못할 것이니 혹 이를 미워하고 저를 사랑하거나 혹 이를 중히 여기고 저를 경히 여김이라 너희가 하나님과 재물을 겸하여 섬기지 못하느니라

"하나님과 재물을 겸하여 섬기지 못하느니라." 이때 주인은 누구인

---

63 이 말씀과 동일한 말씀이 누가복음 12장 22-23절에도 나온다. 여기에도 '목숨'으로 표현되어 있지만, 헬라어 원어는 '프쉬케'(혼)이다. 그리고 이전에 19-20절에서는 목숨 대신 원어대로 '혼'이라고 표현하고 있다. "또 내가 내 영혼(헬, 프쉬케)에게 이르되 영혼(헬, 프쉬케)아 여러 해 쓸 물건을 많이 쌓아 두었으니 평안히 쉬고 먹고 마시고 즐거워하자 하리라 하되 하나님은 이르시되 어리석은 자여 오늘 밤에 네 영혼(헬, 프쉬케)을 도로 찾으리니 그러면 네 준비한 것이 누구의 것이 되겠느냐 하셨으니"(눅 12:19-20).

가? 하나님과 재물이다. 그렇다면 그 두 주인을 섬기는 주체는 누구인가? 혼이 하나님의 영 안에 거하는 자, 아니면 혼이 몸의 종노릇을 하는 자 둘 중 하나이지, 둘 다일 수는 없다. 야고보서 4장 8절은 이에 대해서 분명하게 말한다.

[약 4:8] 하나님을 가까이하라 그리하면 너희를 가까이하시리라 죄인들아 손을 깨끗이 하라 두 마음(헬, 딥쉬코스 : 두 혼)을 품은 자들아 마음(헬, 심중)을 성결하게 하라

그렇다면 마태복음 6장 24-25절의 결론은 무엇인가?

[마 6:33] 그런즉 너희는 먼저 그의 나라와 그의 의를 구하라 그리하면 이 모든 것을 너희에게 더하시리라

결론은 먼저 그의 나라와 의를 구하라는 것이다. 하나님나라를 구한다는 것은 어떤 생각이나 감정에 붙들리지 말고 그 혼이 먼저 하나님의 영 안에 거하는 것이다. 그럴 때부터 영이요 생명이신 말씀대로 우리가 생각하고 느낌으로써 하나님의 의를 구하게 된다는 것이다. 우리는 물질에 대한 우리의 생각으로 몸의 구원을 얻고자 한다. 그러나 우리는 먼저 그 물질을 주시는 하나님께 나아가 혼의 구원을 얻어야 한다. 그럴 때 우리는 물질에서도 풍성함을 누릴 수 있게 된다.

[요삼 1:2] 사랑하는 자여 네 영혼이 잘됨 같이 네가 범사에 잘되고 강건하기를 내가 간구하노라

[벧전 4:19] 그러므로 하나님의 뜻대로 고난을 받는 자들은 또한 선을 행하는 가운데에 그 영혼(헬, 프쉬케 : 혼)을 미쁘신 창조주께 의탁할지어다

성경은 물질에 대해서 어떻게 말하고 있는가?

하나님나라의 삶의 핵심은 무엇인가? 우리의 혼이 하나님의 영 안에 거함으로써(나라가 임하시오며) 보이는 세상에 대한 생각과 감정이 아니라 영이요 생명이신 하나님의 말씀대로 생각하고 느끼고 보이지 않는 세계에서 이루어진 실상을 믿음으로써(뜻이 하늘에서 이루어진 것같이), 그 결과로 보이는 세계에 그 실상에 대한 실체가 나타나도록(땅에서도 이루어지도록) 하는 것이다(갈 6:7). 이 사실을 염두에 두고 물질에 대한 말씀을 살펴보도록 하자.

[마 6:19-21] 너희를 위하여 보물(헬, 데사우로스)을 땅에 쌓아 두지 말라 거기는 좀과 동록이 해하며 도둑이 구멍을 뚫고 도둑질하느니라 오직 너희를 위하여 보물을 하늘에 쌓아 두라 거기는 좀이나 동록이 해하지 못하며 도둑이 구멍을 뚫지도 못하고 도둑질도 못하느니라 네 보물 있는 그 곳에는 네 마음(심중)도 있느니라

우리는 물질에 대한 태도에 대해 가르침을 받을 때마다 마태복음 6장 19-21절 말씀을 듣는다. 그 말씀은 흔히 다음과 같이 해석된다. "하나님의 자녀는 이 땅의 것에 관심을 가지지 말고 하늘에 상급을 쌓아야 한다. 왜냐하면 이 땅의 것은 덧없이 사라지지만 하늘의 것은 영원하기 때문이다. 그렇기 때문에 물질에 대한 탐욕을 갖지 말고 나누

어주기를 좋아하고 선한 일을 행하는 삶을 살아야 한다."

우리가 이런 물질에 대한 설교를 들을 때마다 한 가지 풀리지 않는 의문은 "그렇다면 없는 경우에 어떻게 해야 하느냐?"에 대한 것이다. 실제 삶에서 가장 필요한 것이 물질이라는 것은 엄연한 사실이고 누구도 부인할 수 없다. 그렇다면 물질을 가지는 것과 나누는 것이 균형이 잡혀야 함에도 불구하고 우리는 늘 물질을 나누는 데 초점을 둔 말씀을 듣게 된다. 또한 물질에 대한 올바른 가치관보다는 물질과 육신에 관한 것은 악하고, 영혼과 영생에 관한 것은 선하다는 이분법적 가치관을 배움으로써 자신도 모르는 사이에 이 땅의 삶을 외면하게 된다.

사실 마태복음 6장 19-21절 말씀을 하나님나라의 관점에서 보면 지금까지 들어온 내용과는 정반대의 이야기라는 것을 알 수 있다. 즉 이 땅에서 물질을 어떻게 나누는가에 대한 이야기가 아니라 이 땅에서 물질을 어떻게 누릴 수 있는가에 대한 이야기이다. 여기서 '보물'에 해당하는 헬라어 '데사우로스'는 "저축하다". "보관하다"라는 의미가 있는 헬라어 '티데미'에서 유래한 단어이다. 소중하고 가치있는 물건을 보관하는 장소, 즉 창고나 보배함을 의미한다. 그리고 그것에서 파생된 이차적 의미로 그 보물함(창고)에 담겨 있는 물건, 즉 "보배, 보물"이라는 의미를 지닌다. 우리가 이러한 뜻을 알고 이 말씀을 보면 뭔가 번역상 맞지 않다는 것을 발견하게 된다. 좀이나 동록이 해하며 도둑이 구멍을 뚫고 도둑질한다는 것은 정확히 어떤 대상을 의미하는 것일까? 그것은 바로 보물이 아니라 보물함을 의미한다. 그리고 "쌓아둔다"라는 뜻은 보물함에 집어넣는다는 의미이다.[64]

---

64 이때 '쌓아두지 말라" 혹은 "쌓아두라"는 말은 어떤 상황을 의미하는 것이 아니라 행동을 의미한다. 즉 "쌓는 것을 멈추라", 혹은 "쌓기 시작하라"는 뜻이다.

대부분의 경우 이 말씀을 읽을 때마다 보물, 즉 물질을 땅에 쌓아두지 말고 하늘에 쌓아두라, 그러니까 물질에 대한 욕심을 가지지 말고 좋은 일을 함으로써 하늘에 상급을 쌓아야 한다는 식으로 이해해왔다. 그러나 하나님나라의 관점에서 볼 때 이 말씀은 그런 뜻이 아니다. 왜냐하면 보물에 대한 이야기가 아니라 보물함에 대한 이야기이기 때문이다. 이 말씀의 참뜻은 우리의 심중인 보물함에 땅의 것을 쌓아두지 말고, 하늘의 것을 쌓아두라는 것이다. 이때 비유적으로 표현된 보물함은 '심중'을 뜻한다. 따라서 "네 보물 있는 그 곳에는 네 마음도 있느니라"(마 6:21)의 정확한 해석은 "네 보물함이 있는 곳이 바로 심중이 있는 곳이다"라고 말씀하신 것이다.

즉 우리의 심중에 땅의 것 쌓기를 그만두고 하늘의 것을 쌓기 시작하라는 뜻이다. 이 땅에서의 재물은 그 근원이 되는 보이지 않는 세계, 하늘에 있는 실상에 달려 있다. 이 해석이 옳다는 것을 어떻게 증명할 수 있는가? 이와 동일한 말씀을 누가복음에서 좀 더 정확하게 말씀하고 있기 때문이다.

> [눅 12:33] 너희 소유를 팔아 구제하여 낡아지지 아니하는 배낭을 만들라 곧 하늘에 둔 바 다함이 없는 보물이니 거기는 도둑도 가까이 하는 일이 없고 좀도 먹는 일이 없느니라

이 구절에서 '배낭'도 보물이 아니라 "보물함"을 의미한다. 우리의 심중에 세상에 대한 생각을 집어넣지 말고 하늘에 있는 것을 넣으라(즉 말씀대로 생각하고 느끼도록 하라)는 뜻이다. "너희 소유를 팔아 구제하여 낡아지지 아니하는 배낭을 만들라"는 보물함에 하늘의 것을 쌓아두면

이 땅에서 필요한 물질을 얼마든지 얻을 수 있으니 소유에 대한 자신의 생각을 그 보물함에 쌓아둠으로써 물질에 묶인 삶을 살지 말라는 뜻이다. 그렇게 되면 그것 때문에 염려와 걱정 그리고 탐욕에 사로잡히게 되고 마귀의 종노릇을 하게 된다는 것이다. 오히려 자신의 것이라고 생각하는 소유를 팔아 구제하여 하나님을 나타내는 선한 일을 하라. 왜냐하면 하나님의 자녀는 이 땅의 필요에 따라 하나님의 것을 마음대로 사용할 수 있는 존재이기 때문이다.

우리는 흔히 빈손으로 왔다가 빈손으로 가는 것이 인생이라고 한다. 하지만 정말 그럴까? 물질적인 측면, 즉 보이는 세계에서 보면 그렇다.

[딤전 6:7] 우리가 세상에 아무것도 가지고 온 것이 없으매 또한 아무 것도 가지고 가지 못하리니

하지만 하나님나라의 관점에서 보면 어떨까? 우리가 거듭난 하나님의 자녀라면 우리는 신성과 원복을 지닌 존재이다. 우리는 하나님께서 주신 모든 것을 가지고 그리스도 안에서 일생 동안 말씀대로 생각하고 느낌으로써 만들어진 실상을 심중에 쌓은 만큼 이 땅에서 실체를 나타내고 하나님께서 부르실 때는 심중에 쌓은 것(우리 몸을 통하여 하나님의 영광을 나타낸 것)을 가지고 영원의 세계로 들어간다.

[계 21:24] 만국이 그 빛 가운데로 다니고 땅의 왕들이 자기 영광을 가지고 그리로 들어가리라

내 혼이 몸의 종노릇을 하는 것이 아니라 성령님의 통치를 받으며 내 심중에 쌓은 하늘의 것을 가지고 이 땅에서 풍성한 실체를 누리며 우리가 이 땅을 떠날 때 하나님께서는 그것에 기초하여 우리에게 영원한 상급을 주시는 것이다. 왜냐하면 우리의 삶을 통하여 하나님께서 그의 영광을 이 땅에 드러내신 것이기 때문이다. 그래서 보이는 것은 잠깐이지만 보이지 않는 것은 영원한 것이다(고후 4:18). 그렇다면 우리의 관심을 어디에 두어야 하겠는가?

> [고후 4:18] 우리가 주목하는 것은 보이는 것이 아니요 보이지 않는 것이니 보이는 것은 잠깐이요 보이지 않는 것은 영원함이라

청빈신앙과 번영신앙의 문제점과 자녀들이 누려야 할 킹덤신앙

앞서 우리는 온전한 그리스도인의 삶을 살기 위해서 어떤 태도를 취해야 하는지, 그리고 물질을 어떻게 구해야 하는가에 대해서 알아보았다. 다음 구절을 통해 그 문제에 대한 좀 더 온전한 하나님나라의 관점을 가질 수 있을 것이다.

> [마 19:21-24] 예수께서 이르시되 네가 온전하고자 할진대 가서 네 소유를 팔아 가난한 자들에게 주라 그리하면 하늘에서 보화가 네게 있으리라 그리고 와서 나를 따르라 하시니 그 청년이 재물이 많으므로 이 말씀을 듣고 근심하며 가니라 … 다시 너희에게 말하노니 낙타가 바늘귀로 들어가는 것이 부자가 하나님의 나라에 들어가는 것보다 쉬우니라 하시니

우리는 이 말씀을 읽을 때마다 예수님께서는 재물을 많이 가지고 있는 것이 잘못되었다고 말씀하시고, 하나님나라로 들어가기 위해서는 자신의 소유를 버리고 선한 일을 많이 해야 한다고 생각한다. 즉 재물을 가난한 자들에게 나누어주고 하늘에 상급을 쌓아야 한다는 식으로 해석한다. 이 말씀이 정말 그런 의미일까? 이 말씀을 제대로 해석하기 위해서는 앞 문맥인 마태복음 19장 16-20절의 내용을 새롭게 보는 것이 필요하다.

한 부자 청년이 와서 이 땅에서의 선한 일로 영생을 얻고자 했다. 그러자 예수님께서 율법의 계명들을 지키라고 말했고, 이에 청년이 자신은 모든 것을 다 지켰는데 아직 부족한 것이 무엇인지 예수님께 되물었다. 하나님께서 하나님의 생명이 없는 자에게 죄가 무엇인지를 알려주기 위해서 주신 것이 율법이고 그 율법을 지킴으로써 의롭다 함을 얻을 자가 아무도 없다고 했는데 이 청년은 자신이 율법을 다 지켰다고 말한 것이다.

그래서 예수님께서 그 청년에게 "네가 정말로 온전하기를 원하느냐(즉 영생을 얻는 하나님나라의 삶을 살기를 원하느냐?)"라고 물으셨다. 그리고 그것은 이 땅에 묶인 삶이 아니라 하나님의 통치 안에서 뜻이 하늘에서 이루어진 것같이 땅에서도 이루어지는 삶을 사는 것이며 그 삶을 살기 위해서는 먼저 물질에 묶여 있는 네 심중을 자유케 하라고 말씀하신 것이다. 그것이 바로 예수님 말씀의 핵심이다. "가서 네 소유를 팔아 가난한 자들에게 주라 그리하면 하늘에서 보화가 네게 있으리라"라는 말씀은 네가 소유한 물질을 하나님의 뜻대로 사용하고 그 심중을 자유케 하면 그 안에 원복의 실상을 얼마든지 가질 수 있고, 그 결과로 보이는 세계에서 필요한 것을 얼마든지 누릴 수 있다는 뜻이다. 그러나 그 말씀을 깨닫지 못한 청년은 이 말씀을 듣고 재물이 많으므로 근심하며 가버렸다.

눈앞에 보이는 물질은 내 심중에 심은 것을 거둔 결과물이다. 따라서 세상에 대한 것을 심중에 심으면 그것을 거둘 수밖에 없고 그것에 묶인 삶을 살 수밖에 없다. 있으면 있는 것에 묶이게 되고, 없으면 없는 것에 묶이게 된다는 것이다. 그것이 바로 마귀의 통치 전략이다. 그러나 하늘의 것(말씀대로 이루어진 것)을 심중에 심으면 언제든지 이 땅에서 필요한 것을 누릴 수 있으며 마귀의 통치에서 벗어나 하나님의 통치를 이루게 된다는 것이다.

이 말씀을 이 땅의 관점에서 해석하면(거짓자아의 관점에서 해석하면) 우리가 가지고 있는 물질적인 것을 다 버리고 살아야 한다는 뜻으로 해석된다. 그리고 하늘에서 주어지는 보화는 물질적인 것이 아니라 영적인 것처럼 여겨진다. 이런 말씀 해석에서 나온 것이 바로 청빈신앙이다. 이러한 청빈신앙은 중세 수도원의 수도사의 영성으로 물질적인 것이 아니라 영적인 것을 구해야 한다는 영지주의적인 사고방식에서 나온 것이다. 즉 이 땅의 모든 것들은 허망한 것이며 그것에 묶이게 되면 영생을 주는 하늘의 영광을 취할 수 없다는 것이다. 세상의 물질적인 것은 선하지 않으며 오직 하늘의 영적인 것만이 중요하다고 여기게 되는 것이다. 그것이 바로 이원론적인 헬라적 사고방식이다. 그렇지만 다음 말씀을 읽어보라.

[마 7:7] 구하라 그리하면 너희에게 주실 것이요 찾으라 그리하면 찾아낼 것이요 문을 두드리라 그리하면 너희에게 열릴 것이니

[막 11:24] 그러므로 내가 너희에게 말하노니 무엇이든지 기도하고 구하는 것은 받은 줄로 믿으라 그리하면 너희에게 그대로 되리라

[요 15:7] 너희가 내 안에 거하고 내 말이 너희 안에 거하면 무엇이든지 원하는 대로 구하라 그리하면 이루리라

이 말씀을 보면 예수님께서 약속의 말씀을 지키는 우리에게 풍성함을 주시겠다고 말씀하고 계시지 않는가? 우리가 얻지 못함은 구하지 않기 때문이라고 말씀하신다. 앞서 인용한 말씀을 전통적인 관점으로 해석한 것과는 너무 상충되지 않는가? 예수님께서 어떨 때는 물질을 갖지 말고 네 소유를 다 팔아 구제하고 나를 따르라고 말씀하시고, 다른 한편으로는 무엇이든지 구하면 얻을 것이라고 말씀하신다. 얼핏 보기에 상반되어 보이는 예수님의 말씀을 우리는 어떻게 이해해야 할까?

후자의 말씀을 이 땅의 관점에서 해석하고 적용하면, 말씀대로 믿기만 하면 주신다는 식의 기복신앙 또는 번영신앙이 된다. 믿음이 없기 때문에 얻지 못하는 것이지 약속의 말씀을 붙들고 기도하면 하나님께서 채워주신다는 사고방식이다. 번영신앙은 우리가 예수 그리스도를 믿었기 때문에 결핍과 부족의 문제를 해결받아야 하고, 더 나아가서 부자가 되어야 하고, 풍성하게 살아야 하고, 모든 것이 잘 되어야 한다고 주장한다. 그러나 우리가 반드시 알아야 할 진리는 모든 필요는 우리가 하나님 안에 거할 때 하나님으로부터 주어지는 것이지, 내가 하나님으로부터 얻어내는 것이 아니라는 사실이다. 그런데 우리는 자신을 포기함으로써 하나님께서 이루시도록 하기보다는 자신의 필요를

채우기 위해서 하나님과 관계하는 잘못을 범하고 있다. 그야말로 행위 보상적 인과법칙에 기초한 뉴에이지적 사고방식이다.

지금 이 시대는 물질에 대한 두 신앙이 대립하고 있는 것처럼 보인다. 한쪽은 청빈신앙, 다른 쪽은 기복신앙 또는 번영신앙이다. 이 모든 것이 어디에서 나왔는가? 바로 하나님과 분리된 채 스스로 존재하는 거짓자아가 이 땅에 삶의 토대를 둔 이원론적 사고방식에서 나온 것이다. 어느 것도 성경적으로 올바른 가르침이 아니다. 왜 이런 사고방식이 생겨났는가? 그것은 바로 하나님나라의 복음을 제대로 알지 못함으로써 차원의 관점으로만 풀리는 하나님나라의 비밀을 보이는 세계에서 시간적 관점으로 풀었기 때문이다.

물질에 대한 하나님나라 복음의 핵심은 무엇인가? 혼의 구원함을 받은 자는 자신의 심중에 세상 것을 넣지 말라는 것이다. 즉 거짓자아로 이 세상의 물질에 대한 생각과 감정에 묶이지 말라는 것이다. 그렇게 하는 것이 바로 마귀의 계략이자 마귀의 통치 아래 들어가는 것이다.

> [요일 2:15-16] 이 세상이나 세상에 있는 것들을 사랑하지 말라 누구든지 세상을 사랑하면 아버지의 사랑이 그 안에 있지 아니하니 이는 세상에 있는 모든 것이 육신의 정욕과 안목의 정욕과 이생의 자랑이니 다 아버지께로부터 온 것이 아니요 세상으로부터 온 것이라

예수님께서 말씀하시는 핵심은 물질이 없어도 된다는 것이 아니라 세상의 물질에 집착하여 탐욕을 부리거나 물질이 없이는 살 수 없다는 걱정과 염려를 포기하라는 것이다. 우리가 구해야 하는 것은 세상의 물질에 대한 실체가 아니라 먼저 우리의 혼이 하나님의 영 안에 거함

으로써 주의 말씀대로 이루어지는 것의 실상을 심중에 붙드는 것이다. 그럴 때 우리는 이 땅에서 필요한 모든 것을 풍성히 누릴 수 있다는 것이다.

[마 6:32-33] 이는 다 이방인들이 구하는 것이라 너희 하늘 아버지께서 이 모든 것이 너희에게 있어야 할 줄을 아시느니라 그런즉 너희는 먼저 그의 나라와 그의 의를 구하라 그리하면 이 모든 것을 너희에게 더하시리라

결론

혹시 청빈신앙의 영향을 받아 이 땅에 살면서 물질이 필요하지 않다고 생각해본 적이 있는가? 육신을 입고 이 땅에 살아가는 동안에 어떻게 물질 없이 살 수 있는가? 물질에 대한 나의 태도가 잘못된 것이지 물질 자체가 잘못된 것이 아니다(딤전 6:10). 물질과 그에 따른 풍성함은 하나님을 나타내는 수단이다. 주님께서 말씀하시는 것은 우리의 마음이 물질에 묶여 있으면 마귀의 통치 안에 있게 되고 보이는 세상이 전부인 것처럼 살 수밖에 없기 때문에 그것을 포기하고 먼저 그의 나라를 구하라는 것이다.

하나님께서 모든 인간에게 주신 것이 바로 '믿음의 법칙'이다. 우리는 심중에 심은 대로 수확하게 된다. 좋은 것을 심으면 좋은 것으로, 나쁜 것을 심으면 나쁜 것으로, 긍정적인 것을 심으면 긍정적인 것으로, 부정적인 것을 심으면 부정적인 것으로 거두게 된다. 우리는 이 믿음의 법칙을 통해서 두 가지를 배우고 훈련해야 한다. 첫째, 거짓자아로 이 땅의 물질에 대한 현실적인 생각이나 감정을 심지 말고 그리스도 안에

서 말씀대로 생각하고 느낌으로써 심중에 하나님께서 이루신 실상을 심으라는 것이다. 둘째, 뜻이 하늘에서 이루어진 것같이 땅에서 이루어지도록 하시는 하나님의 은혜와 호의를 기대하고 믿음으로 받아들이라는 것이다. 그것에 대한 부정적인 생각은 거짓자아가 여전히 죄책감과 두려움에 기초한 사고방식을 가지고 몸의 종노릇하고 있다는 것을 알려주는 것이다.

우리가 이 땅에서 풍성한 삶을 살기 위해서는 물질에 대한 세속적 관점에서 벗어나 하나님나라의 관점을 가져야 한다. 거짓자아에 기초한 사고방식은 청빈신앙(가난)이나 번영신앙(탐욕) 중 하나에 메일 수밖에 없다. 번영신앙은 물질에 종노릇하고 마귀의 통치함을 받게 하고, 청빈신앙은 하나님의 자녀로서 이 땅에 주의 통치권을 나타내지 못하는 삶을 살게 한다. 하나님나라의 차원적 관점에서 볼 때 둘 중 어느 것도 물질에 대한 온전한 신앙관이 아니다. 영의 세계에서(나라가 임하시오며) 주의 말씀대로 생각하고 느낌으로써 보이지 않는 세계의 실상을(뜻이 하늘에서 이루어진 것같이) 보이는 세계의 실체로 나타내는(땅에서도 이루어지이다) 하나님나라의 풍성한 삶을 배우고 체험해야 한다. 이 장과 더불어 3부 9장에서 나눈 '공급의 법칙'을 다시 한번 묵상해보라. 우리가 지금까지 가져왔던 물질에 대한 잘못된 사고방식을 하나님나라의 사고방식으로 변화시킴으로써 이 땅에 사는 동안 자신을 위해서가 아니라 하나님의 뜻을 이루기 위해서 풍성한 삶을 살아야 한다.

적용

(1) 당신이 살아오면서 가졌던 물질에 대한 신앙관은 무엇인가? 청빈신앙인가, 아니면 번영신앙인가? 둘 중 하나라면 물질에 대한 킹덤신앙을 생각해보라.

(2) 물질에 대한 킹덤신앙의 핵심은 무엇인가? 물질인가, 아니면 물질에 대한 자신의 태도인가?

(3) 당신이 열심히 정직하게 일하는데도 물질에 대한 풍성함을 누리지 못하는 이유는 무엇일까? 다음 네 가지 질문으로 그 이유를 찾아보라.

① 과거 당신이 경험한 가난에 대한 묶임과 물질(재정)에 대한 잘못된 관념을 제거했는가? 즉 당신의 심중에 이미 기록된 가난, 결핍, 부족, 욕심, 탐욕, 인색, 물질만능주의, 재정에 대한 염려, 부자에 대한 비판 등에 대한 잘못된 믿음을 제거하라.

② 당신이 가지는 통치권(소유권, 지배권, 공급권)을 하나님께 이양한 적이 있는가? 왜냐하면 당신이 자신의 통치권을 하나님께 이양할 때 비로소 하나님의 통치권을 사용할 수 있기 때문이다.

③ 당신은 헌물[드림(offering) 또는 나눔(giving)]을 통해서 하나님나라를 넓혀본 적이 있는가? 세상의 방식은 서로 주고받는 것이다. 그러나 하나님나라의 방식은 하나님으로부터 받은 만큼 드리고 나눌 수 있는 것이 아니라 믿음으로 드리고 나눈 만큼 하나님으로부터 차고 넘치게 받는 것이다. 그것이 "심은 대로 거둔다"라는 뜻이다.

④ 당신은 물질과 재정에 대한 기름부으심을 받은 적이 있는가? 기름부으심을 받는다는 것은 하나님께서 그 일에 친히 개입하신다는 뜻이다.

(4) 당신은 부요의식을 가지고 있는가? 지금 부족한 것은 그에 따른 실상을 가지고 있기 때문이다. 따라서 현실의 삶에서 부족함이 있다면 부족

하기 때문에, 그리스도 안에서 부요의식을 가지고 새로운 실상을 만들어야 한다. 다음의 말씀대로 이루어진 것을 당신의 심중에 심어라.

[눅 15:31] 아버지가 이르되 얘 너는 항상 나와 함께 있으니 내 것이 다 네 것이로되

[요 15:7] 너희가 내 안에 거하고 내 말이 너희 안에 거하면 무엇이든지 원하는 대로 구하라 그리하면 이루리라

12

휴식하기 위해 일하지 말고 안식 가운데 일하라

오늘날 사회에서 직장생활과 관련하여 가장 자주 사용되는 표현 중 하나는 "일과 삶의 균형"(Work-Life Balance)을 뜻하는 '워라밸'이라는 표현이다. 이는 일과 삶을 대립 또는 상쇄되는 개념으로 보고, 일과 삶을 각자의 주관적인 기준에 따라 균형을 유지하려고 함으로써 개인 삶의 만족도를 높이려는 것이다. 워라밸을 추구하는 사람은 삶의 편안과 행복을 위해 자신의 시간과 에너지를 들여 일한다.[65] 아마 직장인이라면 출근 직전보다 퇴근 직전이 더 설레고 일요일 밤보다 금요일 밤이 더 행복하다는 것에 동의하지 않을 사람은 거의 없을 것이다. 한마디로 휴식하기 위해 일하는 것이다. 하지만 하나님의 자녀인 킹덤빌더는 일과 삶을 세상 사람들과는 다르게 볼 줄 알아야 하며, 휴식하기 위해 일하는 것이 아니라 안식 가운데 일하는 것을 체험해야 한다. 이를 위

65 '워라밸'이라는 표현 자체가 일과 삶을 경쟁하는 개념으로 보기 때문에 이에 대한 거부감을 느낀 사람은 일과 삶을 상호보완적 개념으로 보며 "일과 삶의 조화"(Work-Life Harmony)를 뜻하는 '워라하'나 "일과 삶의 통합"(Work-Life Integration)을 뜻하는 '워라인'이라는 표현을 더 선호한다.

해서는 타락한 인간의 관점에서 일과 삶을 바라보는 것이 아니라 타락 전 하나님의 창조목적의 관점에서 일과 삶을 바라볼 줄 알아야 한다. 이번 장에서는 일의 본질적 의미, 휴식과 안식의 차이, 창조목적과 안식일의 의미, 구약의 안식과 신약의 안식의 차이, 성경이 말하는 세 가지 종류의 안식에 대해 살펴보고자 한다. 이를 통해 휴식하기 위해 일하는 것이 아니라 안식 가운데 일하는 삶을 살아갈 때, 즉 하나님과의 생명적 관계 가운데 그분을 나타내는 삶을 살아갈 때 삶의 모든 순간을 하나님께서 카운트해주심으로써 영원한 상급을 쌓는 가장 가치 있는 삶을 살 수 있다.

일에 대한 잘못된 개념

'워라밸'이라는 표현에서 극명하게 나타나는 것처럼 오늘날 수많은 사람은 왜 일과 삶을 경쟁하는 관계로 보게 되었을까? 그것은 바로 인간의 타락으로 생겨난 거짓자아의 관점에서 일과 삶을 바라보았기 때문이다. 일을 인간이 생존하기 위해서 어쩔 수 없이 해야 하는 것으로 생각하고, 하는 일의 종류와 직업의 귀천에 따라 인간의 등급을 매긴다. 또한 다른 사람을 부리는 일은 가치가 높고 다른 사람을 섬기는 일은 가치가 낮으며, 지위가 낮거나 수입이 적은 일은 자신의 존엄성을 해친다는 잘못된 인식이 팽배하다. 오늘날 일에 대한 비성경적인 생각을 간략히 요약하면 다음과 같다.

1 일을 타락으로 인하여 우리가 받아야 하는 형벌이라고 생각한다

사람들은 일이 아담과 하와가 불순종한 결과로 우리가 어쩔 수 없이 감당해야 하는 벌이라고 생각한다. 하나님나라가 임하지 않았을 때, 즉 예수 그리스도 밖에서는 맞는 말이다. 그러나 우리가 하나님의 자녀라면 이러한 사고방식은 매우 비성경적이다. 인간이 타락하기 전인 창세기 1-2장을 보면 하나님께서 인간을 창조하시고 인간에게 제일 먼저 맡기신 임무가 "생육하고 번성하여 이 땅을 정복하고 다스리라"는 것이었다. 즉 에덴동산에 임한 하나님나라를 온 세상에 확장시키라고 말씀하신 것이다. 일은 인간의 타락 후 생겨난 것이 아니라 타락 전부터 하나님께서 인간에게 허락하신 그분의 창조목적에 동참하는 놀라운 축복이었다. 하지만 타락으로 인해 땅과 뱀이 저주를 받자 일에 대한 개념이 왜곡되어버렸다. 그러나 이제 하나님의 자녀가 되었다면 일이 타락에 따른 형벌이라는 잘못된 생각을 버리고 하나님을 나타내는 축복의 수단임을 깨달아야 한다.

2 열심히 일하는 것과 예배드리는 것은 서로 다른 것이다

일과 예배는 비록 형식은 다르지만, 하나님을 경배하고 그분의 뜻을 알고 그분을 기쁘시게 하는 본질에서는 차이가 없다. 일의 참 의미는 일의 히브리적 어원이 예배(avodah)와 동일하다는 데서 알 수 있다. 많은 그리스도인이 일은 자신을 위한 것이고, 예배는 하나님을 위한 것으로 생각한다. 그러나 우리는 궁극적으로 일과 예배가 방식만 다를 뿐 하나님을 나타낸다는 점에서 둘의 본질이 같다는 것을 알아야 한다. 우리가 일의 의미에 대해 혼란을 가지는 이유는 일 그 자체가 아니라 그 일을 행하는 인간의 타락성 때문이다. 우리는 일과 신앙을 바라보며 대상과 목적에 대한 차이점에 중점을 두지만, 실제 문제는 그 둘을 바라보는 자신의 마음의 태도에 달려 있다는 것을 깨달아야 한다.

즉 신앙은 영적인 것으로 하나님과 관계된 것이고, 일은 육체적인 것으로 세상과 관계된 것으로 생각하는 잘못된 믿음에서 벗어나야 한다.

한 걸음 더 나아가서 그리스도인들이 일반적으로 가지고 있는 일과 여가[66]에 대한 관점도 바꾸어야 한다. 일은 하나님을 위한 것일 수는 있지만, 여가는 자신을 위한 것으로 생각한다. 하지만 우리의 삶 전부가 하나님의 것이며 그분을 나타내는 것이 내 삶이고 존재이기에 삶의 그 어떠한 부분도 나눌 수 없다. 즉 일도 여가도 모두 이 땅에서 하나님의 자녀로서 하나님을 나타내는 것이다. 여가도 하나님의 창조세계를 즐기고 하나님을 나타내는 아름답고 즐겁고 거룩한 것이다.

3 하나님의 영광을 드러내기 위해서는 성공해야 한다

우리는 일의 목적을 달성하기 위해서 하나님의 도우심을 구하며 기도하고 일에 말씀의 원리를 적용한다. 그러나 그것은 인과법칙에 기초한 행위보상적 사고방식을 가지고 구약적인 신앙생활을 하는 것이다. 우리는 부와 명예를 추구하는 세상적인 성공을 위해 일하는 자가 아니라 상황과 결과에 상관없이 하나님을 나타내기 위해서 일하는 자가 되어야 한다. 하나님나라 관점에서의 성공은 나를 통해 하나님께서 얼마나 나타났는가에 달려 있기 때문이다.

일의 본질적 의미

그렇다면 성경이 말씀하는 일의 본질적 의미는 무엇일까? 이에 대한

66 일이나 생명 유지에 필수적인 시간(식사, 수면 등)을 제외한 시간을 말한다.

답을 찾기 위해 창세기 1-2장을 살펴보자. 하나님께서는 이 땅에 그분의 통치를 나타내기 위해 그분의 형상을 따라 모양대로 자녀들을 지으시고, 하나님의 생명을 불어넣으셔서 자녀들로 하여금 일을 통하여 그분의 창조목적을 나타내기를 원하셨다(창 1:26-28).

일은 하나님의 소유인 피조세계에 대한 그분의 사랑과 창조적 권능을 나타내는 수단, 즉 통로이다. 하나님은 그분의 자녀인 인간에게 이 땅에 대한 통치권을 위임하시고, 일이라는 수단을 통해서 에덴동산을 경작함으로써 에덴동산이 온 땅에 확장되기를 원하셨다. 즉 일은 타락한 인간에게 주어진 저주의 결과물이 아니라 본래 왕 같은 제사장의 직분을 수행하는 그분의 자녀에게 주신 축복의 일부인 것이다(창 2:15). 또한 일은 내가 스스로 추구하고 성취해야 할 목적이 아니라 그분이 나를 통해 나타나시는 수단이다. 본래 타락 전 인간은 먹고살기 위해서 일한 것이 아니라 삶을 통해 하나님을 나타내기 위한 수단과 통로로 일했던 것이다. 하나님께서 우리를 통해 나타나시는 것이 그분의 창조목적이라는 것을 생각해보면, 타락 전 삶과 일은 대립 또는 상쇄되는 개념이 아니며 상호보완적 개념도 아닌 동전의 양면처럼 불가분의 관계였던 것이다. 그래서 타락 전 아담과 하와는 일을 통해서 하나님을 나타내고자 하는 인간의 본능적 갈망(삶의 근원적 이유와 목적)을 충족시켰으며, 그 일에 나타나신 하나님의 성품과 권능을 통해서 그분의 즐거움과 기쁨에 참여하는 삶을 살았다.

그러나 마귀의 유혹에 속아 하나님처럼 되고자 했던 인간은 죄를 짓게 되었고, 그 결과 하나님과의 생명적 관계가 끊어졌다. 창조주 하나님의 영광을 드러내는 존재에서 피조물인 마귀의 성품과 능력을 나타내는 존재로 전락해버린 것이다. 타락 후 인간은 마귀의 통치 아래 하나님 없이 자신의 노력과 행위로 살아가야 하는 비참한 존재가 된 것이다. 따라서 자신의 삶을 온전히 유지하고자 하는 마음(지속적으로 자유와 기쁨을 누리는 삶)은 하나님의 자녀로서 타락 전에 누렸던 모든 것들에 대한 그리움과 갈망의 흔적이다. 타락 후에는 일이 하나님의 영광을 나타내는 수단이 아니라 잃어버린 타락 전 삶의 상태를 회복하기 위한 수단이 되어버렸다. 하지만 하나님의 영에 의해 거듭나 예수 그리스도 안에 새로운 피조물이 되었다면, 이제는 일에 대한 하나님나라 복음적 진리를 회복함으로써 하나님의 신성과 원복을 이 땅에 풀어내는 수단과 통로인 '일'이 얼마나 귀한 하나님의 축복인지를 깨닫고 체험해야 한다.

휴식과 안식의 성경적 의미

일에 대한 성경적 의미를 이해했다면 이제 휴식과 안식의 성경적 의미에 대해 알아보자. 휴식의 사전적 정의는 "하던 일을 멈추고 지친 몸이나 머리를 잠시 쉼"이며 안식의 사전적 정의는 "편히 쉼 또는 편안한 휴식"이다. 휴식과 안식을 뜻하는 영어 단어에는 대표적으로 'break'와 'rest'가 있는데 둘 다 휴식과 안식의 개념을 가지고 있지만 뉘앙스적으로 'break'는 휴식에, 'rest'는 안식에 좀 더 가깝다고 볼 수 있다. 오늘날 한국 사회에서는 '휴식'이라는 말을 주로 사용하지 '안식'이라는 말은 대학 교수의 안식년이라든지, 세상을 떠난 사람의 영원한 안식과 같은 특별한 경우를 제외하고는 거의 사용되지 않는다. 반면에 교회 내에서는 '안식'이라는 표현을 일반 사회보다는 자주 사용한다. 한 가지 재미있는 사실은 개역개정 번역본을 기준으로 보면, 휴식은 성경 전체를 통틀어서 욥기 3장 26절에 딱 한 번 등장하는 반면, 안식은 209번 사용된다는 사실이다. 이를 통해 통념적인 휴식과 안식의 개념과 성경적인 휴식과 안식의 개념이 서로 다르다는 것을 알 수 있다. 그렇다면 하나님나라 복음의 관점에서 휴식과 안식은 어떤 의미일까?

천지창조를 마치신 하나님께서 7일째 안식하셨다는 것과 6일째 창조된 인간이 처음 맞이한 날이 바로 안식일이었다는 점에 안식에 대한 놀라운 비밀이 숨겨져 있다.[67] 오늘날 많은 사람이 자유와 행복을 마음껏 누릴 수 있는 휴식(안식)을 위해서 열심히 일하지만, 하나님께서는 자녀들이 먼저 하나님의 안식을 체험하고 그 가운데 살아가기를 원하셨다. 즉 안식을 누리기 위해 일하는 것이 아니라 하나님과의 생명적인 사랑의 교제를 통한 진정한 안식 가운데서 일하는 것이 창조 때부터 인간을 향한 하나님의 본래 뜻이다. 이러한 연유로 성경이 말하는 안식은 하나님과의 생명적인 관계 없이는 알 수도, 누릴 수도 없는 것이다(이것이 바로 일반 사회에서 안식이라는 표현이 잘 쓰이지 않는 이유이기도 하다).

휴식은 마음과 몸의 쉼과 깊은 연관이 있으며, 안식은 혼의 쉼과 깊은 연관이 있다. 하나님나라 복음의 관점에서 몸은 단순히 신체뿐만 아니라 신체의 일부인 뇌의 활동으로 나타나는 생각과 그에 따른 몸의 반응으로 만들어지는 감정도 포함한다. 이에 진정한 휴식은 신체의 편안함뿐만 아니라 마음의 평안함이 함께한다. 아무리 좋은 곳에서 좋은 음식을 먹더라도 마음이 평안하지 않다면 그것은 참된 휴식이 아닌 것이다.

---

67 우리는 하나님께서 6일 동안 행하신 일에 관심을 두지만, 하나님께서 선포하셨던 일곱째 날의 '안식'이 진정한 창조의 의미와 목적을 나타내고 있다. 그분께서 모든 것을 이루시고 안식하심으로써, 이제 그분의 성품과 통치권을 위임받은 자녀들이 그분의 안식 가운데서 이 땅에 주의 일을 행하게 하신 것이다(창 2:15). 그런데 인간이 타락함으로 에덴동산에서 쫓겨나 저주받은 땅에서 자신의 성품과 능력으로 일하는 존재로 전락하게 되었다(창 3:23).

반면에 진정한 안식은 자유의지를 가진 혼이 자신의 생각과 감정이 자신이라고 믿는 거짓자아의 종노릇에서 벗어나 하나님의 영 안에 거하는 것을 내 몸이 체험하는 것이다. 많은 사람이 성령체험을 할 때 더 이상 자신(거짓자아)이 자신의 몸을 통치하지 못하기 때문에 다양한 현상을 경험하며 성령님 안에서 안식하는 것을 체험한다. 하나님께서 그렇게 하시는 이유는 평상시 자신도 알지 못하는 사이에 혼이 몸의 종노릇하며 세상에 묶여 있었던 것에서 벗어나 혼이 늘 우리 안에 있는 하나님나라(통치)에 다시 거하게 함으로써 의와 평강과 희락이 넘치는 진정한 안식을 경험하도록 하신 것이다.

자기 자신이 주체가 되어 거짓자아로 수고하기 때문에 진정한 안식을 경험하지 못하고 삶의 무거운 짐을 지고 살아가는 우리에게 예수님께서는 그분 안으로 들어와 그분의 통치를 경험함으로써 우리의 혼이 그분의 생명과 사랑 안에 진정한 안식을 경험하기를 원하신다(마 11:28-29). 휴식과 안식의 차이를 깨달았다면 이제는 하나님나라 관점에서 안식을 통전적으로 살펴보도록 하자.

하나님의 창조 7일째 안식과 창조목적

안식에 대한 것은 하나님의 창조사역 후에 나온 말씀이다. 흔히들 하나님께서도 6일까지 창조사역을 하시고 7일째 쉬셨다고 생각한다. 하지만 하나님께서 천지만물을 지으시고 안식하셨다는 의미를 제대로 이해해야 한다. "안식하다"라는 뜻을 지닌 히브리어 "솨바트"의 원어적 의미는 모든 일을 완성하셨기 때문에 멈춘다는 뜻이지, 하나님께서 아무것도 하지 않고 쉬신다는 뜻이 아니다. 즉 창조 때 의도하신 모든 일을 행하셨기 때문에 멈추었다는 뜻이지, 통치권을 행사하지 않는다는 의미가 아니라는 것이다.

> [창 2:2-3] 하나님이 그가 하시던 일을 일곱째 날에 마치시니 그가 하시던 모든 일을 [그치고] 일곱째 날에 안식하시니라(히, 솨바트) 하나님이 그 일곱째 날을 복되게 하사 거룩하게 하셨으니 이는 하나님이 그 창조하시며 만드시던 모든 일을 [마치시고] 그 날에 안식하셨음이니라(히, 솨바트)

히브리어 '솨바트'의 1차적인 뜻은 "멈추다"(cease, stop, come to an end)라는 뜻이다. "쉬다/안식하다"(rest, celebrate)는 1차적인 뜻에서 파생된 2차적인 의미이다. 즉 하나님께서 쉬기 위해서 멈춘 것이 아니라 창조 때 의도하신 모든 일을 온전하게 다 마쳤기 때문에 멈추신 것이고, 그 결과로 안식하셨다는 뜻이다. 그렇다면 하나님께서 안식하시는 이유와 그것이 하나님의 형상대로 지음을 받은 자녀들과는 어떤 관계가 있을까? 그것을 올바르게 이해하기 위해서는 하나님의 자녀(첫째 아담)가 바로 마지막 아담의 모형이라는 사실과 하나님의 창조목적을 알아야 한다. 본래 첫째 아담은 마지막 아담[근본 하나님의 본체(빌 2:6)이시고, 하나님의 형상(골 1:15)인 예수 그리스도]의 이 땅의 모형으로 지음을 받았다(롬 5:14).[68] 그리고 하나님께서는 창조사역을 마치시고, 그 첫째 아담에게 하나님의 성품과 통치권을 위임하시고 자녀들을 통하여 창조목적을 이루어감으로써 종국에는 그 목적을 완성시키기 원하신 것이다. 우리는 요한계시록 21장 1-3절에서 그 창조목적이

68 첫째 아담인 피조된 인간과 마지막 아담인 예수님의 하나님의 형상, 아들됨 그리고 직분(왕 같은 제사장)을 비교해보라.

완성된 것을 볼 수 있다.[69]

[계 21:1-3] 또 내가 새 하늘과 새 땅을 보니 처음 하늘과 처음 땅이 없어졌고 바다도 다시 있지 않더라 또 내가 보매 거룩한 성 새 예루살렘이 하나님께로부터 하늘에서 내려오니 그 준비한 것이 신부가 남편을 위하여 단장한 것 같더라 내가 들으니 보좌에서 큰 음성이 나서 이르되 보라 하나님의 장막이 사람들과 함께 있으매 하나님이 그들과 함께 계시리니 그들은 하나님의 백성이 되고 하나님은 친히 그들과 함께 계셔서

앞서 언급한 것처럼 하나님께서는 창조 6일째에 아담과 하와를 창조하시고 그다음 날인 창조 7일째에 안식하심으로써 인간이 맞은 첫째 날이 안식일이 되게 하셨다. 이는 인간으로 하여금 일을 하기 전에 먼저 하나님의 안식 가운데 거하는 것을 경험하게 함으로써 그 안식 가운데서 일하기를 원하셨기 때문이다. 이처럼 하나님께서는 그분의 자녀가 그분께서 위임해주신 통치권을 가지고 하나님의 일(즉 하나님의 창조목적)을 행하기를 원하셨는데, 아담과 하와가 마귀의 시험에 속아서 마귀의 통치 아래 들어감으로써 더 이상 창조목적을 수행할 수 없게

---

69 하나님의 창조사역이 궁극적 완성 또는 온전함이라고 보는 신학적 견해가 있지만, 결코 그렇지 않다. 그것은 인간이 생육하고 번성해야 하며, 정복하고 다스려야 한다는 것과 하나님께서 이 땅을 창조하셨지만 아담과 하와를 동방의 에덴동산에 두신 것을 보아도 알 수 있다. 인간이 마귀의 시험에 속지 않고 에덴동산에서 시작된 하나님의 창조목적을 완성시켰다면 그것은 바로 요한계시록에서 보는 영원한 하나님나라가 되었을 것이다. 히브리서 4장 9절의 안식(헬, 삽바티스모스)은 하나님의 7일째 안식(헬, 카타파우시스)이 아니라 '영원한 안식'을 나타낸다. 따라서 종말에 이루어질 최종 완성의 청사진(blueprint)을 담고 있는 창조론은 종말론으로 해석해야 하며, 창조론은 종말론을 보게 한다. 성경을 하나님나라의 관점에서 보면 종말론은 창조론 안에 있으며 구속사보다 선행하는 것을 볼 수 있다.

된 것이다(창 2:16-17, 3:4-5).

그 결과로 하나님과 분리된 육적 존재가 되었고, 영적 눈이 닫히고 육적 눈이 밝아져서 하나님의 법 밖에서 선악을 알게 되었고, 하나님의 생명 가운데 영원히 살 수 있었던 육체가 타락의 결과로 죄와 사망이 들어오게 되어 육신의 죽음을 맞이하게 된 것이다. 무엇보다도 타락 때문에 발생한 가장 큰 비극 중 하나는 하나님의 영이 떠남으로써 자신이 누구인지 알지 못하고 본래 지은 바대로 하나님의 창조목적을 이루는 삶을 살지 못하게 된 것이다.

더욱이 위임된 통치권을 사탄에게 넘겨줌으로써 사탄의 통치 아래 살게 되었고 인간의 타락으로 인해 땅이 저주를 받게 되어 그 결과로 첫째 아담은 자신의 육적 생명을 보존하기 위해서 이 땅에서 땀 흘리고 일하는 존재가 된 것이다(창 3:17-19). 그리고 하와를 통한 생육하고 번성하는 일은 하나님의 축복이었는데, 해산의 고통이 크게 증가되어 생육하고 번성하는 일이 힘들고 고통스러운 일이 된 것이다(창 3:15-16). 그럼에도 불구하고 우리는 성경을 통하여 하나님께서는 그분의 형상대로 창조한 자녀들과 이 땅과 하나님께서 본래 계획하신 창조목적을 포기하신 적이 없다는 것을 볼 수 있다. 즉 이 땅에 자녀들과 함께 거하며, 자녀들을 통하여 온 땅을 다스리도록 하고, 그들로부터 영광을 얻으시는 것이다. 이처럼 하나님의 창조목적과 안식 그리고 일은 밀접하게 연결되어 있기 때문에 일과 안식을 하나님나라 복음의 관점에서 이해하는 것은 하나님의 자녀로서 그분의 창조목적을 이루어가는 데 매우 중요하다. 그분의 창조목적을 이루어가는 인생이 가장 가치있는 인생이며 하나님께서 우리가 그분의 창조목적을 이루어가도록 하기 위해 주신 것이 바로 '킹덤 시크릿'이다.

하나님께서 구약의 안식일을 제정하신 이유

하나님께서는 아담과 하와를 에덴동산에서 내어 쫓으셨지만, 이 땅에 생육하고 번성하게 하셨고, 야곱(이스라엘)을 자신의 분깃으로 선택하셨다(신 32:8-9). 그렇지만 타락한 이스라엘 백성들은 자신의 존재가 누구인지도 모른 채, 자신의 결핍과 필요를 채우는 존재로서 여전히 타락한 천상의 존재를 섬기는(우상숭배하는) 삶을 살았다. 그래서 하나님께서는 모세를 통해서 출애굽한 이스라엘 백성들에게 6일째 천지만물을 창조하고 7일째를 복되고 거룩하게 한 것은 그들로 하여금, "내가 너희를 위하여 멈춘 것처럼, 너희도 너희가 누구인지, 왜 일하는지, 네 삶의 목적이 무엇인지를 알아야 한다. 따라서 너희 자신을 위하여 하던 일을 멈추고 창조주인 내 안에 거하는 안식을 가져야 한다"라는 것을 알도록 하신 것이다. 그것이 바로 하나님께서 구약의 백성들에게 안식일을 지키라고 명하신 이유이다.

[민 15:41] 나는 여호와 너희 하나님이라 나는 너희의 하나님이 되려고 너희를 애굽 땅에서 인도해 내었느니라 나는 여호와 너희의 하나님이니라

[겔 20:20] 또 나의 안식일을 거룩하게 할지어다 이것이 나와 너희 사이에 표징이 되어 내가 여호와 너희 하나님인 줄을 너희가 알게 하리라 하였노라

생각해보면 율법을 통하여 이스라엘 백성에게 안식일을 지키라고 말씀하시기 전에는 아브라함, 이삭, 야곱에게 안식일에 대해서 말씀하지 않으셨다. 그러나 모세를 통하여 시내산에서 율법을 주실 때 비로소 안식일을 지키라고 말씀하셨다. 구약의 이스라엘 백성들이 지켜야 하

는 안식일은 하나님과 이스라엘 백성 사이에 표징이 된 것이다. 그 말은 이스라엘 백성은 하나님께서 선택한 민족이며, 그들을 다른 민족들과 달리 하나님의 창조목적을 이루는 민족인 것을 알게 하고, 다시 회복시키겠다는 징표로 안식일을 두어 거룩하게 지키도록 한 것이다. 궁극적으로 그들을 하나님의 통치 안에서 살도록 하기 위함인 것이다.

[출 20:8-11] 안식일을 기억하여 거룩하게 지키라 엿새 동안은 힘써 네 모든 일을 행할 것이나 일곱째 날은 네 하나님 여호와의 안식일인즉 너나 네 아들이나 네 딸이나 네 남종이나 네 여종이나 네 가축이나 네 문안에 머무는 객이라도 아무 일도 하지 말라 이는 엿새 동안에 나 여호와가 하늘과 땅과 바다와 그 가운데 모든 것을 만들고 일곱째 날에 쉬었음이라 그러므로 나 여호와가 안식일을 복되게 하여 그 날을 거룩하게 하였느니라

구약에서 유대인들이 안식일을 지키는 것은 가히 절대적인 하나님의 명령이었다. 모든 일을 멈추는 것이다. 그리고 하나님을 경배하는 것이다. 이것은 십계명 중 4계명으로 주어진 하나님의 명령이기 때문에 이것을 어기면 죽음에 처해졌고 그 누구도 예외가 없었다(민 15:32-36). 그 말은 하나님께서 일을 마치신 것처럼 이스라엘 백성도 모든 일도 멈추고, 자신들을 창조하신 분이 하나님이시고 자신들의 삶을 주관하시는 분이 하나님이라는 것을 알라는 뜻이다. 그렇지 않으면 하나님을 거룩히 여기지도 않고 자기 스스로 자존자라고 착각하여 우상숭배하며 살아갈 수밖에 없기 때문이다.

우리가 명확히 알아야 할 사실은 구약에서 안식일을 지키라고 한 것은 유대인에게만 주어진 것이다. 그들은 하나님의 생명이 없지만 선택

받은 민족이다. 그들에게 세상적인 일을 하는 것을 멈추고 7일째 안식하도록 한 것은 삶의 모든 것을 이끌어가시는 분은 하나님이시기에 다른 민족들과 달리 성별된 날인 안식일을 지킴으로써 하나님이 누구이신지를 알게 하신 것이다.[70]

이러한 안식에 대한 성경적 진리를 모르기 때문에 오늘날 상당수의 그리스도인이 차원적 관점이 아닌 이 세상에서 선형적 시간의 축상에 살면서 주일을 안식일처럼 지켜야 한다는 생각을 가진다. 왜냐하면 '하나님나라에서'가 아니라 이 세상에서 거짓자아로 사는 모든 그리스도인의 판단기준은 여전히 율법이기 때문이다. 우리는 안식에 대한 것을 생각하면 안식일이 생각나고, 구약의 계명에 따라 늘 엿새를 일하고 7일째는 일을 멈추고 안식해야 한다고 생각한다. 그래서 주일을 안식일과 동일선상에서, 또는 거의 같은(유사한) 개념이라고 보고, 주일에는 일하지 말고, 교회에 나가 예배드리고, 하나님과 교제하는 시간을 가지고자 한다. 그것이 안식이라고 생각하기 때문이다. 그렇다면 구약의 안식과 신약의 안식의 차이는 무엇일까?

구약의 안식과 신약의 안식의 차이

신약시대를 살아가는 우리는 구약의 안식과 신약의 안식이 다른 것임을 알아야 한다. 하나님의 생명이 없는 이스라엘 민족들이 삶에서 지

---

70 본래 하나님께서 창조 7일째에 아담과 하와에게 준 '시작된 종말론적 안식'이 인간의 타락으로 인하여 하나님께서 선택하신 이스라엘 백성에게는 '구약의 구속사적 안식'으로 변화된 것이다. '시작된 종말론적 안식'이라는 말은 하나님께서 아담과 하와를 통해 이루고자 하신 완성된 창조 목적을 종말론(완성된 종말론적 안식)(계 21:1-3, 22:1-2)에서 볼 수 있기 때문이고 자녀들이 그 일을 하도록 하기 위해서 하나님의 형상대로 지으시고 하나님의 통치권을 위임하셨기 때문이다.

켜야 할 구약적 안식과 하나님의 생명 안에 있는, 즉 예수 그리스도 안에 있는 자들이 누리는 신약적 안식은 다른 것이다.

본래 창조 7일째의 안식은 하나님의 영이 임한 하나님의 자녀를 통하여 하나님의 뜻을 이루시겠다는 징표였기에 안식일에 그분의 자녀들이 그분의 일을 행하는 것은 너무나도 당연한 일이었다. 하지만 타락 후 안식과 일에 대한 개념이 왜곡되고, 하나님께서 안식일을 제정하신 이유도 깨닫지 못했기 때문에 구약의 종교지도자들은 안식의 참뜻을 깨닫지 못하고 안식일을 지키는 것을 율법화, 형식화, 의식화시켜버렸다. 즉 하나님 아버지의 뜻을 행하기보다는 안식일을 지키는 그 자체가 법이 되어버린 것이다. 그래서 예수님께서는 공생애사역 동안에 그들이 맹목적으로 지키는 안식일의 참뜻이 무엇인지를 알려주신 것이다.

하지만 종교지도자들은 예수님의 의도를 전혀 알아채지 못하고 단지 예수님께서 하나님의 선한 일을 안식일에 행하는 것이 자신들의 기준으로 보았을 때 하나님의 율법인 안식일을 어긴다는 이유로 예수님을 대적했던 것이다. 예수님은 안식일을 오해하고 있는 그들에게 하나님께서 안식일을 지키도록 하기 위해서 사람을 창조하신 것이 아니라 사람들이 하나님을 알지 못하기 때문에 하나님이 모든 만물의 창조주임을 깨닫게 하기 위해 안식일을 지키라고 하신 것임을 알리신 것이다.

[막 2:27-28] 또 이르시되 안식일이 사람을 위하여 있는 것이요 사람이 안식일을 위하여 있는 것이 아니니 이러므로 인자는 안식일에도 주인이니라

[요 5:17] 예수께서 그들에게 이르시되 내 아버지께서 이제까지 일하시니 나도 일한다 하시매

예수님께서는 하나님의 자녀의 진정한 안식을 본인의 삶을 통해 알려주기를 원하셨다. “내 아버지께서 이제까지 일하시니 나도 일한다”라고 말씀하신 것은 하나님 아버지께서 안식하며 모든 것을 멈춘 것이 아니라 안식 가운데 우리를 통하여 일하심을 아들이신 예수님께서 친히 보여주신 것이다. 안식일의 주인이신 예수님께서는 안식일에도 일하시는 아버지의 뜻을 이루는 삶을 보여주심으로써 안식일과 안식의 진정한 의미를 알리신 것이다.

새언약을 생각해보라. 예수님께서 이 땅에 오신 이유는 우리의 죄를 사하시고, 우리에게 하나님의 영이 다시 임하시도록 하기 위함이다. 그 결과로 우리는 예수 그리스도 안에서 하나님의 자녀가 된 것이다. 자유의지를 가진 혼은 이제 하나님의 영의 인도함을 받음으로써 우리의 몸을 통하여 하나님을 나타내는 존재가 된 것이다. 따라서 새언약에서 우리가 안식한다는 것은 거짓자아로 자신의 생각과 감정을 자신과 동일시함으로써 세상에 묶인 삶으로부터(즉, 시간의 관점에서 안식한다는 것이 아니라) 자기를 부인하고 자기 십자가를 짐으로써 성령 안에서 우리의 혼이 하나님의 영 안에 거함으로써 의와 평강과 희락을 누리는 것을 말한다(즉, 차원적 관점에서의 안식을 말한 것이다).

하나님과의 생명적인 관계 가운데 차원적인 안식을 누리며 하나님의 때에 하나님께서 시키시는 일을 하나님의 능력으로 행함으로써, 킹덤 시크릿이 체험되는 삶(뜻이 하늘에서 이루어진 것같이 땅에서 이루어지도록 하는 삶)을 살도록 하신 것이다. 이것이 바로 안식 가운데 일하는 삶이다. 거짓자아는 자신의 욕구를 채우기 위해서 할 수만 있다면 가능한 한 모든 일을 해야 성공할 수 있고, 지금보다 나은 삶을 살 수 있다고 우리를 속인다. 하지만 그러한 삶은 참된 안식 없이는 결국 마귀의 통치를 받는 삶일 뿐이다. 새생명 안에서 풍성한 삶이란, 그리스도 안에서 안식 가운데 주님의 때에 주님께서 시키시는 일을 행함으로써 몸을 통해 주님을 나타내는 것이다. 구약의 안식과 신약의 안식의 차이를 알았다면, 마지막으로 성경에 등장하는 세 가지 종류의 안식에 대해 알아봄으로써 현재적 하나님나라를 살아가는 우리가 '지금 이 순간 여기에서' 누려야 할 안식과 '천년왕국과 새 하늘과 새 땅에서' 누리게 될 안식에 대해 알아보자.

성경 속 세 가지 종류의 안식(아나파우시스, 카타파우시스, 삽바티스모스)

1세기 유대교 그리스도인(유대교에서 기독교로 개종한 히브리인)에게 쓰여진 히브리서는 안식일과 이스라엘 그리고 예수 그리스도와 교회가 갖는 관계를 구체적으로 설명한다. 구약에서 안식을 뜻하는 대표적인 히브리어에는 '솨바트'가 있으며, 신약에서 안식을 뜻하는 헬라어 단어에는 다음 세 가지 단어 삽바티스모스, 카타파우시스, 아나파우시스가 있다. 각 단어가 지칭하는 안식에 대해 살펴보면 천년왕국 이후 새 하늘과 새 땅에서 누리게 될 영원한 안식은 '삽바티스모스'이다. 이 헬라어 단어는 구약의 헬라어 역본인 70인 역(the Septuagint)에서는 등장하지 않으며, 신약에서는 히브리서 4장 9절에서 딱 한 번 등장하는데 이 단어는 '완성된 종말론적 안식'을 의미한다. '카타파우시스'는 하나님께서 창조의 역사를 완성하시고 '7일째 안식'(히, 솨바트)을 뜻하는 70인역의 헬라어 번역 단어이다.

[창 2:2] 하나님이 그가 하시던 일을 일곱째 날에 마치시니 그가 하시던 모든 일을 그치고 일곱째 날에 안식(히, 솨바트, 헬, 카타파우시스)하시니라

창세기가 '완성된 종말론'의 청사진이라는 것을 이해한다면[71], 창조 7일째의 안식(카타파우시스)과 영원한 안식(삽바티스모스)은 다른 안식임을 알 수 있다. 타락 전 하나님의 자녀인 인간이 창조 7일째의 안식 가운데 일함으로써 하나님의 창조목적이 성취되었을 때 영원한 안식에 도달한다는 측면에서 '카타파우시스'는 '시작된 종말론적 안식'이라고 칭할 수 있다. 즉 창조목적 완성을 통해 종말에 누리게 될 '완성된 영원한 안식'(요한계시록 21장에서 보는 완성된 종말론적 안식, 삽바티스모스)으로 들어가기 위해서 창조 7일째 되는 날에 인간에게 주어진 '시작된 종말론적 안식'(카타파우시스)이라는 것이다. 즉 '7일째 안식'(카타파우시스)은 하나님의 형상으로 지음 받은 자녀들이 안식 가운데서 그분의 창조목적을 이루기 위해서 주신 안식이라는 것이다. 이 안식은 본래 '시작된 종말론적 안식'이지만, 타락 후 구약에서 '구속사적 안식'으로 사용된 것이다.

'아나파우시스'는 예수 그리스도의 구속사역으로 인해 다시 하나님의 자녀로 회복된 인간이 더 이상 '구약의 구속사적인 안식'이 아니라 [몸의 부활로 인해 다시 누리게 될 하나님의 7일째 안식(시작된 종말론적 안식)이 회복되기를 소망하며] 이 땅에 사는 동안에 예수 그리스도 안에서 누려야 할 차원적인 안식을 의미한다. 즉 혼이 거짓자아에서 벗어나 하나님의 영 안에 거함으로써 누리는 안식을 뜻한다. 현재적 하나

71 이 부분에 대한 더 구체적인 내용을 알기 원한다면, 유튜브 '손기철 장로 말씀치유집회' 2023년 3월 28일 화요말씀치유집회 "종말론적 관점에서 보는 우리는 누구인가?"를 참고하라.

님나라에서 안식 가운데 일해야 한다고 말할 때의 안식이 바로 '아나파우시스'이다.

[마 11:28-29] 수고하고 무거운 짐 진 자들아 다 내게로 오라 내가 너희를 쉬게 하리라 나는 마음(헬, 카르디아 : 심중)이 온유하고 겸손하니 나의 멍에를 메고 내게 배우라 그리하면 너희 마음(헬, 프쉬케 : 혼)이 쉼(헬, 아나파우시스 : 안식)을 얻으리니

이러한 기본적인 이해를 바탕으로, 안식에 대한 심오한 진리를 담고 있는 히브리서 4장을 살펴보도록 하자.

[히 4:1-2] 그러므로 우리는 두려워할지니 그의 안식(헬, 카타파우시스)에 들어갈 약속이 남아 있을지라도 너희 중에는 혹 이르지 못할 자가 있을까 함이라 그들과 같이 우리도 복음 전함을 받은 자이나 들은 바 그 말씀이 그들에게 유익하지 못한 것은 듣는 자가 믿음과 결부시키지 아니함이라

히브리서 4장 1절의 '그의 안식'(헬, 카파타우시스 : 창조 7일째의 안식을 뜻하는 70인역 헬라어 단어)은 구원받은 자가 하나님의 영 안에서 그분의 창조목적을 이 땅에서 이루어갈 경우 예수님의 재림 때 몸의 부활을 입고 들어갈 안식을 뜻한다. '그의 안식'에 들어갈 약속이 남아 있지만 이르지 못할 자가 있을 수 있다는 말씀의 뜻은 무엇일까? 2절에서 출애굽한 구약의 이스라엘 백성 대부분이 믿음으로 나아가지 못했기 때문에 광야에서 죽고, 하나님나라의 모형인 가나안 땅으로(약속된 안식) 들어가지 못한 것을 비유적으로 말하고 있다.

[시 95:11] 그러므로 내가 노하여 맹세하기를 그들은 내 안식에 들어오지 못하리라 하였도다

이것은 지금 우리도 구원을 받았기 때문에 우리의 혼이 하나님의 영 안에 거함으로 자신이 하나님의 자녀인 것을 알고 영으로 몸의 행실을 죽여감으로써 하나님의 뜻을 이루는 삶을 살아야 함에도 불구하고 여전히 육적 그리스도인으로서 그렇게 살지 못하는 자가 있을 수 있다는 의미이다. 요약하면 구원을 받았지만, 구원을 이루어가는 삶을 살지 못하는 사람도 있을 수 있다는 것이다.

[히 4:8-11] 만일 여호수아가 그들에게 안식(헬, 카타파우오)을 주었더라면 그 후에 다른 날을 말씀하지 아니하셨으리라 그런즉 안식(헬, 삽바티스모스)할 때가 하나님의 백성에게 남아 있도다 이미 그의 안식(헬, 카타파우시스)에 들어간 자는 하나님이 자기의 일을 쉬심과 같이 그도 자기의 일을 쉬느니라 그러므로 우리가 저 안식(헬, 카타파우시스)에 들어가기를 힘쓸지니 이는 누구든지 저 순종하지 아니하는 본에 빠지지 않게 하려 함이라

히브리서 4장 8-11절은 구약의 안식과 신약의 안식이 다르다는 것에 대해서 말하고 있다. 가나안 땅은 하나님나라의 모형이고, 여호수아는 예수님의 모형이다. 하지만 여호수아는 단지 예수 그리스도를 통해서 주실 영원한 안식의 예표와 그림자만을 맛보게 할 뿐이지 '카타파우시스'의 안식을 줄 수 없는 자이다. 따라서 구약 백성들은 안식(카타파우시스) 가운데 주의 뜻을 이루는 삶을 살 수 없었다. 그렇기 때문에 9절에서 가나안 땅에 들어갔다 할지라도 영원한 하나님나라에서 안식

(삽바티스모스)을 누리지는 못했다는 것이다. 이때의 안식(삽바티스모스)은 이 땅의 삶을 마치고 하늘나라에 가서 누릴 안식을 뜻하는 것도, 몸의 부활 후 천년왕국 동안 누릴 안식을 뜻하는 것도 아니다. '삽바티스모스'는 천년왕국 동안의 예수님의 완전한 평화의 통치로 말미암아 지금 이 하늘과 땅이 그리스도 안에 통일되고 난 뒤 새 하늘과 새 땅에서 누릴 영원한 도성(히 11:10 : 하나님께서 지으시는 도성/ 히 11:16 : 더 나은 본향, 다른 말로 천국)에서의 안식을 의미한다.[72]

10절의 "이미 그의 안식(헬, 카타파우시스)에 들어간 자는 하나님이 자기의 일을 쉬심과 같이 그도 자기의 일을 쉬느니라"라는 이 말씀을 제대로 해석하는 것이 현재적 하나님나라를 살아가는 우리가 안식을 누리는 데 있어서 매우 중요하다. '그의 안식'에 들어갔다는 의미는 예수 그리스도를 통해 회복된 '창조 7일째 안식'(카타파우시스)에 법적으로 들어간 것을 의미한다. 하나님께서 7일째 창조사역을 완성하시고 자기의 일을 쉬시고 그분의 자녀들에게 통치권을 위임하심으로써 창조목적을 이루어가게 하신 것처럼 이 안식에 들어간 사람은 그동안 거짓자아로 행해왔던 자기의 일을 쉼으로써 안식 가운데 위임된 통치권을 가지고 이 땅에서 주의 뜻을 이루어갈 수 있게 된 것이다.[73] 즉 하나님의 자녀는 하나님의 통치 안에서 뜻이 하늘에서 이루어진 것같이 땅에서 이루어지는 삶을 살 수 있게 되었다(마 6:10). 따라서 우리는 구원을 받았기 때문에(물과 성령으로 거듭났기 때문에) 타락 전과 같이 육체에 기초하

---

72 따라서 이때 하나님의 백성은 단순히 구약의 이스라엘 민족만을 가리키는 것이 아니라 예수 그리스도를 믿음으로써 하나님의 백성이 되는 모든 자(예수 그리스도 안에 있는 자)를 의미한다.

73 히브리서 4장 10절의 '그도'는 하나님의 자녀를 지칭한다. 그 말은 자신이 누구인지를 알고 하나님의 영 안에서 주의 뜻을 이루는 삶을 사는 자는 더 이상 타락 후의 삶처럼 자신의 일을 하지 않게 된다는 것이다.

여 자신을 위해 사는 삶을 사는 것이 아니라 그리스도가 이룬 안식(7일째 안식, 카타파우시스) 안에서 이 땅에 하나님을 나타내는 삶을 살아야 한다고 히브리서 4장 10절을 말씀하고 있는 것이다. 정리하면 예수님께서는 이 땅에 인자로 오셔서 공생애사역을 마치시고 우리를 위하여 죽으시고 부활하셨다는 것은 그분께서 바로 첫째 아담이 실패한 하나님의 7일째 안식(카타파우시스)에 들어가시고 우리로 하여금 안식 가운데 다시 '시작된 종말론적 삶'을 누릴 수 있게 하셨다는 것을 뜻한다. 우리가 지금 어떻게 살아야 하는가를 설명한 것이 바로 11절의 말씀이다. "그러므로 우리가 저 안식(헬, 카타파우시스)에 들어가기를 힘쓸지니 이는 누구든지 저 순종하지 아니하는 본에 빠지지 않게 하려 함이라." 과거의 이스라엘 민족 모두가 선택받아 출애굽하고 가나안 땅으로 들어갈 수 있는 약속을 받았음에도 믿음으로 취하지 않았기 때문에 다 들어가지 못한 것처럼, 오늘날도 예수 그리스도를 믿지만 그분 안에 거하는 삶을 살지 않는다면, 종국에는 구원을 완성시키지 못해서 예수님의 재림 때 몸의 부활을 입고 누리게 될 안식(카타파우시스)에 들어가지 못할 수도 있다는 것이다.

안식 가운데 일하는 삶

타락 전 아담이 맞이한 하나님의 7일째 안식과 예수 그리스도를 통하여 구원받은 우리가 맞이하는 하나님의 7일째 안식에는 차이가 있다는 것을 알아야 한다. 첫째 아담이 7일째 안식 가운데 하나님의 창조목적을 이루어갈 때는 영혼몸이 온전한 상태이지만, 예수 그리스도 안에서 7일째 안식 가운데 주의 뜻을 이루어가는 자는 영이 구원을 얻음으로써 새로운 피조물이 되었지만, 여전히 혼과 몸의 구원을 이루어가야 하는 상태라는 점이 둘 사이의 차이점이다. 이것이 바로 '이미 그러나 아직'이라는 현재적 하나님나라의 상태인 것이다. 다른 말로 여전히 마귀의 시험 가운데서 혼과 몸의 구원을 이루어가야 하는 삶을 살아가야 한다는 것이다.

7일째 안식(헬, 카타파우시스)을 온전히 누리기 위해서는 몸의 부활이 전제되어야 하기 때문에 우리는 예수님 재림 시 몸의 부활을 통해 온전히 누리게 될 카타파우시스를 소망하며 이 땅의 삶을 사는 동안 예수 그리스도 안에서 내 혼이 하나님의 영 안에 거하는 안식(아나파우시스) 가운데 주의 뜻을 이루는 삶을 살아야 한다. 즉 법적으로는(de jure) 우리가 '카타파우시스' 안식 안에 있지만, 현실적으로는(de facto) '아나파우시스' 안식 안에 있다는 것이다. 이는 마치 법적으로는 우리의 영혼몸 전부가 구원을 얻었지만 현실적으로는 영의 구원만을 얻었다는 것과 같다. 이러한 법정적 측면과 현실적 측면 사이의 종말론적 긴장이 존재하는 현재적 하나님나라에서 살아가는 우리는 안식 가운데(예수 그리스도 안에서) 일함으로써 주의 창조목적을 이루어가야 한다. 그것이 바로 하나님의 통치 안에서 뜻이 하늘에서 이루어진 것 같이 땅에서도 이루어지도록 하는 삶이다(마 6:10).

예수 그리스도 안에서 누리는 이 안식을 깨달았다면 예수님께서 부활하신 안식 후 첫날인 '주의 날'(행 20:7 ; 계 1:10)이 얼마나 중요한 날인지를 알아야 한다. 몸이 있는 동안 이러한 삶을 살아감으로써 예수님께서 다시 오실 때 몸의 부활을 입고 창조 7일째 안식 가운데서 타락 전 아담이 행했어야 할 '시작된 종말론적 창조'에 참여하게 될 것이다, 즉 현재적 하나님나라에서는 예수 그리스도 안에서 주의 통치를 나타내는 삶을 살지만 몸의 부활을 입는 미래적 하나님나라에서는 예수 그리스도와 함께 '새창조'에 참여하게 된다는 것이다.

구약에서 안식일은 이스라엘 백성들이 자신들의 삶을 위해서 일하던 것을 멈추고 하나님의 7일째 안식(카타파우시스)을 기억하고 기념하는 날이지만, 신약에서 예수님께서 부활하신 '주의 날'은 하나님의 7일째 안식(법적으로는 카타파우시스, 현실적으로는 아나파우스시스) 가운데 주의 뜻을 행하는 첫날이 되는 것이다. 예수님께서는 그것을 교회(하나님의 백성)를 통해서 이루시고자 하셨고(마16:18-19), 우리는 그 일을 온전하게 시작하기 위해서 주일날(주님께서 부활하신 안식 후 첫날)에 교회에 모이는 것이다.

주의 날은 시작된 종말론적 일(하나님의 창조목적을 이루기 위하여 위임된 통치권을 다시 나타내는 삶)을 알고 기념하고 시작하는 첫날이다. 우리는 주중에 각자의 일터에서(온 땅에서) 예수 그리스도 안에서 안식 가운데 주의 일을 행하는 것이다(차원적인 삶으로 창조목적을 이루어가는 것이다). 그러나 그 삶이 무엇인지 잊어버리고, 마귀의 시험 때문에 그렇게 살지 못할 수 있다. 그렇기 때문에 주의 날에 다시 시작하는 것이다.

지금까지의 내용을 정리하면 다음과 같다. 타락 전 인간은 하나님의 안식(히, 솨바트 / 헬, 카타파우시스 : 7일째 안식) 가운데서 주님의 위임된 통치권으로 일함으로써 창조목적을 이루어가야 했다. 하지만 마귀의 유혹에 넘어가 타락함으로써 '시작된 종말론적 안식'(카타파우시스)은 이 땅에서 사라지게 되었다. 그 결과 이스라엘 백성은 선택된 민족이지만 하나님의 안식을 누릴 수 없었으며 예수님을 통해 다시 회복될 그 안식을 기억하고 기념해야 하는 삶을 살게 된 것이다. 이를 위해 하나님께서는 구약에서 안식일을 지키라고 명하신 것이다. 마침내 때가 이르러 성육신하신 예수님께서 믿는 자로 하여금 다시 하나님의 안식(카타파우시스) 가운데 거하도록 하셨다. 그러나 현재적 하나님나라에서 살아가는 그리스도인들은 새언약 속에서 예수 그리스도 안에서 새로운 피조물이 되었지만, 여전히 혼과 몸의 구원을 이루어가야 한다. 따라서 구원을 이루어가는 동안 누려야 할 안식이 바로 예수 그리스도 안에 거하는 안식(아나파우시스)이다. 살아가는 동안 위임된 통치권을 가지고 주의 창조목적을 이루어간 자는 예수님의 재림 후에 부활의 몸을 입게 되고 '다시 시작된 종말론적 안식'(카타파우시스)을 온전히 누릴 수 있게 된다. 그리고 천년왕국 동안 예수 그리스도와 함께 새창조 사역에 참여하게 되며, 종국적으로 새하늘과 새 땅에서 하나님과 함께 영원한 안식(삽바티스모스)을 누리게 될 것이다.

결론

본래 인간은 안식 가운데서 일하도록(즉 주님의 뜻을 이루도록) 지음을 받았다. 그러나 인간이 타락함으로써 어떤 일이 일어났는가? 스스로 이 땅에서 수고하고 땀 흘림으로써 먹고사는 존재로 전락했다는 것이다. 그 결과로 일은 생존수단, 여가(휴식)는 육체의 평안함을 누리는 것으로 분리된 것이다. 결국 인간은 하나님과 분리된 상태에서 마귀의 통치 아래 이 땅의 실체에 묶인 삶을 살게 되었다. 즉 진정한 안식을 잃어버렸다는 뜻이다.

세상 사람들과 구약적인 방식으로 신앙생활하는 그리스도인들은 휴식하기 위해 일한다. 육적인 그리스도인들은 하나님을 위해 자신이 무엇인가를 성취하는 것이 일이라고 생각하지만, 앞서 살펴본 바와 같이 일은 본래 하나님의 능력과 성품을 이 땅에 나타내는 축복의 통로이다. 구약적으로 볼 때는(시간의 관점에서) 엿새를 일하고 하루를 안식하는 삶을 살지만, 새언약이 성취된 하나님나라에서는(차원의 관점에서) 늘 그리스도 안에서 안식 가운데 주의 날을 기억하고 주의 뜻에 따라 일하는 삶을 살아야 한다. 구약에서는(즉 하나님의 생명이 없는 자에게는), 거짓자아가 주체가 된 삶을 사는 자에게는 일하고 멈추고 쉬는 날이 필요하다. 그리고 자신들이 누구인지 그리고 하나님의 창조목적이 무엇인지를 알아야 한다. 그러나 신약에서는(즉 하나님의 생명 안에 거하는 자는) 그리스도 안이라는 차원적 관점에서의 안식을 누려야 하고, 하나님의 통치 안에서 하나님의 뜻에 따라 뜻이 하늘에서 이루어진 것같이 땅에서 이루어지도록 하는 삶을 살아야 한다. 일하고 휴식하는 것이 아니라 안식 가운데 하나님의 때에 하나님께서 시키시는 일을 행하는 것이다. 일은 여가(휴식)와 분리되는 것이 아니라 삶 그 자체이다.

우리 삶의 상시(常時) 위치는 하나님의 통치 안이다. 늘 의와 평강과 희락 가운데 있다. 그러나 하나님께서 이 땅에 당신의 뜻을 이루고자 할 때 우리는 말씀대로 보이지 않는 세계에 이루어진 실상을 이 땅의 실체에 투사함으로써 주의 뜻을 이루어간다.

> [롬 14:17] 하나님의 나라는 먹는 것과 마시는 것이 아니요 오직 성령 안에 있는 의와 평강과 희락이라

하나님의 때가 언제인가? 하나님께서 시키시는 일을 어떻게 알 수 있는가? 정말 알고 싶은가? 그렇다면 지금 알고자 하는 주체가 누구인지부터 먼저 알아야 한다. 내(거짓자아)가 아닌가? 우리는 그 내가 알

아야 할 수 있다고 믿고 있는 것이다. 그러나 내가 죽어야 비로소 하나님께서 그때가 언제인지, 그리고 시키는 일이 무엇인지를 자연스럽게 알게 된다. 앞서 여러 차례 강조했던 것처럼 안식의 본뜻은 "멈추다", "그만두다"이다. 즉 거짓자아로 행하는 모든 것을 멈추고 그만둘 때 성령님의 도우심으로 자신의 혼이 깨어나게 되고, 하나님께서 그분의 일을 그리스도 안에 있는 나를 통해 행하시는 삶이 살아지는 것이다. 즉 안식 가운데 일하는 삶을 살게 되는 것이다.

이 땅에서의 삶을 평가하고 카운트하는 하나님의 기준은 무엇일까? 우리는 예수님께서 재림하실 때 우리의 삶에 대한 평가를 받게 될 것이고, 그것에 따라 영원한 하나님나라에서의 상급이 결정될 것이다(고전 3:12-15).

> [고후 5:10] 이는 우리가 다 반드시 그리스도의 심판대 앞에 나타나게 되어 각각 선악간에 그 몸으로 행한 것을 따라 받으려 함이라

하나님께서는 그리스도인들이 하나님을 위해서 무엇을 이루었는가로 평가하지 않으신다. 그렇게 이룬 일들은 나무나 풀이나 짚으로 판단받게 된다(고전 3:12-15). 하나님께서는 우리 각자를 통해서 그의 일을 행하기를 원하신다. 즉 하나님께서는 그의 생명으로 자녀의 몸을 통치하시고 그 몸을 통하여 이 땅에 당신의 영광을 나타내기를 원하신다는 것이다. 그럴 때 인간을 통해서 나타난 일들은 금이나 은이나 보석으로 평가된다. 하나님께서 우리의 몸을 통해서 나타나시기 위해서는 자유의지를 가진 혼이 거짓자아에 묶이는 것이 아니라 하나님의 영 안에 거함으로써, 즉 '아나파우시스' 함으로써 몸이 먼저 하나님의 통

치를 받아야 한다. 그리고 그 몸을 통하여 하나님께서 그분의 성품, 지혜, 능력이 나타나야 한다. 결국 그리스도 안에서 그분을 나타내는 것이 바로 안식 가운데 일하는 것이다. 이러한 삶을 살아갈 때 그분이 나를 통해 나타나실 때마다 영원한 안식에 들어가서 누릴 영원한 상급이 쌓이게 된다.

적용

이 땅에 사는 동안 안식을 누리는 것은 바로 그리스도 안에 거하는 것이다. 따라서 구약적인 안식일을 지키는 것이 중요한 것이 아니라 새언약 안에서 안식을 회복시켜주시고 다시 하나님의 창조목적을 이루어가게 해주신 예수 그리스도 안에서 맞이하는 주의 날이 중요한 것이다. 그렇다면 당신은 지금 자신과 이 세상을 어떻게 바라보며 살고 있는가? 하나님나라 안에서 하나님의 자녀로 살아가는 당신의 삶이 얼마나 놀라운지를 묵상해보라.

(1) 이 땅에서 예수 그리스도 안에서 하나님의 자녀로 다시 태어났다(고전 1:30).

(2) 하나님의 신성과 원복을 누리며, 그분의 권세와 능력으로 살아간다(엡 1:3 ; 벧후 1:3-4).

(3) 하나님께서 창조하신 세상을 있는 그대로 새롭고 신비롭게 볼 수 있다(창 1:31 ; 롬 1:20).

(4) 예술과 문화의 모든 영역에서 드러난 하나님의 창조능력을 즐길 수 있다(롬 1:20).

(5) 하나님의 본성(사랑, 평강, 희락, 은혜)을 살아가면서 몸으로 체험할 수 있다(요일 3:1 ; 롬 14:17 ; 고후 9:8).

(6) 고통과 괴로움 가운데 있지만 더 이상 몸에 종노릇하거나 마귀의 통치에 속지 않는다(골 1:13).

(7) 마침내 그리스도 안에서는 죄와 악이 존재하지 않는 것을 알고, 보이지 않는 세계에 말씀대로 이루어진 실상을 만들 수 있게 되었다(마 6:10).

V 실제적인 적용을 위한 제언들

오늘 당신에게 주어진 일을 어떻게 행하고 있는가? 그리스도 의식으로 지금 눈앞에 있는 해야 할 일을 매일 새롭게 보고 시작해보라.

(1) 일은 내가 무엇인가를 얻어내기 위해서 행하는 것이 아니라 그리스도 안에서 이 땅에 하나님을 나타내는 거룩한 행위이다.

(2) 내가 다니는 직장이 바로 하나님께서 나에게 주신 하나님을 나타내는 곳이다. 당신의 소명이 무엇인지를 모르고 이 직장이 내가 다닐 직장이 아니라고 막연하게 생각한다면, 그 생각을 하기 전에 먼저 하나님을 나타내는 의식(그리스도 의식)으로 일해보라. 그럴 때 진정한 소명이 무엇인지를 알게 된다.

(3) 매일 어떤 마음으로 일하는가? 안식의 개념을 바꾸어라. 인간이 타락 후 하나님과 분리되었을 때는 일하고 안식하는 삶을 살았다. 그러나 당신이 지금 예수 그리스도 안에 있다면 당신은 지금 안식 가운데 있는 것이다. 주어진 일을 한다는 것은 이 땅에 하나님을 나타내는 것이다. 위임된 통치권을 이 땅에 나타내는 것이다.

(4) 우리는 항상 어떤 일을 해야 할 때 스트레스를 받는다. 하기 싫지만 해야 하고, 일단 하면 잘해야 하기 때문이며, 내가 원하는 때가 아니라 그들이 원하는 때에 마쳐야 하기 때문이다. 그것은 거짓자아로 일하는 사고방식이다. 그렇게 되면 항상 일 때문에 스트레스를 받고, 몸이

상하고, 능력도 나타나지 않고, 인정도 받지 못한다. 그렇지만 그 일을 실제 행하는 것은 늘 지금 이 순간 여기에서다. 시간도, 계획도, 자신의 능력도 하나님께 맡기고, 단지 지금 이 순간 여기에서 하나님을 나타내는 데 초점을 두라. 그럴 때 당신 능력 이상의 삶이 무엇인지를 체험하게 될 것이다.

(5) 무엇이라도 생각하거나 행하지 않으면 불안한가? 그렇다면 당신은 지금 이 순간 여기에 있는 하나님의 현존 안에서 안식하지 못하고 있는 것이다. 아무것도 하지 않는 것이 더 나은 사람이 되기를 포기하는 것도, 쉬는 것도 아니라는 것이 체험되어야 한다. 그때가 바로 하나님 안에서 그분의 사랑, 온전, 갈망을 누리는 안식하는 시간이다. 그 시간이 있어야 일할 때 비로소 주의 성품과 탁월함을 나타낼 수 있다.

나가는 말

소망

이 책을 탈고하면서 가장 먼저 드는 생각은 언젠가 써야 할 다음 책에 대한 소망이었다. 거짓자아에서 벗어나 우리의 혼이 하나님의 영 안에 거할 때 우리는 두 가지 새로운 경험을 하게 된다. 첫 번째는 하나님의 통치를 통해서 보이지 않는 세계와 보이는 세계의 차원적인 삶을 살게 되는 것이고, 두 번째는 하나님의 영에 이끌리어 사도 바울이 경험한 삼층천을 경험할 수도 있다는 것이다.

> [고후 12:2-4] 내가 그리스도 안에 있는 한 사람을 아노니 그는 십사 년 전에 셋째 하늘에 이끌려 간 자라 (그가 몸 안에 있었는지 몸 밖에 있었는지 나는 모르거니와 하나님은 아시느니라) 내가 이런 사람을 아노니 (그가 몸 안에 있었는지 몸 밖에 있었는지 나는 모르거니와 하나님은 아시느니라) 그가 낙원으로 이끌려 가서 말로 표현할 수 없는 말을 들었으니 사람이 가히 이르지 못할 말이로다

이 책은 전자에 관한 책이며 나는 이미 후자에 관한 책을 쓸 소망함으로 더욱 간절해진다. 언젠가 하나님께서 허락하실 날을 기대하며 '하나님의 하루'를 살아가고자 한다.

예언

우리가 다 알지 못하지만 전 세계가 코로나를 겪게 된 것은 하나님의 섭리의 일부이다. 주님께서는 이미 일어나고 있는 일들을 그냥 두면 되돌이킬 수 없다는 것을 아셨기 때문에 코로나를 허용하시면서 전 세계의 모든 활동을 잠정적으로 멈추셨고, 코로나 기간 동안 잠자고 있는 자들을 깨워 새로운 패러다임을 준비하도록 하셨고, 새로운 세대를 준비시키셨다고 생각한다. 이는 창세기 11장에서 노아의 후손들이 동방 시날 평지에 이르러 바벨탑을 쌓던 때와 동일하다고 볼 수 있다. 전 세계 인간이 하나 되어 유토피아를 건설하고자 하는 것을 일시에 멈추게 하고 격리시킨 것은 되돌이킬 수 없는 세상나라가 되지 않도록 하기 위함이고, 하나님의 부르심에 깨어 있는 자로 하여금 자신 안에 있는 하나님나라로 침노할 기회를 주신 것이다.

오늘날 기독교와 교회는 풍전등화와 같은 위기를 맞이하고 있다. 그렇지만 과거 역사를 볼 때 역사의 주관자이신 하나님께서는 늘 위기 속에서 새로운 패러다임의 변화가 나타나게 하셨고 새로운 패러다임과 새로운 세대를 통해서 비밀의 경륜을 이루어가셨다. 새로운 패러다임은 그동안 우리가 지향해왔던 거짓자아에 기초한 십자가 복음에서 그리스도 안에서 새로운 자아에 기초한 하나님나라 복음의 실현으로의 전환이다. 십자가의 대속은 기독교의 핵심 진리이지만 그 자체가 복음의 완성은 아니다. 복음은 우리로 하여금 다시 예수 그리스도 안에서 하나님의 자녀가 되게 하시고, 우리를 통해서 이 땅에 그분의 통치를 이루시는 것이기 때문이다. 따라서 회개를 통한 우리의 구원은 거짓 자아로 십자가의 대속을 믿는 것이 아니라 예수님이 지신 십자가와 부활에 참여함으로써 예수 그리스도 안에서 새로운 피조물로 살아가는 것임을 알아야 한다.

이제 포스트코로나 시대는 영적 어두움을 알리는 서막이지만 동시에 하나님나라 복음의 실현이라는 개혁과 더불어 킹덤빌더라는 새로운 세대의 도래를 알려주고 있다. 이제 하나님께서는 나팔소리에 응한 킹덤빌더들을 통하여 하나님나라의 비밀을 풀고 그 복음에 따른 삶이 무엇인지를 보여주실 것이다. 킹덤빌더는 하나님의 생명을 통하여 자녀성을 체험한 자로서 말씀과 성령을 통하여 자신 안에 있는 하나님나라를 이루어가며 자신의 일터에서 예수 그리스도의 대위임령에 기초한 제자적 삶을 살아가는 자를 말한다. 다르게 말하자면 자신의 혼이 몸의 종노릇에서 벗어나 하나님의 영 안에 거함으로써 영이요 생명의 말씀대로 이루어진 보이지 않는 세계의 실상을 통하여 새로운 실체를 만들어가는 차원적인 하나님의 하루를 살아가는 자들이다.

마지막 때가 가까이 올수록 이러한 차원적인 삶을 사는 킹덤빌더들이 모든 영역에서 일어나게 될 것이다. 그들은 예수 그리스도 안에서 마귀의 시험을 이기는 자들이다. 비록 수가 많지 않더라도 그들은 그리스도 의식을 가지고 킹덤멘탈리티로 무장한 존재들이며, 하나님나라의 실현을 '삶으로' 보여주는 자들이다. 그들을 통하여 세상은 하나님의 통치가 무엇인지를 보게 될 것이며, 그들의 삶을 통하여 불신자들이 하나님의 자녀로 거듭나게 될 것이다. 또한 하나님나라의 복음을 전하고 킹덤빌더를 세우는 새로운 패러다임의 교회가 생겨나게 될 것이다.

> [롬 13:11] 또한 너희가 이 시기를 알거니와 자다가 깰 때가 벌써 되었으니 이는 이제 우리의 구원이 처음 믿을 때보다 가까웠음이라

전쟁

하나님나라의 복음적 삶을 실현해 나가는 교회와 킹덤빌더들은 앞으로 세 가지 전쟁을 치르게 될 것이다. 첫째, 교회 내 파고든 뉴에이지적 사상과 영성운동과의 싸움이다. 이미 이 책에서 언급한 것처럼 뉴에이지 사상과 영성은 거짓자아가 하나님나라 복음의 일부를 차용하여 주장하는 것들이기 때문에 하나님나라의 복음과 구별하는 것이 정말 쉽지 않다. 앞으로 많은 그리스도인이 자신도 모르는 사이에 그 사상과 영성을 추종하게 될 것이다. 따라서 교회는 하나님나라의 복음을 온전히 깨닫고 가르쳐 성도들에게 그들이 무엇을 어떻게 도용하고 있

는지를 알려주어야 한다.

둘째, 기독교를 가장한 다른 복음을 전하는 집단(이단)들과의 싸움이다. 마지막 때에 대한 예수님의 말씀처럼 사람들을 미혹하는 다양한 이단들이 생겨나게 될 것이다. 그들은 기존의 복음적 실천에 문제가 있는 것들을 들추어내고 자신들의 종교 통합적 교리가 온전한 것이라고 주장할 것이다. 더욱이 자신들의 교주가 자칭 세상을 구원할 재림주이며 그를 통해서만 영생을 얻을 수 있다고 속일 것이다. 세계평화통일, 종교연합운동, 기사와 표적, 새 시대 등을 외치는 거짓 선지자가 곳곳에서 일어날 것이며 이러한 일들은 과거에도 있어 왔지만 앞으로 그 수가 급증하게 될 것이다. 따라서 우리는 인간 중심의 복음이 아니라 창세기로부터 요한계시록까지 계시된 예수 그리스도의 복음 전파에 집중해야 한다.

셋째, 자신의 교리와 믿음체계만을 고수하는 일부 기독교 진영과의 싸움이다. 이러한 일들은 종교개혁 때부터 새로운 교리와 믿음체계가 생겨날 때마다 진리를 수호한다는 미명 아래 기존의 패러다임이 새로운 패러다임을 이단시해왔다. 전통개혁주의(칼빈주의), 감리교와 성결교(알미니안주의), 순복음(오순절은사주의) 등을 생각해보라. 하나님나라 복음에 기초하여 자기를 부인하고 자기 십자가를 짐으로써 그의 나라와 의를 구하는 킹덤신학도 마찬가지일 것이다. 따라서 신학적 논쟁보다는 킹덤빌더의 삶을 통하여 하나님의 통치가 나타나고 마귀의 일이 무력화됨으로써 이 신학이 정립되어야 할 것이다. 우리는 다시 16세기 종교개혁의 정신으로 돌아가야 한다. "개혁교회는 항상 개혁되어야 한다(Ecclesia reformata semper reformanda est)"라는 뜻은 교회는 결코 개혁의 주체가 아니라 개혁의 대상이라는 것이다. 종교개혁의 진정한 교훈은 지상의 어떤 교회도 완전하지 않으며 만일 교리와 삶이 일치되지 않는다면 언제나 오직 성령과 성경으로 개혁되어야 한다는 것이다.

그렇다면 킹덤빌더는 어떻게 해야 이 전쟁에서 승리할 수 있을까? 첫째는 말씀과 성령과 삶이 일치되는 신앙생활을 해야 한다. 둘째는 우리, 서로, 함께 사랑하고 섬기고 변해가는 삶을 살아가야 한다. 셋째는 각자의 일터에서 하나님의 하루를 통하여 살아계신 하나님을 나타내야 한다.

이 책이 기독교 내에 침투한 뉴에이지 사상과 영성의 실체를 밝혀내고, 현재적 하나님나라의 실현을 추구하고, 예수 그리스도의 재림을 기다리는 킹덤빌더의 영적 전쟁의 교본(敎本)으로 쓰임받기를 간절히 소망한다.

"대개 나라와 권세와 영광이 아버지께 영원히 있사옵나이다. 아멘"

HTM 센터에서 손기철 박사

킹덤 시크릿

초판 1쇄 발행 2023년 4월 14일
초판 3쇄 발행 2023년 5월 2일

지은이 손기철

펴낸이 여진구
책임편집 안수경 김도연
편집 이영주 박소영 최현수 김아진 정아혜
책임디자인 마영애 이하은 | 노지현 조은혜
홍보 · 외서 진효지
마케팅 김상순 강성민
제작 조영석
마케팅지원 최영배 정나영
경영지원 김혜경 김경희 이지수

303비전성경암송학교 유니게 과정 박정숙
이슬비전도학교 / 303비전성경암송학교 / 303비전꿈나무장학회

펴낸곳 규장

주소 06770 서울시 서초구 매헌로 16길 20(양재2동) 규장선교센터
전화 02)578-0003 팩스 02)578-7332
이메일 kyujang0691@gmail.com 홈페이지 www.kyujang.com
페이스북 facebook.com/kyujangbook 인스타그램 instagram.com/kyujang_com
카카오스토리 story.kakao.com/kyujangbook
등록일 1978.8.14. 제1-22

책값 뒤표지에 있습니다.
ISBN 979-11-6504-423-7 03230

규 | 장 | 수 | 칙

1. 기도로 기획하고 기도로 제작한다.
2. 오직 그리스도의 성품을 사모하는 독자가 원하고 필요로 하는 책만을 출판한다.
3. 한 활자 한 문장에 온 정성을 쏟는다.
4. 성실과 정확을 생명으로 삼고 일한다.
5. 긍정적이며 적극적인 신앙과 신행일치에의 안내자의 사명을 다한다.
6. 충고와 조언을 항상 감사로 경청한다.
7. 지상목표는 문서선교에 있다.

하나님을 사랑하는 자 곧 그의 뜻대로 부르심을 입은 자들에게는 모든 것이 合力하여 善을 이루느니라(롬 8:28)

규장은 문서를 통해 복음전파와 신앙교육에 주력하는 국제적 출판사들의 협의체인 복음주의출판협회(E.C.P.A:Evangelical Christian Publishers Association)의 출판정신에 동참하는 회원(Associate Member)입니다.